„Neo-Historismus"?

Historisierendes Bauen
in der zeitgenössischen Architektur

JOVIS
diskurs

STADTENTWICKLUNG UND DENKMALPFLEGE schriftenreihe

Herausgegeben von
Gabi Dolff-Bonekämper
Hans-Rudolf Meier
Jürg Sulzer

Band 19

Gefördert durch

DFG Deutsche
Forschungsgemeinschaft

Impressum: © 2023 by jovis Verlag GmbH. Ein Unternehmen der Walter De Gruyter GmbH, Berlin / Boston. Das Copyright für die Texte liegt bei der Autorin. Das Copyright für die Abbildungen liegt bei den FotografInnen/InhaberInnen der Bildrechte. Alle Rechte vorbehalten. | Umschlagmotiv vorne: Stągniewna, Speicherinsel, Danzig, Foto 2016; Umschlagmotiv hinten: Wohnhausreihe Laan door de Veste, Brandevoort/Helmond, Foto 2015 | Lektorat: Katharina Freisinger | Grafisches Reihenkonzept: Susanne Rösler, jovis Verlag | Satz: Denise Urbaniak | Gedruckt in der Europäischen Union | Bibliografische Information der Deutschen Nationalbibliothek | Die Deutsche Nationalbibliothek verzeichnet diese Publikation in der Deutschen Nationalbibliografie; detaillierte bibliografische Daten sind im Internet über http://dnb.d-nb.de abrufbar.
jovis Verlag GmbH | Lützowstraße 33 | 10785 Berlin | www.jovis.de
jovis-Bücher sind weltweit im ausgewählten Buchhandel erhältlich. Informationen zu unserem internationalen Vertrieb erhalten Sie von Ihrem Buchhändler oder unter www.jovis.de.
ISBN 978-3-86859-610-6 (Softcover)

„Neo-Historismus"?

Historisierendes Bauen
in der zeitgenössischen Architektur

Eva von Engelberg-Dočkal

JOVIS
diskurs

INHALT

VORWORT UND DANKSAGUNG

Diese Publikation behandelt ein ungewöhnliches und auf manche wohl irritierend wirkendes Thema: das Bauen in und mit historisierenden Formen in der zeitgenössischen Architektur. Ungewöhnlich ist es, da dieses Bauen von den VerfechterInnen der „Architekturmoderne" vehement abgelehnt und – trotz seiner Verbreitung – von der Architekturhistoriografie bis heute marginalisiert wird. Ungewöhnlich ist aber auch die von mir als Kunsthistorikerin gewählte Perspektive, die den fachspezifischen Methoden folgend nach historischen Kontexten und Entwicklungen fragt und nicht nach einem Richtig oder Falsch. Als untypisch kann angesichts der heutigen, von kultur- und gesellschaftswissenschaftlichen Ansätzen geprägten Forschung zudem der Fokus auf formal-gestalterische Aspekte gelten. Entsprechend basieren Definition und Eingrenzung des Gegenstandes auf architekturimmanenten Faktoren und rekurrieren weder auf normative oder ideologische Zuschreibungen noch auf Selbstbekundungen der ArchitektInnen.

Die vorliegende Publikation basiert in weiten Teilen auf meiner dreijährigen Mitarbeit an der Bauhaus-Universität Weimar in der von Friedrich Balke und Bernhard Siegert geleiteten DFG-SNF-Forschergruppe „Medien und Mimesis". Mein Dank gilt allen Mitgliedern der Forschergruppe für die intensiven wie spannenden Diskussionen und vielerlei Anregungen. In erster Linie danke ich Hans-Rudolf Meier (Professur Denkmalpflege und Baugeschichte) für zahlreiche Gespräche, wertvolle Hinweise und entscheidende Denkanregungen. Ebenso danke ich den weiteren KolleginInnen unseres Teilprojekts „Praktiken der Ähnlichkeitserzeugung in der neueren europäischen Architektur" (2014–2017) Frederike Lausch und Carsten Ruhl. Hervorgegangen sind aus dem Teilprojekt bereits Hans-Rudolf Meiers Publikation *Spolien. Phänomene der Wiederverwendung in der Architektur* (2020)[1], die Dissertation von Frederike Lausch unter dem Titel *Deleuze and the Anyone Corporation. Übersetzungsprozesse zwischen der Philosophie Gilles Deleuzes und dem US-amerikanischen Architekturdiskurs der 1990er Jahre* (2019/2021)[2] sowie die Dokumentation unserer gemeinsamen Tagung „Mimetische Praktiken in der neueren Architektur. Prozesse und Formen der Ähnlichkeitserzeugung" (2017)[3] und der Interviewband *Mimesis Bauen – Architektengespräche* (Band 3 der Schriftenreihe *Medien und Mimesis*, 2017)[4]. Im Rahmen der internationalen Tagung der Gesamtforschergruppe „Copycat. Dealing with dangerous Mimesis"[5] konnte ich das Thema des zeitgenössischen historisierenden Bauens in diesem Forschungskontext zur Diskussion stellen und in der Folge in mehreren Vorträgen[6] und Aufsätzen unterschiedliche Aspekte vertiefen. Von zentraler Bedeutung waren die im Rahmen des Projekts vorgenommenen Forschungsreisen zu Beispielen der jüngeren historisierenden Architektur, unter anderem nach Amsterdam, Anklam, Danzig, Den Haag, Elbing, Kolberg, Posen, Stettin, Warschau und Zaandam, sowie der Austausch mit KollegInnen in verschiedenen Ländern.

Ein Interesse am zeitgenössischen historisierenden Bauen entstand bereits während meiner Tätigkeit in der Staatlichen Denkmalpflege und der anschließenden Assistenz am Lehrgebiet Denkmalpflege und Entwerfen der Hochschule für Bildende Künste sowie der HafenCity Universität Hamburg (Petra Kahlfeldt). Es fand einen ersten Niederschlag in dem Beitrag *Rekonstruktion als Architektur der Gegenwart? Historisierendes Bauen im Kontext der Denkmalpflege* (2007)[7], hervorgegangen aus einem Vortrag im Rahmen des Symposiums „Denkmale nach unserem Bild? Zu Theorie und Kritik von Rekonstruktion" der Gruppe „Nachdenken über Denkmalpflege". Die Analyse einzelner formal-gestalterischer Ansätze des „Weiterbauens" in jüngerer Zeit zeigte eine Vielfalt unterschiedlicher architektonischer Praktiken zwischen Rekonstruktion und freier historisierender Gestaltung und stellte zugleich die breite Grauzone zwischen den zwei Polen als Kennzeichen dieser Architektur heraus. Meine Auseinandersetzung mit dem Thema setzte sich an der Professur Denkmalpflege und Baugeschichte der Bauhaus-Universität Weimar (Hans-Rudolf Meier) fort, wo intensiv über Formen des Weiterbauens diskutiert und die verschiedenen Ansätze in den historischen wie theoretischen Kontexten verortet wurden.

Die Tatsache, dass historisierendes Bauen auch ohne Bezug zu Baudenkmalen und außerhalb historischer baulicher Kontexte existiert, ließ dieses zunehmend als eigenständiges architektonisch-gestalterisches Phänomen hervortreten. Auf der Jahrestagung des „Arbeitskreises Theorie und Lehre der Denkmalpflege" wurde unter dem Titel „‚Historisierende Architektur' als zeitgenössischer Stil" (2010) die These einer modernen, in historischen Formen auftretenden Architekturströmung diskutiert und eine erste Charakterisierung versucht[8] – ein Ansatz, der in der Forschergruppe vertieft und differenziert wurde.

Eine Erweiterung des Forschungsgegenstandes brachte meine Mitwirkung am 2016 gestarteten Graduiertenkolleg „Identität und Erbe" der Technischen Universität Berlin und der Bauhaus-Universität Weimar (Gabi Dolff-Bonekämper und Hans-Rudolf Meier). Im intensiven Austausch innerhalb des Kollegiums und mit den KollegiatInnen konnte ich der Frage nach Funktion und Bedeutung dieser Architektur weiter nachgehen. Das historisierende Bauen trat dabei in Bezug zum städtebaulichen Phänomen der sogenannten Neuen Altstädte, die zentrale Schauplätze dieser Architekturströmung bilden[9].

Der vorliegende Band fasst die Ergebnisse mehrjähriger und mehrgleisiger Forschungen zum historisierenden Bauen zusammen, wohl wissend, dass damit nur einzelne ausgewählte Aspekte beleuchtet werden können und es für ein umfassendes Verständnis dieses Phänomens weiterreichender und vertiefender Untersuchungen sowie eines interdisziplinären Blicks auf internationaler Ebene bedarf.

Dieses Buch wäre ohne den fachlichen Austausch und die Unterstützung zahlreicher KollegInnen nicht in dieser Form zustande gekommen. Ich danke Kirsten Angermann (Berlin/Weimar), Magdalena Bączkowska (Posen), Ortrun Bargholz (Berlin/Weimar), Arnold Bartetzky (Leipzig), Mieke Bosse und Peter Drijver (Scala Architecten, Den Haag), Andreas Butter (Erkner/Berlin), Sabine Coady Schäbitz (Coventry), Jurek Elżanowski (Ottawa/Warschau), Job Floris (Monadnock, Rotterdam), Jacek Friedrich (Danzig), Eric Garberson (Richmond, Virginia), Agnieszka Gąsior (Leipzig), Jörg Hackmann (Greifswald/Stettin), Marc Kocher (Berlin/Zürich), Piotr Korduba (Posen), Marieke Kuipers (Delft), Piotr Kuroczyński (Mainz), Aleksandra Lipińska (Köln), Oliver Loew (Darmstadt), Sabine Meier (Wiesbaden/Siegen), dem Büro Mulleners + Mulleners Architectuur Stedenbouw Landschap (Haarlem), Małgorzata Omilanowska (Warschau), dem Büro Patzschke und Partner Architekten (Berlin), Małgorzata Popiołek-Roßkamp (Leipzig) und Maciej Słomiński (Stettin).

Christoph Kohl (Berlin), Tobias Nöfer (Berlin), Robert Patzschke (Berlin) und Jakob Siemonsen (Hamburg) standen mir für Gespräche zur Verfügung, ihnen sei herzlich dafür gedankt. Sehr informativ und hilfreich waren die gemeinsamen Rundgänge mit Jacek Friedrich durch Danzig, Magdalena Bączkowska durch Posen und Jurek Elżanowski durch Warschau, mein Dank gilt ihnen für ihre Zeit und Unterstützung. Meinem Mann, Meinrad von Engelberg, danke ich für seine Offenheit und Neugierde während gemeinsamer Reisen zu Orten des historisierenden Bauens.

Zuletzt danke ich den HerausgeberInnen der Schriftenreihe und dem jovis Verlag, namentlich Franziska Schüffler, für die Unterstützung, ebenso Katharina Freisinger für das sorgfältige und hilfreiche Lektorat. Der Deutschen Forschungsgemeinschaft danke ich für den Druckkostenzuschuss zur Publikation dieses Buches.

Eva von Engelberg-Dočkal, Siegen 2023

ANMERKUNGEN

1   Meier 2020
2   Lausch 2021
3   Engelberg-Dočkal et al. 2017a
4   Ebd.
5   „Dangerous Architecture: Reconstruction and Historicising Construction as Threat", Symposium der Forschergruppe „Medien und Mimesis", 24.2.2017, Goethe-Nationalmuseum, Weimar
6   Unter anderem: „Die ‚Neuen Altstädte'. Der Neohistorismus als Gegenkonzept zur Nachkriegsmoderne", Kolloquium „Denkmalpflege Entwerfen – Teaching Transformation", 9.6.2016, Bauhaus-Universität Weimar; „Historismus und ‚Neo-Historismus' – Ein Versuch zur Charakterisierung der zeitgenössischen historisierenden Architektur", 34. Deutscher Kunsthistorikertag, Sektion „Stilkonzeptionen der Kunstgeschichte", 9.3.2017, TU Dresden
7   Engelberg-Dočkal 2007
8   Publikation des Beitrags: Engelberg-Dočkal 2011
9   Vgl. Engelberg-Dočkal: „Die ‚Neuen Altstädte': Zur Frage nach dem Erbe in der historisierenden Architektur", Vortrag im Rahmen der Ringvorlesung des Graduiertenkollegs „Identität und Erbe", 11.4.2018, Bauhaus-Universität Weimar; „Neue alte Städte – historisierende Konzepte im internationalen Vergleich", 28.11.2018, Vortrag mit Podiumsdiskussion, Deutsches Architekturmuseum Frankfurt/M.; „Historisierende Altstadtkonzepte – Identitätsangebot und Erlebnisraum in der (post)modernen Stadt", 11.12.2018, Vortrag im Kunsthistorischen Seminar der Universität Hamburg; „Historisierende Altstädte als Provokation", 11.3.2020, Vortrag am Goethe-Institut Athen und Kulturzentrum Stavros Niarchos; „Die Tradition der fiktiven Altstadt – Heritage Making als Konstante der Moderne", Symposium „Erbe in Trümmern", 20.5.2021, Universität Bamberg (digital)

EINLEITUNG

„Wie abgeschmackt ist dieser Streit um Plagiate, den übrigens das eitle 19. Jahrhundert mit seiner berühmten Sucht, originell zu sein, erfunden hat […]. Wir alle sind Plagiatoren, wenn wir etwas taugen. Denn wir können nicht eine einzige, große und flammende Idee ausdrücken noch eine Situation von bleibendem Wert schaffen, ohne irgendetwas, bewußt oder unbewußt, zu bestehlen." [1]
(Werner Hegemann, 1925)

„Imitation is the fundamental principle of life." [2]
(Léon Krier, 2013)

THEMA UND FRAGESTELLUNGEN__ Historisierendes Bauen, das heißt Bauen in und mit historischen Formen, ist ein fester Bestandteil der heutigen Architektur. Angesichts der großen Anzahl von Bauwerken dieser Art erstaunt jedoch das geringe wissenschaftliche Interesse an diesem Phänomen. Dies gilt insbesondere für Deutschland: Zwar gibt es Positionsbekundungen pro und contra historisierendes Bauen, letzteres vielfach unter Etiketten wie „Fassadismus", „Disney-Architektur" oder „Neo-Historismus", aber kaum ernsthafte Analysen aus den Reihen der Fachwissenschaft.

Gründe für diese Vorbehalte sind vielfältig: Die Denkmalpflege, die sich qua Amt für die Erhaltung der materiell überlieferten Zeugnisse einsetzt, bangt angesichts „schönerer" und „makelloserer" Neubauten in historischen Formen um das Alleinstellungsmerkmal der Denkmale und befürchtet in der Folge deren Marginalisierung und Vernachlässigung. Die Kunstgeschichte und große Teile der Architektenschaft sind nach wie vor von einem durch die „Avantgarden" des frühen 20. Jahrhunderts dominierten Diskurs geprägt, der aus der vormaligen Ablehnung des Historismus ein universelles Verdikt gegen historische Formen ableitet. Gestützt wird diese Bewertung durch die diversen politisch belasteten Strömungen des historisierenden Bauens in der deutschen Architekturgeschichte: den vielfach mit dem militaristisch-hegemonialen Deutschen Kaiserreich assoziierten Späthistorismus, die sogenannte Heimatschutzarchitektur mit zahlreichen Vertretern aus dem politisch rechten Lager, den repräsentativen Neoklassizismus des „Dritten Reiches", die Architektur der Nationalen Tradition in der frühen DDR und jüngst die als „Rechte Räume" interpretierten „Neuen Altstädte" vor dem Hintergrund des Neokonservatismus und der Neuen Rechten. Entsprechend wird historisierendes Bauen an deutschen Architekturfakultäten heute kaum gelehrt und von der Architektenschaft als zeitgenössische Ausdrucksform mehrheitlich abgelehnt. Die VertreterInnen einer historisierenden Architektur besetzen infolgedessen Außenseiterpositionen und sind in den etablierten Fachforen und Medien unterrepräsentiert.

Ungeachtet dessen nimmt die Zahl historisierender Bauten in Deutschland kontinuierlich zu und es lässt sich eine graduelle Öffnung der Hochschulen[3] wie auch der Medienwelt gegenüber diesem Phänomen beobachten. Verständlich wird diese jüngere Entwicklung nur im internationalen Kontext und vor dem Hintergrund der Globalisierung des Bauwesens: So hat historisierendes Bauen in einigen Ländern Tradition und erlebt vielerorts einen Aufschwung. Vereinzelt gibt es bereits Hochschulen mit Ausrichtung auf das historisierende Bauen, etwa in den USA (in Form der *classical architecture*), aber auch in Europa, darunter in Großbritannien und Schweden.[4] Unterstützt wird diese Entwicklung von einigen auf diese Architektur spezialisierten Preisen, darunter der Driehaus-Architektur-Preis[5] als Gegenpol zum Pritzker-Preis.

Dennoch tut sich die Forschung bis heute schwer mit historisierenden Strömungen seit der Moderne. Dies gilt besonders für Deutschland und die deutsche Architekturgeschichte: So wurde bei Bauten des „Dritten Reiches" lange Zeit vor allem der politisch-historische Kontext analysiert, während die formal-gestalterischen Aspekte und deren Qualitäten (im Gegensatz zur Architektur des italienischen Faschismus[6]) zumeist außen vor blieben.[7] Die Architektur des Historismus ist, abgesehen von den kanonisierten Meisterwerken, auch 50 Jahre nach ihrer „Entdeckung" durch Denkmalpflege und Kunstgeschichte wenig erforscht, und die Formensprache des Späthistorismus mit seinem seriell gefertigten überreichen Fassadendekor findet noch immer keine

den anderen historischen Stilepochen entsprechende Wertschätzung. Den Appellen der 1980er Jahre zur Erforschung traditionalistischer und historisierender Architektur der Moderne ist die Fachwelt erst in Ansätzen gefolgt. Auch das in dieser Arbeit verhandelte historisierende Bauen jüngerer Zeit wurde bislang kaum als seriöser Forschungsgegenstand verstanden.

Ein zentraler Grund für diese Marginalisierung historisierender Architektur liegt in der Fachgeschichte: Mit der Herausbildung der Kunstgeschichte im 19. Jahrhundert entstand das bis heute (in unterschiedlicher Weise) prägende Modell einer linearen formal-gestalterischen Entwicklung, das als Grundlage für die Einordnung und Bewertung der Objekte dient. Ein freier Rückgriff auf frühere Stilformen oder die Beibehaltung einmal gefundener Formen im Sinne einer überzeitlichen Sprache haben dort keinen Platz. Das Stilepochenkonzept des 19. Jahrhunderts scheiterte damit bereits an der Einordnung der damals zeitgenössischen – historistischen – Architektursprache und zeigt sich für das historisierende Bauen generell als ungeeignet. Der Architekturhistoriografie fehlen somit ganz grundsätzlich Methoden und Bewertungsgrundlagen für das Bauen in historischen Formen.[8] Das Marginalisieren dieser breiten Strömungen und das Festhalten an der einseitigen Meistererzählung der „Architekturmoderne" behindern zusätzlich ein Verständnis dieses Phänomens. Wenig produktiv ist auch die alleinige Fokussierung auf gesellschaftspolitische und kulturhistorische Perspektiven zu Lasten der – für die Charakterisierung dieser Architektur ebenso wichtigen – formal-gestalterischen Aspekte. Dieses Buch erhebt nicht den Anspruch, die erforderlichen neuen Methoden der Architekturhistoriografie zu entwickeln, möchte durch die wissenschaftliche Beschäftigung mit dem historisierenden Bauen jedoch mögliche Ansätze dazu liefern.

Der wissenschaftliche Anspruch bedingt eine differenzierte und kritische Betrachtung der Objekte. Neben dem fehlenden methodischen Werkzeug zur Bewertung historisierender Ansätze seit der Moderne existieren weitere Hurden für eine wissenschaftliche Analyse des zeitgenössischen historisierenden Bauens. Hierzu zählt, dass die Verfasserin aufgrund ihrer Generationenzugehörigkeit und fachlichen Herkunft aus der europäischen Kunstgeschichte und Denkmalpflege den Objekten nicht unvoreingenommen gegenübersteht: Auch wenn diese Vorbehalte bezüglich Ästhetik und möglicher Bedeutungszuweisungen kritisch reflektiert werden, bleiben sie dennoch bestehen und prägen die Betrachtungsweise. Eine weitere Schwierigkeit besteht in der Definition und Abgrenzung des Forschungsgegenstandes, bildet das historisierende Bauen nach heutigem Forschungsstand doch keine klar benennbare und zeitlich wie geografisch zu verortende Architekturströmung. So bewegen sich die Beispiele in einem breiten Feld zwischen (mehr oder weniger exakter) baulicher Rekonstruktion und einem freien Aufgreifen historischer Baustile und zeigen ganz unterschiedliche formal-gestalterische Ansätze, von detailliert nachgebildeten bis zu abstrahiert-verfremdeten Formen. Es handelt sich also um ein vielfältiges und unscharfes Phänomen, das es erst noch zu beschreiben und kategorisieren gilt. Am Anfang einer wissenschaftlichen Beschäftigung mit dem historisierenden Bauen müssen daher die basalen Fragen nach dem Warum, Wann, Wo und Wie, also dessen Ziel, Art und Charakter stehen. Die Antworten differieren entsprechend dem heterogenen Gegenstand: Neben eine Vielfalt an Bauaufgaben mit Einzelgebäuden über Ensembles bis hin zu ganzen „Altstädten" treten unterschiedliche Kontexte und Intentionen der BauherrInnen, InvestorInnen und ArchitektInnen sowie ein breites Spektrum formal-gestalterischer Ansätze. Schließlich existieren in unterschiedlichen geografischen Räumen und Zeitphasen eigenständige Bautraditionen und Entwicklungen, die es differenziert zu betrachten gilt. Davon ausgehend möchte sich diese Untersuchung klar von dem bisherigen polarisierenden Diskurs absetzen, in dem – ohne Berücksichtigung des heterogenen Materials – das historisierende Bauen entweder pauschal verdammt oder als grundsätzlich bessere, da harmonischere und vermeintlich traditionelle Architektur propagiert wird. Beide Haltungen sind einseitig und simplifizierend und damit nicht im eigentlichen Sinne wissenschaftlich. Dagegen wird hier versucht, das historisierende Bauen als ein Phänomen der Gegenwartsarchitektur und somit als einen wissenschaftlichen Gegenstand der Architekturgeschichte ernst zu nehmen. Wichtig erscheint hierfür eine Unterscheidung von Konzept auf der einen und konkreter Gestaltung und Bauausführung auf der anderen Seite. Grundsätzlich geht die Verfasserin davon aus, dass es im historisierenden Bauen – wie in allen Architekturströmungen – wenige gestalterisch qualitätvolle und viele mittelmäßige oder „missratene" Beispiele gibt. Bei den einzelnen Objekten kann sich somit durchaus die Frage nach der formal-gestalterischen Qualität stellen, es soll jedoch nicht nach einem Richtig oder Falsch bezüglich Haltung und Formensprache unterschieden werden: Dass sich zeitgenössisches Bauen zwingend in die selbst längst historisch gewordene „Architekturavantgarde" der 1920er Jahre zu stellen und der Forderung nach einer „authentischen" Formensprache seiner Entstehungszeit zu folgen habe, wird als normative Setzung nicht anerkannt, sondern nur als einer von vielen möglichen Ansätzen gesehen.

Ziel dieser Untersuchung ist es, das historisierende Bauen grundsätzlich zu analysieren und nach intentionalen Kategorien (etwa Rekonstruktion, Traditionskonstruktionen oder bauliche Kontextualisierung) wie formal-gestalterischen Ansätzen zu fragen. Eine zentrale Rolle spielen hierbei die Bezugnahmen auf bestimmte historische Phasen, (vermeintliche) lokale und regionale Bautraditionen sowie als „national" verstandene Baukulturen: So kann sich beispielsweise Polen auf eine lange international gewürdigte Praxis des historisierenden Wiederaufbaus berufen, stehen die USA in einer mit der Unabhängigkeitserklärung begründeten „klassischen Bautradition" und sehen sich die Niederlande als Nation der „Architekturavantgarde". Inwieweit nationale – und damit politische – Deutungen ursächlich für die historisierende Bauweise sind oder aber diese Bauten im Nachhinein von einzelnen Gruppen vereinnahmt werden, ist nur für den Einzelfall zu beantworten. Auch diesbezüglich wird eine pauschale Diskreditierung, zum Beispiel als politisch-reaktionäre Parteinahme im Sinne nationaler „Rechter Räume", vermieden. Um den einzel-

nen historisierenden Bauvorhaben gerecht zu werden, müssen diese in die jeweiligen baukulturellen und politisch-historischen Kontexte eingebettet werden. In dieser Arbeit erfolgt das beispielhaft anhand von Bauten aus drei europäischen Ländern – Polen, Deutschland und den Niederlanden –, dies im klaren Bewusstsein, damit nur einen kleinen Ausschnitt des zeitgenössischen historisierenden Bauens zu beleuchten.

Prägend für die genannten Kontexte ist schließlich auch die Entstehungszeit der Objekte. Dies evoziert die Frage nach möglichen Entwicklungslinien des historisierenden Bauens und hat Auswirkung auf den zeitlichen Untersuchungsrahmen. Sowohl von Seiten der KritikerInnen als auch der BefürworterInnen des historisierenden Bauens wird dessen Geschichte zumeist ausgeklammert: Während erstere die Existenz formalgestalterischer Rückgriffe in der Moderne generell marginalisieren, wenn nicht leugnen, verstehen letztere das historisierende Bauen vielfach als überzeitliche, allgemeingültige Architektursprache. Mit Blick auf die historisierenden Tendenzen der 1980er Jahre, den traditionalistischen Wiederaufbau nach den beiden Weltkriegen, den „Heimatschutzstil", den Historismus des 19. Jahrhunderts oder die sogenannte Nachgotik in der Frühen Neuzeit lässt sich ein Anfang des historisierenden Bauens nur schwer festmachen. Unstrittig ist jedoch, dass es sich nicht um ein neues Phänomen seit der Postmoderne handelt und noch weniger um eines der Nachwendezeit. Inwiefern es eine spezifische Erscheinung der Moderne bildet – hier verstanden als Großepoche seit der Aufklärung –, bleibt zu untersuchen. So erfolgen Rückgriffe auf historische

Architektur in vormoderner Zeit zumeist im Kontext normativer Systeme, etwa des Vitruvianismus, des Palladianismus oder eines der Klassizismen, oder es handelt sich um gezielte inhaltlich begründete Bezugnahmen im Sinne eines Zitates (etwa des Heiligen Grabes oder des Pantheons). Erst mit dem Geschichtsverständnis des 18. Jahrhunderts scheint sich ein aus der historischen Distanz heraus verstandener „freier" Zugriff auf frühere Bauformen zu etablieren.[9] In der Moderne sind schließlich wechselnde Phasen der Konjunktur und des Abschwungs historisierender Formen zu verzeichnen, wobei diese Zyklen in den einzelnen Ländern und kulturellen Kontexten unterschiedlich verliefen. Ausgehend vom Wissen um eine lange Geschichte des historisierenden Bauens musste hier ein handhabbarer und damit begrenzter Untersuchungszeitraum gefunden werden. Die Wahl fiel auf die Zeit ab etwa 1970, die mit ihrer neuen Fokussierung auf Geschichte und der zeitgleichen Distanzierung von der normativen Moderne bis heute als starke Zäsur verstanden wird.[10] Mit dieser in den Kultur-, Kunst- und Geschichtswissenschaften unter dem Schlagwort der Postmoderne etablierten Phase sind auch die Jahre vor der politischen Wende in die Betrachtung einbezogen und es können Fragen nach Kontinuitäten einzelner Strömungen und gegebenenfalls neuen Entwicklungslinien ab 1990 einfließen. Bauten aus der Zeit vor 1970 finden allein bei Rückblicken im Rahmen der drei Länderanalysen Beachtung. Diese Arbeit beleuchtet damit nur einen sehr kleinen zeitlichen Ausschnitt des historisierenden Bauens. Ein weiter gefasster Untersuchungsrahmen, der (angesichts der nach wie vor einseitigen Historiografie) als Ansatz einer alternativen Architekturgeschichte der Moderne gelten könnte, bleibt späteren Forschungen vorbehalten.

Der im Titel dieser Abhandlung verwendete Begriff des „Neo-Historismus" steht mit Blick auf die Neo-Stile des 19. Jahrhunderts für den formal-gestalterischen Fokus dieser Arbeit, der als bislang vernachlässigter Aspekt ergänzend zu den etablierten kulturwissenschaftlichen Ansätzen im Kontext der Identitäts-, Authentizitäts- und Erbe-Debatten und zum breiten Forschungsfeld der Geschichtskulturen tritt. Daneben zeigt der Historismus in seinem autonomen Zugriff auf die Geschichte und seinem Verzicht auf ein singuläres und eindeutiges Formvokabular aber auch eine genuine Verwandtschaft zur heutigen Zeit und zur zeitgenössischen Architektur.[11] Neben diesen Parallelen verweist das Fragezeichen im Titel dieses Buches zugleich auf die zentralen und in der Folge näher darzulegenden Unterschiede zwischen dem jüngeren historisierenden Bauen und der Architektur des Historismus als ihrerseits spezifische Ausdrucksform einer abgeschlossenen Epoche.

FORSCHUNGSSTAND UND DEUTUNGSMODELLE__ Ein Bauen in und mit historischen Formen gibt es seit frühester Zeit und ist für die Architekturgeschichte von zentraler Bedeutung. Eine Untersuchung des Phänomens in seiner ganzen Breite existiert nach Kenntnis der Verfasserin jedoch nicht. Sehr wohl hat sich die Forschung aber aus verschiedenen Perspektiven mit historisierenden Lösungen in einzelnen Epochen, Ländern, Kunstströmungen und Werkgruppen beschäftigt. Eine

Reflexion des Forschungsstandes zum zeitgenössischen historisierenden Bauen muss daher verschiedene Forschungskontexte betrachten, inklusive Analysen früherer Lösungen. Entsprechend gilt es, den Historismus des 19. Jahrhunderts, die sogenannte Heimatschutzarchitektur und die Klassizismen des 20. Jahrhunderts mit in den Blick zu nehmen. Darüber hinaus werden Zitate und Analogiebildung sowie – als Sonderfälle des historisierenden Bauens – Rekonstruktionen und Kopien betrachtet. Ein Fokus dieses Forschungsüberblicks liegt auf der Moderne und insbesondere auf der Zeitphase ab den 1970er Jahren.

Das zeitlich vor der Moderne auftretende historisierende Bauen wurde von der Forschung in unterschiedlichen Kontexten thematisiert. Die Arbeiten richten den Blick dabei zumeist auf einzelne Bauten oder Gebäudegruppen, auf spezifische Epochen sowie auf bestimmte Regionen oder Länder, befassen sich aber kaum mit dem Phänomen an sich. So liegen für das Mittelalter zahlreiche Einzeluntersuchungen vor, ist man aber von einer „‚Geschichte' der retrospektiven Tendenzen in der bildenden Kunst" dieser Epoche (Klaus Graf) noch weit entfernt.[12] Ähnlich verhält sich die Forschung zum historisierenden Bauen in der Frühen Neuzeit. Einschlägig ist Hermann Hipps 1974 vorgelegte Dissertation zu der insbesondere im Sakralbau des 16. und 17. Jahrhunderts auftretenden „Nachgotik" (Engelbert Kirschbaum), die er als zeitgemäßen Stil unter Verwendung gotischer Formen deutete.[13] Dagegen betrachtet die jüngere Forschung historisierende Tendenzen vorwiegend als Ausdruck inhaltlicher Bezugnahmen. Unter dem Titel „Stil als Bedeutung" wurde etwa 2004 die Verwendung gotischer Stilelemente im Rheinland zwischen 1450 und 1650 untersucht.[14] In diesen Kontext gehört auch das zu verschiedenen Zeiten auftretende „Zitieren" eines vergangenen Stils als „sinnstiftendes Verweissystem"[15]. Entsprechend interpretierte Michael Schmidt in seiner Arbeit zur Historizität süddeutscher, österreichischer und böhmischer Architektur vom 14. bis 17. Jahrhundert diese Formen ebenfalls programmatisch und nicht als ästhetisches Phänomen.[16] Einen Kulminationspunkt der aktuellen Forschung bildet das historisierende Bauen der Zeit um 1600, unter anderem das Phänomen der sogenannten Dürer-Renaissance. Das Aschaffenburger Symposium „Focus 1600" (2021) thematisierte die Stilvielfalt von Architektur und bildenden Künsten des Manierismus im Heiligen Römischen Reich Deutscher Nation. Diese heterogenen Sprachen werden dort als „Symptome jener retrospektiven, teilweise auch proto-nationalen Tendenzen" gedeutet, die seit der zweiten Hälfte des 16. Jahrhunderts feste Bestandteile der europäischen Kunstgeschichte bildeten.[17] Als eigener Forschungsbereich kann der Wiederaufbau (teilweise) zerstörter Bauten in historisierenden Formen gelten. Entgegen seinem Titel *Geschichte der Rekonstruktion. Konstruktion der Geschichte* (2010) präsentiert der von Winfried Nerdinger herausgegebene Sammelband[18] mehrheitlich keine Rekonstruktionen im engeren Sinne, sondern Beispiele frei historisierender Neubauten. Monografisch gut erforscht ist der Wiederaufbau prominenter Bauwerke des Mittelalters in Anlehnung an die (vermeintlichen) Ursprungsbauten; entsprechendes gilt für einzelne Bauglieder, wie Franz Ignaz Michael Neumanns romanisierende

Elemente der Dome von Speyer und Mainz aus den 1770er Jahren.[19]

Im Kontrast zu einer solchen individuell begründeten Wahl der Bauformen stehen normative Bezugnahmen auf historische Konzepte oder Vorbilder. Die Erforschung und Rezeption antiker Architektur vor allem in der Renaissance und erneut im Klassizismus bilden nach wie vor einen zentralen Themenbereich der Architekturhistoriografie, dasselbe gilt für die Bauten Andrea Palladios, die im 16. und 17. Jahrhundert als exakte Anwendungen des durch Vitruv überlieferten antiken Regelwerks galten. Diese normativen Bezugnahmen auf die Antike beziehungsweise auf das Werk Palladios entsprechen nicht dem hier vertretenen Verständnis des historisierenden Bauens als freier Zugriff auf historische Formen oder Motive und bleiben in dieser Betrachtung daher außen vor.

Seit dem 18. Jahrhundert bilden historisierende Formen ein grundlegendes Element der zeitgenössischen Architektur und können zusammen mit unterschiedlichen Stilformen und den oftmals eklektischen Entwurfsverfahren als ein Kennzeichen der „Großepoche" Moderne gelten. Ab den 1970er Jahren wurden verstärkt Untersuchungen zur Neugotik, zu Exotismen und zum Phänomen des Stilpluralismus im Landschaftsgarten durchgeführt, die sowohl den kulturpolitischen Kontext als auch die jeweiligen Stiladaptionen thematisieren. Anders als in früheren Zeiten stand der Palladianismus des 18. Jahrhunderts mit Vertretern vor allem in den angelsächsischen Ländern und den Niederlanden, aber auch in Preußen, nicht mehr im Kontext des Vitruvianismus und wirft entsprechend andere Fragen auf: Ein Hauptaugenmerk der Forschung bilden nun politisch-programmatische Ansätze dieses „Neo-Palladianismus".[20] Verwandt ist damit das in den 1990er/2000er Jahren verstärkt verhandelte Thema der „Nationalstile", etwa die Frage nach einer „deutschen Kunst" im Alten Reich[21], vor allem aber nach spezifischen Stilprägungen einzelner Staaten seit dem 19. Jahrhundert. Insgesamt wurde das Konzept der Stilwahl im Kontext von Stiltheorien analysiert.[22]

Der Historismus als ein durch den Rückgriff auf historische Stilformen definierter Epochenstil des 19. und frühen 20. Jahrhunderts bildet ein eigenes Forschungsfeld. Ab den 1970er Jahren entstanden Überblicksarbeiten[23] und Monografien; heute sind die prominenten Vertreter und deren Werke sowie die Zentren des Historismus, allen voran Wien und Paris, gut erforscht, insbesondere die als progressiv herausgestellte Glas-Eisen-Architektur der Bahnhöfe und Ausstellungshallen. Der Historismus als Phänomen bleibt bis heute in der Kunstwissenschaft aber eine Randerscheinung,[24] was vor allem der Perspektive der „Architekturmoderne" geschuldet ist: Bereits das 19. Jahrhundert hatte sich – ausgehend von der Vorstellung des „Zeitgeists" und dem Anspruch auf einen eigenständigen Ausdruck der Epoche – mit den vermeintlich unauthentischen Neo-Stilen der eigenen Zeit schwergetan, was sich in der Kunsthistoriografie des 20. Jahrhunderts mit ihrem Fokus auf den „Avantgarden" und deren spezifischem Verständnis von Moderne fortsetzte. So bestehen bis heute in weiten Teilen der Fachwelt Vorbehalte gegenüber einem historisierenden Formenapparat. Hinzu kommt eine durch den Gegensatz zum vermeintlich authentischen Modernismus begründete ästhetische Abneigung gegen die reiche Kunst des späten Historismus, die nach wie vor als überladen empfunden wird. In großen Teilen erfolgte eine Erforschung historistischer Bauten und Werkgruppen daher durch die Staatliche Denkmalpflege, die diesen umfangreichen Bestand zu bewerten und gegebenenfalls zu schützen hat. Dies gilt auch bezüglich der „Restaurierung" von teilzerstörten, zumeist mittelalterlichen Gebäuden in ihre vermeintlich ursprüngliche Form als ein zentrales Aufgabenfeld des Historismus. Eine Übernahme dieser von der Denkmalpflege vorgelegten Objektkenntnisse in die Architekturhistoriografie erfolgte bislang nur im Einzelfall. Ein eigenes Forschungsfeld bilden die in den letzten Jahren aus einem kulturhistorischen Blickwinkel entstandenen Untersuchungen bestimmter Werkgruppen, etwa der Bauten des bayerischen Königs Ludwig II. („Märchenschlösser")[25] oder der Weltausstellungen mit ihren (kolonialen) Exotismen. Insgesamt bildet die historistische Architektur als Ausdrucksform einer Epoche, die in der Kulturgeschichte der Moderne ansonsten eine so zentrale Rolle spielt, aber weiterhin ein Forschungsdesiderat.

Wenig präsent in der Architekturhistoriografie sind bis heute auch die sogenannte Heimatschutzarchitektur, die Delfter Schule oder andere traditionalistische Ansätze, und das, obwohl sie das Bauen in der Zwischenkriegszeit quantitativ dominierten und auch nach dem Zweiten Weltkrieg wichtige Strömungen bildeten. In den 1980er/1990er Jahren riefen einige Autoren dazu auf, die vernachlässigten traditionalistischen Tendenzen in der Moderne stärker in den Blick zu

nehmen.[26] Die Architekturgeschichte ist dem jedoch erst in Ansätzen gefolgt:[27] Noch weitgehend unerforscht sind sowohl der historisierende Ansatz dieser Strömungen, inklusive möglicher Entwicklungslinien, als auch das Gros der Bauten selbst. Kenntnisse besitzen wir heute vor allem über das Werk der Protagonisten[28] und – dank der Forschungen der Staatlichen Denkmalpflege – über bestimmte regional wichtige AkteurInnen und Baugruppen. Auch hier sind die Gründe in der generellen Ablehnung historisierender Formen durch die „Architekturmoderne" und die von ihr geprägte Architekturhistoriografie zu suchen. Verstärkt wird dies im Fall der „Heimatschutzarchitektur" durch die politisch rechte Gesinnung vieler Protagonisten samt Verstrickungen in das „Dritte Reich", etwa im Fall von Paul Schmitthenner oder Paul Schultze-Naumburg. Hinzu kommt, dass Bauten dieser Strömungen oftmals in kleinstädtischen und ländlichen Regionen zu finden sind, während die Architekturhistoriografie weiterhin Kunstzentren und das städtische Bauen fokussiert, dies unabhängig von der Tatsache, dass bereits seit den 1970er Jahren über das Zentrum-Peripherie-Modell reflektiert wird, und trotz einer grundsätzlichen Aufwertung regionaler Architektur wie auch des Bauens jenseits der Hochkunst.[29] Auch hier kann die Staatliche Denkmalpflege mit ihrem Blick auf die Breite des baulichen Bestands Ergebnisse vorweisen, wird dieser Ansatz in der Architekturhistoriografie aber noch kaum aufgegriffen. Einen spezifischen und in den letzten Jahren zunehmend erforschten Themenbereich im Kontext der „Heimatschutzarchitektur" bieten schließlich Fragen von Identitätskonstruktion und Nationenbildung im Wiederaufbau kriegszerstörter Städte nach dem Ersten Weltkrieg.[30]

Deutlich besser erforscht als die „Heimatschutzarchitektur" sind die diversen klassizistischen Strömungen des 20. Jahrhunderts, dies aus unterschiedlichen Gründen: Als „Wegbereiter der Moderne" fanden Bauten des abstrahierten Neoklassizismus, etwa eines Peter Behrens oder Heinrich Tessenow, früh Eingang in die Architekturhistoriografie. Weiterhin gelten einige klassizistische Bauten des italienischen *Razionalismo* mit ihrem modernistischen Gestaltungsansatz als „Meisterwerke der Moderne", vor allem die Arbeiten von Giuseppe Terragni und Adalberto Libera. Dagegen wurden Strömungen, die enger an den historischen Formenapparat gebunden waren, wie der Neoklassizismus des „Dritten Reiches", der Sozialistische Klassizismus und die Nationale Tradition in der DDR, weniger nach stilistischen Kriterien denn als Ausdruck und Instrument der jeweiligen Staatsideologie betrachtet. Hier bestehen Parallelen zur umfänglichen Forschung zu den Nationalstilen des 20. Jahrhunderts mit ihren oftmals klassizistischen Ansätzen, etwa in den USA oder in den skandinavischen Ländern.[31]

In der umfangreichen Forschungsliteratur zum Wiederaufbau nach dem Zweiten Weltkrieg fanden die zahlenmäßig stark vertretenen historisierenden Konzepte lange Zeit kaum Beachtung. Entsprechende Lösungen galten als wenig innovativ und wurden oftmals pauschal einem katholisch-konservativen Milieu zugeordnet. Erst in den letzten Jahren entstanden Arbeiten zu diesen – dort meist als traditionalistisch bezeichneten – Konzepten und Realisierungen[32], was zu einer neuen Wertschätzung dieser bewusst „unspektakulären" Architektur beiträgt. Entsprechend rückte auch das verwandte Phänomen der gestalterischen Anpassung von Neubauten durch historisierende Formen in den Fokus der Forschung, dies oftmals unter dem Schlagwort des „Weiterbauens".[33]

Ein umfangreiches wie aktuelles Forschungsfeld bildet die Postmoderne als Geistesepoche oder Haltung, die mit einer neuen Wertschätzung der Geschichte und dem Wunsch nach Kontextualisierung eine zentrale Rolle für das historisierende Bauen spielt. Neben der wachsenden Akzeptanz historisierender Tendenzen in den 1970er und 1980er Jahren entstand eine eigene „postmoderne Formensprache" mit historisierenden, aber abstrahiert-ironisierenden Formen auf Basis eines eklektischen Entwurfsansatzes. Ein Schwerpunkt der Forschung zur postmodernen Architektur liegt bis heute auf Werken dieser „verfremdeten" Gestaltungen, etwa auf den Arbeiten von Aldo Rossi, Oswald Mathias Ungers oder James Stirling, und weniger auf dem Werk eines Rob Krier oder Robert A. M. Stern. Aktuell besteht ein großes Interesse an der Geistesepoche und Kunst der Postmoderne.[34] Parallel dazu weitet sich das Bild von postmoderner Architektur, die nun auch die sozialistischen Länder[35] sowie (nicht ironisierende) sozial-ökologische Tendenzen einschließt. Auch hier leistet die Staatliche Denkmalpflege mit ihren aktuellen Inventarisationskampagnen einen wichtigen Beitrag.[36]

Als eine Sonderform des historisierenden Bauens wurde in den 1990er Jahren die Rekonstruktion verlorener Bauwerke und Ensembles zu einem zentralen Forschungsthema nicht nur der Architekturgeschichte und Denkmalpflege, sondern auch im weiteren Rahmen der Gesellschafts- und Kulturwissenschaften. Schwerpunkte bilden „Erlebniswelten" und „Themenarchitekturen", verbunden mit Aspekten des (Stadt-)Marketings[37], sowie Erbe- und Identitätskonstruktionen in Bezug auf bauliche Objekte und architektonische Räume[38]. Die Denkmalpflege-Diskurse erlebten mit dem Wiederaufbau der Dresdner Frauenkirche (1994–2005) eine neue Fokussierung auf bauliche Rekonstruktionen. Dort geht es weniger um Art und architektonische Qualität der Gestaltung, sondern primär um das Für und Wider von Rekonstruktionen und die Wahl der zu rekonstruierenden Zeitphasen. Die Fachdenkmalpflege, die sich seit ihrer Entstehung über die Erhaltung historischer Bausubstanz versus Rekonstruktionen definiert, lehnt diese Baupraxis im Wesentlichen ab; Ausnahmen bestehen bei wissenschaftlich dokumentierten Bauten unmittelbar nach ihrer Zerstörung und bei einer politisch motivierten Vernichtung.[39] Als Gründe für die Ablehnung gelten der Verlust an sichtbaren Zeitschichten (inklusive Zerstörungen oder Überformungen des Gebauten) sowie die mit Rekonstruktionen oftmals verbundene selektive Beseitigung eines aktuell nicht gewünschten Zustandes und das damit einhergehende Reklamieren einer bestimmten Deutungshoheit über die Geschichte. Abgeleitet hiervon ist der Vorwurf der Fälschung und Vortäuschung einer historischen, realiter jedoch neuen Architektur. Ein weiteres Argument bildet die befürchtete schwindende Wertschätzung der Baudenkmale angesichts historisch anmutender, jedoch neu errichteter Bauwerke und Ensembles.[40]

Demgegenüber steht der von verschiedenen Seiten vertretene Wunsch nach Wiederherstellung zerstörter Bauten oder auch Stadtbilder, etwa als Erinnerungsmal, als (national-)politisches Zeichen, als „städtebauliche Heilung" oder im Zuge des *city branding*.[41] Als prominentestes deutsches Beispiel kann der 2002 vom Deutschen Bundestag beschlossene Wiederaufbau des kriegszerstörten und 1950 gesprengten Berliner Stadtschlosses (mit Rekonstruktion von Kubatur und Fassaden) gelten. Der polarisierende Diskurs gipfelte 2010 in einer Ausstellung im Architekturmuseum der Technischen Universität München, konzipiert vom dortigen Ordinarius Winfried Nerdinger, die unter dem Titel „Geschichte der Rekonstruktion – Konstruktion der Geschichte" eine vermeintlich jahrhundertealte Tradition dieser Baupraxis präsentierte. Als eine Art Gegendarstellung erschien im folgenden Jahr in der Reihe *Bauweltfundamente*, herausgegeben von VertreterInnen der Denkmalfachämter und Denkmalpflegelehrstühle, die *Anthologie Denkmalpflege statt Attrappenkult. Gegen die Rekonstruktion von Baudenkmälern*.[42] Parallel dazu wird seit längerem eine Diskrepanz zwischen Denkmaltheorie und Denkmalpflegepraxis konstatiert und stellt auch die Fachdenkmalpflege eine pauschale Ablehnung baulicher Rekonstruktion zunehmend infrage.[43]

Da historisierende Neubauten oftmals verallgemeinernd und damit meist fälschlich mit Rekonstruktionen gleichgesetzt werden – etwa bei der Neumarktbebauung in Dresden (ab 2004) oder der „Neuen Altstadt" in Frankfurt am Main (2012–2018) –, finden sich in den Rekonstruktions-Diskursen, welche im Kontext der Denkmalpflege geführt werden, vielfach indirekte Aussagen zum historisierenden Bauen. Zu den dort gegen die Rekonstruktion angeführten Argumenten zählen vor allem die für Laien nicht unmittelbar erkennbare Entstehungszeit der Neubauten und damit einhergehend eine wahrgenommene, jedoch keine tatsächliche Historizität sowie die Gefahr einer schwindenden Wertschätzung von Denkmalen angesichts jederzeit realisierbarer historisch anmutender Bauwerke und Ensembles. Eine Gegenposition nimmt die 2015 erschienene Dresdner Dissertation von Philipp Maaß ein, die ihrerseits pauschalisierend von „moderner Rekonstruktion" und einem konstruierten „Lügenmythos" spricht und für ein historisierendes Bauen plädiert.[44] Diese Polarisierung kulminierte im Schlagwort der „Rechten Räume" (2018),[45] das die These einer Verbindung zwischen (städtebaulichen) Rekonstruktionen und rechtem Gedankengut aufwarf, diese damit aber per se in den Verdacht setzt, ein politisch reaktionäres Weltbild zu repräsentieren.

In der architekturgeschichtlichen Forschung wird das historisierende Bauen vielfach indirekt im Kontext der Architekturrezeption behandelt. Dies gilt etwa für das Zitat. Gemeint sind (wie auch immer geartete) Rückverweise auf konkrete Bauwerke oder spezifische Bautraditionen. Da sich architektonische Zitate lediglich als Wiederholungen von Motiven, Formlösungen oder Bautypen zu erkennen geben (und nicht wie in der Literatur durch Anführungszeichen und Fußnoten), handelt es sich um ein unspezifisches und schwer fassbares Phänomen, zumal Art und Bedeutung von Zitaten einem zeitlichen Wandel unterliegen. In den 1970er Jahren wurde das Zitat zunächst für die Architektur des Mittelalters untersucht, später auch für jüngere Epochen.[46] Trotz seiner Bedeutung für die Architekturgeschichte gibt es wenige übergeordnete Analysen zum architektonischen Zitat. Anna Valentine Ullrich präsentierte 2015 mit *Gebaute Zitate. Formen und Funktionen des Zitierens in Musik, Bild und Architektur*[47] eine interdisziplinär geweitete Perspektive auf das Thema. Ihr Schwerpunkt liegt auf Kulturtechniken und Zeichensystemen und weniger auf konkreten Bauwerken und deren Gestaltung. Übergreifende Forschungen, die etwa die verschiedenen Formen und Bedeutungen des Zitierens in der Architekturgeschichte inklusive des sich wandelnden Verhältnisses von Vorbild und Zitat behandeln, sind der Verfasserin nicht bekannt.[48] Die Schwerpunkte liegen auf der Rezeption einzelner ikonischer Bauwerke (Heiliges Grab, Pantheon, St. Peter in Rom etc.) sowie auf der Postmoderne mit ihrem Verständnis von Architektur als vieldeutiges und anspielungsreiches Sprachsystem.[49]

Ein unscharfes Forschungsfeld bildet die architektonische Praxis der Mimesis. Diese umfasst unterschiedlichste Ansätze, auch Analogiebildungen auf Basis normativer Kategorien, etwa im Kontext des Palladianismus oder der Klassizismen,[50] die in dieser Arbeit jedoch außen vor bleiben. Zur Unschärfe des Phänomens kommt dessen grundsätzlich negative Bewertung in der Fachwelt: Die nach wie vor prägenden Denkmuster der Moderne bewerten mimetische Praktiken im Sinne der Nachahmung als nicht innovativ, als nicht eigenständig und damit „unauthentisch", mit einer daraus folgenden weitreichenden Marginalisierung in der Architekturgeschichte bis hin zur pauschalen Abwertung. In der Forschergruppe „Medien und Mimesis" wurden Analogiebildungen dagegen wertneutral als zentrale Kulturtechniken untersucht.[51] Eine Tagung des Teilprojekts (2016), publiziert unter dem Titel *Mimetische Praktiken in der neueren Architektur. Prozesse und Formen der Ähnlichkeitserzeugung*[52], versuchte sich an einer architekturtheoretischen und -historischen Verortung dieses Phänomens. Entsprechende Einzeluntersuchungen mit Bezug auf städtebauliche Strukturen und Typologien liegen bereits vor. Dies gilt insbesondere für den theoretischen Bereich, wie die zahlreichen Arbeiten zu Aldo Rossi und dessen Entwurfskonzept der „analogen Stadt" zeigen.[53] Einen übergreifenden theoretischen wie philosophischen Ansatz bietet Hartmut Mayers Habilitationsschrift *Mimesis und moderne Architektur. Eine architekturtheoretische Neubewertung*[54] (2017), die von der antiken Verwendung des Mimesis-Begriffs und der impliziten Forderung nach einem ontologischen Bezug zu Natur und Welt ausgeht. Mayers Anspruch ist es, über den Wandel des Begriffs die Bedeutung des Mimetischen für die Architektur seit der Antike darzustellen;[55] formal-gestalterische Analysen stehen dabei nicht im Fokus. Auch in der übrigen Literatur werden die Art und Weise der Analogiebildung und damit die konkreten gestalterischen Lösungen (wie das Bauen in historisierenden Formen) nur sporadisch thematisiert. Eva Maria Froschauer lieferte 2020 einen Abriss über Strategien und Verfahren der historischen Referenz in der zeitgenössischen Architektur.[56] Exemplarisch behandelt sie „Zitation", „Variation", „Paraphrase" und „Appropriation", die sie aber, mit

Ausnahme der Lückenschließung im Ostflügel des Berliner Museums für Naturkunde von Diener & Diener (2010), anhand von Bauten ohne historisierendes Formvokabular erläutert. Anne-Catrin Schultz präsentiert das gesamte Spektrum aus „Fake", Imitation, Zitat, „duplitecture", Kopie und Reproduktion als wertfrei und zugleich als eine jahrhundertealte Kulturtechnik, hier insbesondere mit Blick auf die Wahrnehmung von Architektur in der digitalen Zeit.[57]

Seit den 1980er Jahren werden in der architekturhistorischen Forschung auch die nicht der „Avantgarde" zuzurechnenden Vertreter der Moderne behandelt, vornehmlich jene der ersten Hälfte des 20. Jahrhunderts. Da nach wie vor aber eine teleologische Vorstellung von Architekturgeschichte dominiert, gelten diese weiterhin nicht als vollständig „modern", sondern werden „zwischen Tradition und Moderne"[58] verortet und bestenfalls als „andere Moderne"[59] bezeichnet. Eine kritische Sicht auf diese Kategorisierung zeigte etwa die Berliner Tagung „Historismen in der Moderne" (2000) der gleichnamigen Arbeitsgruppe des Ulmer Vereins.[60] Noch immer gelten historisierend arbeitende Architekten des 20. Jahrhunderts als außerhalb der Entwicklung stehende Sonderfälle. In diesem Sinne erhielten etwa Heinz Bienefeld (1926–1995) und Rob Krier (* 1938) Einzelausstellungen im Deutschen Architekturmuseum in Frankfurt am Main (2000; 2005)[61] sowie Cäsar Pinnau (1906–1988) im Altonaer Museum (2016/2017).[62]

Flexibler zeigt sich die Architekturkritik im Rahmen von Fachzeitschriften und im Feuilleton von Zeitungen. In der Tradition der „Architekturmoderne" stehend hatten auch diese den historisierenden Ansatz lange Zeit als epigonenhaft und unauthentisch abgelehnt. So berichtete etwa Jürgen Tietz unter dem Titel „Geliebte Fälschung" 2008 in der *Neuen Züricher Zeitung* von einer deutschen „Rekonstruktionswelle", einhergehend mit historisch anmutenden „Fassadentapeten". Den Architekten warf er vor, sich „mit einer Zunft von Nachahmern und Fälschern" gemein zu machen.[63] Versuche, sich wertneutral mit dem historisierenden Bauen zu beschäftigen, nehmen jedoch – parallel zur Ausweitung dieser Baupraxis und zum Interesse an der Postmoderne mit ihren historisierenden Tendenzen – zu. Beispielhaft hierfür stehen diverse Themenhefte wie die Ausgabe von *Arch+* unter dem Titel *Die Krise der Repräsentation* (2011) und der *Bauwelt* zur Frage „Gangbarer Konservatismus?" (2014).[64]

Deutlich spiegelt sich der aktuelle Wunsch nach historisierenden Formen auch in populärwissenschaftlichen Publikationen. 2017 erschien ein Architekturführer für Berlin mit einem Fokus auf dem „Retrospektiven Bauen" seit 1975.[65] In ihrem „Bestimmungsbuch" führte Turit Fröbe 2018 unter „Gegenwart: Neo-Stile" ganz selbstverständlich zeitgenössische historisierende Beispiele auf, darunter eine „Neo-Gründerzeit", einen „Neo-Expressionismus" sowie die „Neo-20er (Neues Bauen)" bis „Neo-70er". Als Erklärung zur Verwendung des Buches verweist die Autorin auf den mehrfach auftretenden Button „Achtung: Neo-Falle!": „Gegenwärtig feiern nämlich viele Baustile der Moderne ein fröhliches Revival."[66]

Ein aktueller Fokus liegt – nach Meinung der Verfasserin zu Recht – auf dem städtebaulichen Mo-

ment des historisierenden Bauens. 2018 erschien mit dem von der Architektin Barbara Engel herausgegebenen Band *Historisch versus modern: Identität durch Imitat?* eine Sammlung kompakt erläuterter Beispiele historisierenden Städtebaus.[67] Diese sind über Ländergrenzen und Kontinente hinweg in vier Kategorien nach dem jeweiligen Verhältnis zu den historischen Vorbildern gegliedert. Engel möchte hier ausdrücklich nicht Position für oder gegen historisierendes Bauen beziehen, sondern eine differenzierte Betrachtung liefern.[68] Letzteres wird aufgrund der globalen Perspektive und der dadurch bedingten divergenten Ansätze, aber auch wegen teils unklarer Begriffe (etwa „Retro-Quartiere") nicht erreicht.[69] Der Wert des Buches liegt dagegen in der Zusammenschau der Beispiele, die das historisierende Bauen als globales Phänomen, veranschaulicht durch eine Weltkarte mit Markierung der Stätten, zeigt und die Ensembles in Plänen und Zeichnungen vorstellt.

Bereits 2009 erschien Katharina Brichettis Untersuchung *Die Paradoxie des postmodernen Historismus. Stadtumbau und Denkmalpflege vom 19. bis zum 21. Jahrhundert: Berlin und Beirut*[70] mit einem vergleichenden Blick auf diese beiden Städte. Der Schwerpunkt liegt dabei auf den gesellschaftspolitischen und historischen Hintergründen und nicht auf gestalterisch-architektonischen Aspekten. Unklar bleibt neben dem Grund für die Auswahl der beiden Beispiele, ob und inwiefern deren Architektur allgemeine Gültigkeit für das behauptete Paradoxon beanspruchen kann. Leider fehlen klare Definitionen der verwendeten Begrifflichkeiten[71], inklusive des (von Nikolaus Pevsner übernommenen) Leitbegriffs des „postmodernen Historismus"[72]. Die für das Verständnis des jüngeren historisierenden Bauens interessante Gegenüberstellung mit dem Historismus griff Brichetti 2009[73] und erneut 2016 in dem Aufsatz „Romantisierende Stadtbilder. Historismus und postmoderner Historismus im Vergleich" auf. Analog zu Pevsner, der bereits in den 1960er Jahren vor einer sichtbaren „Wiederkehr des Historismus" warnte[75], konstatiert Brichetti zwei „Historismusphasen", eine erste im 19. Jahrhundert und eine zweite ab den 1980er Jahren.[76] Diesen „postmodernen Historismus" versteht die Autorin als eine von mehreren „Stilrichtungen" der Postmoderne, deren gestalterische Merkmale jedoch nicht benannt werden. Überkommene Vorstellungen, die sich in der Verwendung bekannter Schlagwörter wie „Disneyland-Effekt", „Geschichtsbeschwörung" und „Täuschungsmanöver" spiegeln, erfahren keine kritische Reflexion.[77]

Den gegensätzlichen Weg geht Christian Rabl, der 2020 in seinem Buch *Architekturen des Inauthentischen: Eine Apologie* genau diese Aspekte als Qualität historistischer Bauten wie auch aktueller historisierender Architektur herausstellt.[78] Ebenfalls 2020 erschien als erweiterte Version seiner 2013 eingereichten Dissertation das Buch *Kontingenz, Künstlichkeit und Travestie. Zur Neubeschreibung von Themenarchitekturen* mit dem er diese jüngere Architektur in den Fokus stellt. Es geht dem Autor auch hier um die Phänomene des Inauthentischen und der Künstlichkeit, um die sinnliche Wirkung und schließlich um eine Wertschätzung dieser (außerhalb des Postmoderne-Diskurses) gering geachteten Architektur. Eine kritische Analyse der gestalterischen Merkmale findet in der (unbebilderten) Publikation jedoch nicht statt.[79]

Die Verfasserin dieser Arbeit schlug vor, das in den 1970er Jahren an Bedeutung gewinnende historisierende Bauen als eine Ausdrucksform der Postmoderne zu sehen. Diesem Verständnis nach schließt die proklamierte Vielfalt auch das nicht-ironisierende historisierende Bauen sowie Rekonstruktionen ein, etwa die Fassaden der Römerberg-Ostzeile als Teil des postmodernen Ensembles des Dom-Römerberg-Areals (1981–1986).[80]

2017 versuchte die Verfasserin, die verschiedenen Formen des zeitgenössischen historisierenden Bauens zu definieren, zu kategorisieren und in den Kontext der Postmoderne und der spezifischen Ländertraditionen einzuordnen.[81] Weiterführend untersucht Ortrun Bargholz in ihrem Dissertationsprojekt *Oberfläche und Erscheinung. Zur strategischen Nutzung zeitgenössischer historisierender Bauten* die Funktion dieser Architektur, die sie vor allem in Marketingstrategien sieht, und interviewt Investoren bezüglich einer Korrelation von historisierender Formensprache und erwarteter Gewinnsteigerung. Bargholz stellt zudem einen Vergleich zu Historien-Videospielen her[82] und wendet am Beispiel der Erstpräsentation des neu zu bauenden Berliner Karstadt-Gebäudes die Interface-Theorie an.[83] Mit ihrem Fokus auf der Funktion setzt sie einen anderen Schwerpunkt als diese Arbeit, die den formal-gestalterischen Aspekt in den Vordergrund stellt und das Phänomen zudem aus einer größeren historischen Perspektive betrachtet.

Der Abriss zum Forschungsstand zeigt, dass es das *eine*, von allen VertreterInnen akzeptierte

Deutungsmodell des zeitgenössischen historisierenden Bauens nicht gibt. Grundsätzlich sind hier zwei Hauptpositionen auszumachen: Die eine geht gemäß dem Stilepochensystem des Historismus davon aus, dass jede Zeit und jede Kultur einen eigenen, von der vorhergehenden und folgenden unterscheidbaren Ausdruck („Zeitgeist") finden müsse. Historisierende Formen (etwa im Historismus, Neoklassizismus oder in der Postmoderne) werden entsprechend als Teil der jeweils zeittypischen Strömung interpretiert. Die andere Position beruft sich auf die Kontinuität einer „klassischen" Architektursprache, die sich den jeweiligen modernen Anforderungen lediglich variierend anzupassen habe. Die mit dieser Tradition brechende „Architekturmoderne" wird als ein kurzzeitiges und zu überwindendes Phänomen verstanden. Beide Deutungsmodelle des zeitgenössischen historisierenden Bauens bestehen parallel und beanspruchen für sich Allgemeingültigkeit und Ausschließlichkeit. Beide stoßen dabei an Grenzen, die kaum kritisch reflektiert werden.

Die erste Position wurde im 19. Jahrhunderts etabliert und prägt die Vorstellung von Architekturgeschichte als fortschreitende Entwicklung. Seither suchen ArchitektInnen nach einer jeweils eigenständigen zeitgemäßen Gestaltungsweise, was sie angesichts der Rückgriffe auf historische Bauformen von Anfang an vor Probleme stellte. Die Absetzung vom Historismus um 1900 folgt demgemäß dem Anspruch auf eine eigenständige Architektursprache der neuen Zeit, proklamiert von der „Architekturmoderne" als „Sieg des neuen Baustils" (1927) und kanonisiert als „International Style" (1932).[84] Aus diesem Verständnis heraus wurde die historistische Architektur in den 1970er Jahren rückblickend als „authentischer" Zeitstil des 19. Jahrhunderts gedeutet, der in der geforderten neuen und kreativen Weise die historischen Formen rezipiert habe. Ebenso verhielt es sich mit den seit den 1970er Jahren verstärkt auftretenden historisierenden Formen, die unter Betonung der Verfremdung und des Zitathaften als Teil einer wiederum neuen Architekturströmung, hier der Postmoderne, gedeutet wurden. Konsequenterweise musste diese ihrerseits von neuen Tendenzen (Dekonstruktivismus, Minimalismus etc.[85]) abgelöst und ein Ende der Postmoderne in der Architektur proklamiert werden. Andere Rückgriffe auf historische Formen, die weniger auf Absetzung und Verfremdung zielten und keine erkennbar neuen Gestaltungsmerkmale aufweisen, werden als unzeitgemäß und rückständig abgelehnt und in der Architekturhistoriografie ignoriert.

Das zweite Deutungsmodell beruft sich auf die jahrtausendealte, von Vitruv vermittelte Tradition einer „klassischen" oder „klassisch-traditionellen" Architektursprache, die durch die „Architekturmoderne" temporär unterbrochen wurde und an die es anzuknüpfen gelte,[86] eine Vorstellung, die schon Paul Mebes mit seinem Wunsch zur Rückkehr zum Klassizismus in seinem einflussreichen Werk Um 1800 (1908)[87] vertrat. Entsprechend äußerte sich Prinz Charles als prominenter Vertreter dieser „klassischen Architektur" erfreut über die aktuelle Entwicklung: „I am most heartened to see that for a new generation of architects the collective wisdom of a living tradition continues to be a source of inspiration."[88]

Hans Kollhoff deutet die Entwicklung weniger positiv und beklagt, dass man nicht zurückfinde „[…] an den Punkt, an dem der geschichtliche Faden gerissen ist mit dem Bauhaus […]. Warum schaut man sich nicht an, wie vor 1925 gebaut wurde, und macht dort weiter, so gut es heute geht?"[89] Entscheidend für die VertreterInnen dieser Position ist die Verwendung bekannter und damit vertrauter Formen, Proportionen, Materialien und Gebäudetypen, wobei den Bauten pauschal „Schönheit" zuerkannt wird: Laut Umfragen würde eine Mehrheit der Menschen entsprechende Bauwerke in historischen Formen befürworten und die Architektur des Modernismus ablehnen.[90]

Wichtig für die Herausbildung dieser Position scheint die Tradition des Klassizismus beziehungsweise des Palladianismus in der US-amerikanischen Architektur, der dort seit Thomas Jefferson als nationaler Stil etabliert ist. Hierauf baute der amerikanische Architekt Robert A. M. Stern mit seiner Publikation *Modern classicism* (1988) auf, erschienen 1990 auf Deutsch als *Moderner Klassizismus. Entwicklung und Verbreitung der klassischen Tradition von der Renaissance bis zur Gegenwart*[91]. Stern deutete den Klassizismus als eine in der Antike angelegte, aber grundsätzlich überzeitliche Sprache, bestehend aus einem Vokabular sowie einer Grammatik und Syntax, die Ordnung in den Entwurf brächten und die es in die heutige Architektur zu übertragen gelte.[92] Als erste Phase eines „modernen Klassizismus" sah er die Renaissance, aber auch andere Stilrückgriffe finden in diesem Modell grundsätzlich Platz. So öffnet Stern die Kategorie eines „Kanonischen Klassizismus"

und zählt dazu etwa das Werk des Engländers Quinlan Terry (* 1937), der auch mittelalterliche Formen einsetzt.

Längst erfolgte innerhalb dieses Deutungsmodells eine Ausweitung auf andere historische Stile: „We have learnt how to love and respect all different styles […]."[93] Entsprechend dieser Stilvielfalt wird die historisierende Architektur auch nicht länger als US-amerikanischer Nationalstil, sondern als übergeordnetes allgemeingültiges Phänomen gesehen, als „timeless achievements of contemporary classical and traditional architecture".[94] Ein zentraler Verfechter und Unterstützer dieser Auffassung war seit den 1980er Jahren Prinz Charles, der seinerseits den „genuin internationalen" Charakter der Bewegung betont[95]. Entsprechend erscheint das historisierende Bauen als wachsende Bewegung und adäquater Ausdruck unserer Zeit: „a growing contemporary movement of traditional architecture"[96] – von selbstverständlich länderübergreifendem Charakter: „Ein […] modernes Phänomen dieser neuen Bewegung ist die Internationalität ihrer Anhänger und Werke […]."[97] Damit teilt diese Deutung historisierender Architektur das Paradox der „Architekturmoderne", die zugleich modern und überzeitlich sein möchte, ebenso die damit verbundene dogmatische Haltung und kategorische Ablehnung abweichender Positionen.[98] Gegenseitig wirft man sich dabei vor, rückständig zu sein: indem man an der inzwischen 100 Jahre alten Formensprache der „Avantgarden" festhält oder weil man auf Bauformen früherer Epochen zugreift. Zu letzteren zählen sowohl der Historismus als auch die „Architekturmoderne" der 1920er Jahre. Die Formensprache der „Avantgarden" kann damit in

Kontinuität zu letzterer (im Sinn einer „Klassischen Moderne") wie auch als Teil der aktuellen historisierenden Strömungen (als „Neo-Modernismus") gesehen werden. So bemerkte bereits Stern 1988: „[…] die Reaktion gegen den Modernismus in den 1960er Jahren machte klar, daß der Modernismus nicht jenseits der Stile steht oder gar der Stil ist, der alle Stile beendet, sondern sich lediglich in die Kontinuität der Abfolge moderner Stile einfügt, die mit der Renaissance begann."[99] Beide Ansätze – „Architekturmoderne" und „klassisch-traditionelle Architektur" – beanspruchen gleichermaßen eine Kontinuität und sind damit Gegenpositionen zur entwicklungsgeschichtlich gedachten Stilepochenfolge in der Tradition des Historismus.

Das jüngere nicht verfremdete oder ironisierte historisierende Bauen beruft sich mit seinem Verweis auf das vermeintlich allgemeingültig Schöne, Angenehme und Vertraute nicht auf eine kontext- und zeitgebundene Theorie. Entsprechend erklären sich die VertreterInnen als frei von einer bestimmten Weltanschauung oder politischen Haltung. Ein Grund für diese Distanzierung mag auch die ihnen häufig pauschalisierend attestierte politisch rechte oder reaktionäre Einstellung sein. Die Berufung auf einen allgemeingültigen architekturimmanenten Standpunkt könnte daher auch als Versuch gelten, sich einer solchen Zuweisung zu entziehen. Bereits Joachim Fest kennzeichnete Cäsar Pinnau 1982 als undogmatischen, keiner Theorie folgenden und keiner Ideologie verhafteten Baukünstler und als primär von seinem ästhetischen Wertekanon geleiteten Traditionalisten.[100] Auch Ulrich Höhns sprach 2015 von Pinnaus „ausgeprägter

Theorieferne und Diskursfremdheit"[101]. Tatsächlich gibt es nur wenige theoretische Schriften von Seiten dieser architektonischen Bewegung. Neben Sterns *Modern classicism* (1988) und Prinz Charles' *A Vision of Britain* (1989) erschienen vor allem ab den 1990er Jahren reich bebilderte Publikationen mit mehr oder weniger umfangreichen Textpassagen von unter anderem Andres Duany and Elizabeth Plater-Zyberk, Gabriele Tagliaventi, Léon Krier, Petra und Paul Kahlfeldt, Alireza Sagharchi und Lucien Steil sowie Hans Kollhoff.[102] Eines der aktuell erfolgreichsten deutschen Büros mit Schwerpunkt auf dem historisierenden Bauen, Patzschke & Partner Architekten, Berlin, kommt fast vollständig ohne Erläuterung und theoretische Untermauerung des eigenen Werks aus.[103]

Das theoretische Ideal der Postmoderne, nach der alles möglich sei – versinnbildlicht 1980 in der Strada Novissima auf der Architekturbiennale in Venedig mit ihren gleichermaßen verfremdet-ironisierenden wie detailliert historisierenden Beispielen –, ist bis heute kein Konsens. Vielmehr stehen sich die unterschiedlichen Haltungen meist diametral im Sinne eines Richtig oder Falsch gegenüber, dies zum Bedauern von etwa Robert Patzschke: „Mein Wunsch wäre eigentlich vielmehr zu sagen: Ich mache das, weil ich das gut finde, anstatt das andere zu negativieren. Diese ganze polarisierende Diskussion sollte längst überholt sein."[104] Allein im Maßstab städtebaulicher Ensembles greift das Ideal der Vielfalt. Man denke etwa an die diversen modernistischen oder historisierenden „Minicitys" von Berlin und Frankfurt am Main: den in der Nachwendezeit „kaiserzeitlich" gestalteten Pariser

Platz versus den an die 1920er Jahre angelehnten Potsdamer Platz sowie die Frankfurter Hochhaus-Skyline als optischer Hintergrund für die an der Goethezeit orientierte „Neue Altstadt".[105]

DEFINITION UND METHODE__ Der Begriff des „zeitgenössischen historisierenden Bauens" ist in mehrerlei Hinsicht unpräzise. Die damit verbundene methodische Problematik gilt es zu reflektieren.[106] Historisierendes Bauen meint hier zunächst jedes Bauen in und mit historischen Bauformen, Motiven und Bauweisen und umfasst damit ganz unterschiedliche Gestaltungen. Gemeinsam ist diesen allein, dass die Vorbilder in der Vergangenheit beziehungsweise einer imaginierten Vergangenheit liegen. Oft werden Bezugnahmen auf verschiedene Zeiten oder Objekte in eklektischer Weise kombiniert und auch mit zeitgenössischen Gestaltungs- und Bauweisen verbunden. Anhand des Verhältnisses zum Vorbild können unterschiedliche Kategorien des historisierenden Bauens definiert werden: die Kopie, die Rekonstruktion, die gestalterische Annäherung oder freie Gestaltung unter Verwendung des historischen Formvokabulars sowie Mischformen dieser Kategorien. Historisierendes Bauen findet sich mit schwankender Konjunktur und in wechselnden Ausprägungen in der Architekturgeschichte; die historisierenden Bauten sind dabei, wie grundsätzlich alle Neubauten, Ausdruck ihrer jeweiligen Zeit.

Das hier gewählte – und gleichermaßen unspezifische – Adjektiv „zeitgenössisch" meint ein gegenwärtiges Bauen, dessen Beginn (und damit die Abgrenzung von einem früheren Bauen) aber offen ist. Der gesetzte Zeitrahmen ab den 1970er Jahren wurde mit Blick auf kulturhistorische und architekturimmanente Faktoren gewählt: die Kritik an der Spätmoderne, das neue Interesse an der Geschichte und ein verstärkter Eingang historischer Bezugnahmen in das Bauen. Wie jede Architektur weist das zeitgenössische historisierende Bauen spezifische zeittypische Merkmale auf, die es als Teil der gegenwärtigen Architektur erkennbar machen, beispielsweise Bautechnik, Materialien, Gebäudetypus, Struktur und Gebäudeorganisation sowie Bauformen. Selbstredend hat sich auch diese Architektur in dem betrachteten Zeitrahmen gewandelt. Dass das historisierende Bauen in den letzten Jahrzehnten besondere Verbreitung fand und damit einen zentralen Teil der heutigen Architektur bildet, ist eine These dieser Arbeit und wird in der Folge erläutert.

Ein weiteres Ziel liegt in der näheren Bestimmung des zeitgenössischen historisierenden Bauens. Hierzu wird nach bevorzugten Vorbildern bezüglich Epoche, Bauaufgabe und Baustil gefragt, ebenso nach dem jeweiligen Verhältnis zum Vorbild sowie nach Art und Umfang der Rezeption und schließlich nach den spezifischen Merkmalen. Der Fokus liegt damit – im Rahmen eines genuin kunsthistorischen Ansatzes – auf formal-gestalterischen Fragen und soll die unter anderem im Kontext der Identitäts- und Erinnerungsdebatten parallel erforschten gesellschaftspolitischen und kulturhistorischen Aspekte ergänzen. Dieser kunsthistorischen Methodik folgend kommen beschreibende und vergleichende Praktiken mit dem Ziel einer Charakterisierung und qualitativen Bewertung der Bauten zum Tragen. Entsprechend werden Objekte mit gestalterischem Anspruch aus dem Bereich der „klassischen" Bauaufgaben betrachtet, nicht die „Erlebnisarchitektur", die etwa im Kontext von Freizeitanlagen und im Hotelbau zur Anwendung kommt und eigene Traditionslinien aufweist. Zugunsten der objektnahen Analyse bleiben die für das Verständnis des zeitgenössischen historisierenden Bauens gleichermaßen wichtige gesellschaftliche Rezeption dieser Architektur und die diversen Diskurse innerhalb der Fachdisziplin hier weitgehend außen vor.

Die Untersuchung richtet sich beispielhaft auf einzelne Bauten, Ensembles und städtebauliche Anlagen in Polen, Deutschland und den Niederlanden. Inwieweit diese Auswahl übertragbare Erkenntnisse auf das Phänomen insgesamt liefert, ist offen und kann im Rahmen dieser Arbeit nicht geklärt werden. Die Betrachtung einzelner Länder basiert auf der These der Verfasserin, nach der nationale Bautraditionen in Zeiten der fortschreitenden Globalisierung weiterhin maßgeblichen Einfluss auf das Bauschaffen haben. Die Wahl dieser drei europäischen Länder gründet sich auf spezifische, für das zeitgenössische historisierende Bauen als wichtig erachtete Aspekte: Das Beispiel Polen bietet Einblick in das historisierende Bauen eines sozialistischen (Volksrepublik Polen) und seit 1989 marktwirtschaftlich organisierten Staates (Republik Polen) und kann damit nach Kontinuitäten und Zäsuren fragen. Als Besonderheit beruft sich das Land auf eine mit dem Wiederaufbau etablierte Tradition der Wiederaufbau- und Rekonstruktionspraxis, die auch schon vor Aufnahme der Warschauer Altstadt in das UNESCO-Weltkulturerbe international gewürdigt wurde. Steht historisie-

rendes Bauen in Polen für die Selbstbehauptung des mehrfach in der Geschichte in seiner Existenz bedrohten Staates, assoziiert man es im Nachbarland Deutschland mit der eigenen belasteten Vergangenheit: Im Zuge einer weitverbreiteten Gleichsetzung von „Heimatschutzstil" und Neoklassizismus mit der Architektur des „Dritten Reiches" wird historisierendes Bauen vielfach verallgemeinernd als Ausdruck einer politisch rechten Haltung diskreditiert. Ausgehend von den zwei deutschen Staaten mit jeweils eigenen Bautraditionen ist auch hier nach Kontinuitäten und Brüchen zu fragen. Ob sich seit 1990 eine gemeinsame deutsche „Wiedervereinigungsarchitektur" entwickelte[107], kann an dieser Stelle nicht umfassend thematisiert werden. Von Bedeutung für das historisierende Bauen ist aber, inwiefern der „verzögerte" historisierende Wiederaufbau in den neuen Bundesländern, beginnend mit der Dresdner Frauenkirche, vorbildhaft war und zu einem gemeinsamen deutschen Thema der Nachwendezeit wurde. Das dritte Beispiel sind die Niederlande, die sich ausgehend von ihrer frühen und international wirksamen „Architekturmoderne" als „Avantgardeland" der Architektur sehen und auch als solches gesehen werden. In dieser Tradition greifen sie in Absetzung von einer exzentrischen „SuperDutch"-Architektur heute – als weiterer neuer Tabubruch – dezidiert und in großem Umfang auf historische Formen zu.

Mit diesem Fokus auf drei europäische Länder bleiben andere interessante Beispiele außen vor. Dies gilt etwa für die skandinavischen Staaten und insgesamt für die zahlreichen außereuropäischen Beispiele[108], inklusive der großen chinesischen Wohnstädte in historischen europäischen Baustilen. Nicht näher beleuchtet wird auch – obwohl hier der Beginn einer der Entwicklungslinien des zeitgenössischen historisierenden Bauens zu liegen scheint – das *Classical Building* der angelsächsischen Länder. So erlebte in den USA die zu Thomas Jeffersons Zeiten etablierte klassizistische beziehungsweise palladianische Bautradition in den 1980er Jahren einen Aufschwung, verbunden mit einer Öffnung gegenüber anderen historisierenden Formen. Bezeichnet wurde diese Entwicklung als *The Revival of architecture* (1986) und *New Classicism* (1990), die VertreterInnen als *New Palladians* (2010);[109] etabliert hat sich inzwischen der Begriff einer *New Classical Architecture*.[110] Parallel zu diesen Strömungen entstanden Beispiele eines historisierenden Siedlungs- oder Städtebaus nach den Prinzipien des *New Urbanism*, etwa die Planstädte Seaside, Florida (ab 1981) und Celebration, Florida (ab 1990), deren Bauten oftmals auch historisierende Formen zeigen. In Celebration standen für die Wohnhäuser sechs Stilvarianten zur Auswahl *(classical, victorian, colonial revival, coastal, mediterranean* und *french normandy).* Seit den 1990er Jahren existieren diverse Einrichtungen zur Förderung der *New Classical Architecture*.[111] Den wachsenden Einfluss dieser Strömung zeigt Donald Trumps Executive Order „Make Federal Buildings Beautiful Again" (2020), die historisierende Formen für Regierungsbauten forderte.[112] Die städtebaulichen Projekte des *New Urbanism* wie auch die *New Classical Architecture* wurden in den letzten Jahren in einigen opulenten Bildbänden vorgestellt.[113] Bezeichnend für diese ist, dass die Beispiele weder nach Bauaufgaben

oder Stilformen noch geografisch sortiert sind und vor allem ohne Nennung der jeweiligen Bauzeit bleiben. Damit entsteht der Eindruck einer einheitlichen global auftretenden und zeitlosen historisierenden Architektur. Die *New Classical Architecture* würde daher eine eigene vertiefende kritische Analyse verlangen, insbesondere da auch einzelne deutsche und niederländische Bauten darunter versammelt werden.

Die Analyse des zeitgenössischen historisierenden Bauens anhand dreier Länder zeigt den grundsätzlich beispielhaften und fragmentarischen Charakter dieser Arbeit. In diesem Sinne wird das Phänomen bewusst offen betrachtet und es soll nicht auf Basis erster Erkenntnisse vorschnell eine umfassende Deutung versucht werden – ein Anliegen, das sich wiederum in der unpräzisen Begrifflichkeit spiegelt. So implizieren alle bislang in der Literatur anzutreffenden Bezeichnungen bestimmte Lesarten des zeitgenössischen historisierenden Bauens: Die *New Classical Architecture* verweist auf ein klassisch-antikes Vokabular und „unterschlägt" dabei die Zugriffe auf andere historische Stile. Das damit zum Ausdruck gebrachte Verständnis einer überzeitlichen Architektur, einer *timeless architecture*, und einer allgemeingültigen Sprache wendet sich gegen die gleichzeitig vorzufindenden – und ebenso berechtigten – modernistischen Ansätze. So betonte der Dekan der Notre Dame School of Architecture Michael Lykoudis: „Classical architecture is not a style; it is a dedication to principles of community, resilience and beauty."[114] Ähnlich verhält es sich mit der Bezeichnung der „traditionalistischen" oder „neo-traditionalistischen" Architektur, die sich durch den Rückgriff auf (vermeintliche) Traditionen zu legitimieren sucht. Prinz Charles sprach hier als einflussreicher Verfechter dieser Strömung von „the re-birth of the New Traditional Architecture in Great Britain and continental Europe"[115]. Auch in den Niederlanden sind diese Begriffe als „contemporary traditionalism"[116], „de nieuwe traditie"[117] oder „neotraditionalistische architectuur"[118] verbreitet. Mit der zwar unpräzisen, aber dafür neutralen und offenen Bezeichnung des zeitgenössischen historisierenden Bauens werden hier bewusst einseitig abwertende Begriffe vermieden, wie sie gerade die deutsche Architekturhistoriografie verwendet. So sprach etwa Wolfgang Pehnt in seinem Überblickswerk *Deutsche Architektur seit 1900* (2005) unter der Kapitelüberschrift „Postmoderne Spiele" von den „Retro-Inszenierungen" der Büros von Petra und Paul Kahlfeldt, Hans Kollhoff und Stephan Höhne[119]. Häufig wird das zeitgenössische historisierende Bauen auch im Sinne einer für unsere Zeit vermeintlich unpassenden Formensprache pejorativ als un- oder anti-modern bezeichnet. Da das Adjektiv „modern" im Sinne von „zeitgenössisch" aber nicht auf bestimmte Formen festgelegt ist, konnten Petra und Paul Kahlfeldt die Werkschau ihrer oftmals historisierenden Bauten zu Recht als *Moderne Architektur* (2006) betiteln und auf dem Cover das historisierende Wohnhaus Bastek (1993) abbilden. Auch eine Lesart von „modern" im Sinne von „neuartig" ist möglich. So bedeutet das Bauen in historisierenden Formen mit Blick auf die lange dominierende „Nachkriegsmoderne" für viele, progressiv zu sein und „[…] nicht die konservative Nachhut, sondern die Avantgarde einer kulturellen Bewegung […]"[120] zu bilden.

Die methodischen Probleme reflektierend wird die offene und neutrale Bezeichnung des zeitgenössischen historisierenden Bauens hier als Arbeitsbegriff verstanden, den es auf Basis weiterer Forschungen und neuer Erkenntnisse zu konkretisieren und zu ersetzen gilt. Deshalb erscheint auch der häufig verwendete – und zumeist abwertend gemeinte – Begriff des „Neo-Historismus" im Titel der Arbeit und soll in dieser explizit thematisiert werden. So zeigen die historisierenden Bauten der jüngeren Zeit Parallelen zum Historismus des 19. Jahrhunderts und ist etwa die Entstehungszeit der historistischen wie der jüngeren historisierenden Bauten in der Regel an der Oberflächenbehandlung und an den als vorgelegte Dekorationsschicht erkennbaren Fassaden ablesbar. Dass dennoch zentrale Unterschiede zum Historismus des 19. Jahrhunderts bestehen, die das zeitgenössische historisierende Bauen als ein Phänomen der jüngeren Zeit zu erkennen geben, ist eine These dieser Arbeit. Für die klare zeitliche Einbindung wurde daher die Vorsilbe „Neo" gewählt, die zugleich auch eine Beziehung zu einem aktuellen kulturellen Trend herstellt.

Hinter dieser Arbeit steht die grundsätzliche Frage, inwieweit man angesichts unterschiedlicher Ausprägungen in Folge verschiedener Kategorien, Intentionen und Praktiken des historisierenden Bauens, aber auch formal-gestalterischer Veränderungen im Laufe der Zeit überhaupt von *einem* Phänomen sprechen kann, oder ob es sich vielmehr um unterschiedliche Sachverhalte in ähnlichen Erscheinungsformen handelt. So formulierte Hans Ibelings zur „Neuen Tradition" in den Niederlanden: „There is no coherent movement with a clearly delineated programme; at most it is possible to see a sequence of movements, projects and individuals within the diverse ways in which designers have chosen to relate to the work of distant or less distant predecessors."[121] Mit der These des zeitgenössischen historisierenden Bauens als zwar nicht homogenes, aber charakteristisches Phänomen der heutigen Architektur möchte diese Arbeit eine alternative Perspektive eröffnen.

ANMERKUNGEN

1 Hegemann 1925, S. 179, Hervorhebung im Original
2 Krier 2013, S. 15
3 Vgl. etwa frühere bzw. aktuelle Lehrtätigkeiten von Bernd Albers (FH Potsdam), Petra Kahlfeldt (TH Berlin) sowie Paul Kahlfeldt, Christoph Mäckler und Walter Arno Noebel (TU Dortmund). Historisierende Ansätze im weiteren Sinne vertritt auch Andreas Hild (TU München), ebenso tat dies Arno Lederer (KIT Karlsruhe und Universität Stuttgart). Vgl. auch die vormalige Lehrtätigkeit von Hans Kollhoff an der ETH Zürich
4 Zu den Einrichtungen in den angelsächsischen Ländern, vgl. „Definition und Methode". In Schweden existiert etwa die Engelsberg Summer School in Classical Architecture.
5 https://architecture.nd.edu/news-events/events/driehaus-prize/ (letzter Zugriff: 8.5.2022); vgl. Goldberger 2013
6 Vgl. Bernhardt/Welzbacher 2007, S. 8f.
7 Die NS-Architektur wurde ab den 1980er Jahren aus dem Kontext des „Dritten Reiches" herausgelöst und in den übergeordneten Architekturkontext eingebettet, vgl. u. a. Krier 1985; Larsson 1985
8 Vgl. Engelberg-Dočkal 2021b, S. 133f., S. 142; zu Fragen der Qualität vgl. Ibelings 2004, S. 27, 30f.
9 Vgl. Engelberg-Dočkal 2018; Süßmann 2018
10 Vgl. zuletzt die Fokussierung auf das Jahr 1979: Bösch 2019
11 Vgl. Schmitz 2011, S. 87, S. 100
12 Graf 1996, hier S. 401; vgl. S. 399f.
13 Hipp 1979; vgl. Sutthoff 1990
14 Hoppe et al. 2008
15 Weissert 2009, S. 15
16 Schmidt 1999. Vgl. Fürst 2002; Engelberg 2004
17 https://www.hsozkult.de/event/id/event-98989 (letzter Zugriff: 10.9.2021); Aschaffenburg 2.9.–4.9.2021
18 Nerdinger 2010. Zu der weitgefassten und damit irreführenden Verwendung des Begriffs Rekonstruktion bei Nerdinger, vgl. Engelberg-Dočkal 2010a
19 Vgl. Mayr 1988
20 Vgl. u. a. Wegner 1994; Ruhl 2003; Dunk 2006; Oechslin 2008b
21 Vgl. Hofmann 1999; Gebhardt 2004; Engelberg 2006
22 Vgl. Weissert 2009; Locher 2011
23 Vgl. u. a. Brix/Steinhauser 1978; Mignot 1983; Dolgner 1993; Fillitz 1996
24 Als jüngere Arbeit vgl. das Lehrbuch Landwehr 2012 und zuletzt die Tagung zu der frühen Historismusforscherin Renate Wagner-Rieger (11.–12.11.2021): https://www.oeaw.ac.at/detail/veranstaltung/renate-wagner-rieger-zu-ehren (letzter Zugriff: 29.12.2021)
25 Vgl. Spangenberg/Wiedenmann 2011; Lepik/Bäumer 2018
26 So etwa Hanno-Walter Kruft, Vittorio Magnago Lampugnani und Fritz Neumeyer. Vgl. Ibelings 2003, S. 240; Ibelings 2004, S. 51–54; Kirchner 2010, S. 221; Engelberg-Dočkal 2021a, S. 147; Engelberg-Dočkal 2021b, S. 132f.
27 Vgl. u. a. Krauskopf et al. 2009; Kirchner 2010, v. a. S. 203–232; Krauskopf/Lippert 2012a; Krauskopf/Lippert 2012b; Sonne 2014 (bezogen auf einen „urbanen" Städtebau); Schmitz 2022
28 Vgl. Engelberg-Dočkal 2021b, S. 132f.
29 Vgl. ebd., S. 143
30 Vgl. für die Ostfront u. a. Salm 2012; Thakur-Smolarek 2017, v. a. ab S. 173; Omilanowska 2017; Popiołek-Roßkamp 2021, hier S. 41–51; für die Westfront u. a. Dendooven/Dewilde 2020; Buijs et al. 2018; Westhoek 2020
31 Vgl. u. a. Minta 2015; Stewart 2018
32 Vgl. Sonne 2014, S. 212–267; Bold et al. 2018
33 Vgl. Froschauer et al. 2020
34 Vgl. Adamson/Pavitt 2011; Farell/Furman 2017
35 Vgl. u. a. Urban 2007; Kulić 2019; Urban 2021; vgl. auch die inzwischen abgeschlossene Dissertation von Kirsten Angermann an der Bauhaus-Universität Weimar mit Fokus auf der Postmoderne in der DDR
36 Vgl. zuletzt die Tagung „Denkmal Postmoderne" (3.–5.3.2022), Bauhaus-Universität Weimar
37 Vgl. u. a. Hennings/Müller 1998; Kagelmann et al. 2004; Groebner 2018
38 Vgl. u. a. Klein/Sigel 2006; Marek 2009; vgl. https://www.identitaet-und-erbe.org/ (letzter Zugriff: 17.1.2022)
39 Zuletzt die zu DDR-Zeit beseitigten und nach der politischen Wende rekonstruierten Bauten in den neuen Bundesländern oder die 2005 mit Unterstützung der UNESCO rekonstruierte Alte Brücke in Mostar
40 Vgl. u. a. Meier 2006a; Will et al. 2018
41 Zu Rekonstruktionsgründen vgl. u. a. Nerdinger 2010; Bartetzky 2012a; Dolff-Bonekämper 2011; Maaß 2015
42 Nerdinger 2010; vgl. Hassler/Nerdinger 2010; Buttlar et al. 2011
43 Vgl. u. a. Lipp/Petzet 1994; Hertzig 2002; Scheurmann/Meier 2006; Petzet 2008; Magirius 2010; vgl. die 2001–2007 aktive Gruppe „Nachdenken über Denkmalpflege" (Beiträge unter https://edoc.hu-berlin.de/discover)
44 Maaß 2015, als Dissertation an der Technischen Universität Dresden 2012; vgl. (für die Zielgruppe „interessierte Bürger") Wolfschlag/Hoffmann 2021, hier S. 10
45 Trüby 2018; Trüby 2021
46 Vgl. Baumberger 2014; Bosman 2014; Froschauer 2020, S. 46f., hier jedoch inklusive Spolienverwendung
47 Ullrich 2015
48 Der 2014 erschienene Band *Architektur als Zitat* versammelt Beiträge zu unterschiedlichen Zeiten und Kontexten: Brandl et al. 2014; vgl. zuletzt ohne klare Definition des Zitats: Pehnt 2021
49 Vgl. u. a. Biermann 2000; Hesse 2000
50 Vgl. Oechslin 2008a: „,Non res, sed similitudines rerum' In der Tradition der Nachahmungslehre", S. 15–17

51 Vgl. https://www.fg-mimesis.de/info/ (letzter Zugriff: 7.2.2022)

52 Engelberg-Dočkal et al. 2017a

53 Zuletzt Schoper 2017; Schnell 2019

54 Mayer 2017

55 Ebd., S. 16f.

56 Froschauer 2020, hier S. 41. Konzept und Ergebnisse der Forschergruppe „Medien und Mimesis" werden hier nicht diskutiert.

57 Schultz 2020

58 Bernhardt/Welzbacher 2007, S. 9

59 Engelberg-Dočkal 2021b, S. 132, 142

60 Publiziert als „Historismen – Modernismen. Architektur im 20. Jahrhundert". In: *Kritische Berichte. Zeitschrift für Kunst- und Kulturwissenschaften*, 1, Jg. 35, 2007

61 Voigt 2000; Kleefisch-Jobst 2005

62 Höhns 2015; Czech et al. 2016; Führ 2016

63 Tietz 2008

64 *Arch+* 204, 10/2011; *Bauwelt* 37/2014

65 Hartbaum 2017

66 Fröbe 2018, hier S. 15

67 Engel 2018

68 Ebd., S. 11

69 Vgl. etwa nicht weiter erläuterte Begriffe wie „Retro-Architektur", „Retro-Stil" oder „Altstadtästhetik"

70 Brichetti 2009a

71 Vgl. den Begriff einer „neotraditionellen Architektur" (S. 14) und die Bezeichnung des Hotel Adlon als Beispiel „historisierender Fassadenrekonstruktion wilhelminischer Pracht" (S. 219): Brichetti 2009a

72 Pevsner et al. 1971, S. 246; ebenso die 3. aktualisierte Ausgabe von 1992, hier S. 278

73 Brichetti 2009b

74 Brichetti 2016

75 Pevsner 1961, S. 116

76 Brichetti 2016; vgl. Engelberg-Dočkal 2017a, Anm. 40, S. 280

77 Brichetti 2009a, S. 222, 295

78 Vgl. Engelberg 2022

79 Rabl 2020; vgl. Engelberg 2022. Leider ist der Text in großen Teilen konfus und widersprüchlich und damit schwer verständlich.

80 Engelberg-Dočkal 2016b; Engelberg-Dočkal 2017a, S. 280f.; Engelberg-Dočkal 2017b, S. 121. Vgl. die Vorstellung eines aktuellen „Revival" der Postmoderne als Neo-Postmoderne: Elser 2017; Hnilica/Rambow 2021, S. 5–8. Diese „Wiederkehr" der Postmoderne würde jedoch einen vorausgehenden Abschluss erfordern, den die Verfasserin, insbesondere in internationaler Perspektive, nicht erkennen kann.

81 Engelberg-Dočkal 2017b

82 Vgl. Eva v. Engelberg-Dočkal: „Die ‚Neuen Altstädte': zur Frage nach dem Erbe in der historisierenden Architektur", Vortrag im Rahmen der Ringvorlesung, Graduiertenkolleg „Identität und Erbe", Weimar, 11.4.2017, mit einem Vergleich zum Videospiel *Assassin's Creed Unity*; vgl. Moritz Dittrich, „Digitale Virtualität – abstrahierter städtischer Raum im Spiel ‚Assassin's Creed: Syndicate'", Bachelorarbeit, Bauhaus-Universität Weimar, 2018; Angela Schwarz: „Eintauchen in die Vergangenheit? Angebote virtueller und analoger Geschichtswelten zwischen historischem Erbe und Vermarktung populärer Geschichte", Vortrag im Rahmen der

Ringvorlesung, Graduiertenkolleg „Identität und Erbe", Weimar, 26.1.2021

83 https://www.identitaet-und-erbe.org/personen/ortrun-bargholz/ (letzter Zugriff: 13.2.2022)

84 Behrendt 1927; Hitchcock/Johnson 1932

85 Vgl. Prestinenza Puglisi 2021

86 Robert Patzschke im Interview mit der Verfasserin am 24.2.2016: Patzschke 2017, S. 56f., 63f., 69; vgl. dort zu einer „nachhaltigen" Architektur, die in ihrer Gestaltung dauerhaft ist, S. 62

87 Mebes 1908

88 Rede zum 175. Gründungsjubiläum des Royal Institute of British Architects, nach Alireza Sagharchi, Einleitung zu: Sagharchi/Steil 2010, S. 8f., hier S. 9

89 Kollhoff 2022, S. 25

90 Belastbare Studien mit wissenschaftlich aufbereiteten und differenzierten Fragestellungen sind der Verfasserin für die Niederlande bekannt: Meier 2013, hier v. a. Kapitel 5; zur Attraktivität historisierender Neubauten S. 98–101, 108. Vgl. Altrock et al. 2010, S. 269f.; ohne adäquate Belege: Wolfschlag/Hoffmann 2021, S. 7, 16; diesbezüglich nicht aussagekräftig, da weder als „klassische Stil" definiert noch die gestalterische Qualität der Bauten berücksichtigt werden: Küster 2014; Thießen et al. 2017

91 Stern 1988

92 Vgl. das Plädoyer des Philosophen Roger Scruton für einen beständigen *classical style*: Scruton 1979

93 Gabriele Tagliaventi: „The architecture that builds the city". In: Tagliaventi 1996, S. 15–21, hier S. 18

94 Acknowledgment: Sagharchi/Steil 2013, S. 5

95 HRH The Prince of Wales, in: Tagliaventi 1996, S. 11

96 Acknowledgment: Sagharchi/Steil 2013, S. 5

97 Tagliaventi 1999, S. 12

98 Vgl. Figal 2021, S. 9: „Die Überlegungen Scrutons [Roger Scruton als Verfechter einer klassischen Architektursprache: EE] und seiner Nachfolger sind nicht als Plädoyer für die alte Architektur fragwürdig, sondern weil sie allein diese gelten lassen."

99 Stern 1988, S. 8; vgl. Garberson 2021

100 Fest 1982, S. 13; vgl. Höhns 2015, S. 12

101 Höhns 2015, S. 29

102 U. a. Duany/Plater-Zyberk 1991; Tagliaventi 1996; Tagliaventi 1999; Krier 2003; Kahlfeldt 2006; Kahlfeldt 2013; Sagharchi/Steil 2013; Kollhoff 2014; Kollhoff 2022. Erwähnungen zum historisierenden Bauen finden sich im Kontext des *New Urbanism*, der in seiner theoretischen Untermauerung aber gerade nicht auf formal-gestalterische Fragen setzt.

103 Vgl. Patzschke 2017, S. 54

104 Ebd., S. 69f.

105 Vgl. Engelberg-Dočkal 2016b; Engelberg-Dočkal 2019c

106 Vgl. Engelberg-Dočkal 2017a, S. 282; vgl. zu den Begrifflichkeiten das Kritische Glossar

107 Vgl. zur deutschen Architektur zwischen Mauerfall und Millennium zuletzt: Berkemann 2021

108 Vgl. Coomans 2014; Klein 2014

109 Aslet 1986; Papadakis/Watson 1990; Sagharchi/Steil 2010

110 Vgl. https://en.wikipedia.org/wiki/New_Classical_architecture#cite_note-8 (letzter Zugriff: 1.5.2022)

111 Zu entsprechenden Schulen seit den 1980er Jahren in den USA vgl. Malo 1996, S. 449, https://www.jstor.org/stable/30222225?seq=7 (letzter Zugriff: 20.5.2022); vgl. aktuell u. a. das Institute of Classical Architecture & Art mit Hauptsitz New York, https://www.classicist.org/ (letzter Zugriff: 8.5.2022); die School of Architecture der University of Notre Dame, Indiana/USA, https://architecture.nd.edu/ (letzter Zugriff: 8.5.2022); The Prince's Foundation School of Traditional Arts, London, https://princes-foundation.org/school-of-traditional-arts (letzter Zugriff: 8.5.2022). Vgl. https://www.intbau.org/resources/institutions/; https://www.institute-of-traditional-architecture.org/schools/ (letzter Zugriff: 8.5.2022)

112 Neu betitelt als „Promoting Beautiful Federal Civic Architecture". Mit Dank für die Information an Eric Garberson; https://www.npr.org/2020/02/13/805256707/just-plain-ugly-proposed-executive-order-takes-aim-at-modern-architecture?t=1629267039311 (letzter Zugriff: 18.8.2021); https://www.washingtonpost.com/opinions/2020/02/10/i-teach-architecture-trumps-plan-federal-buildings-is-bad-idea/ (letzter Zugriff :18.8.2021). Diese wurden von Joe Biden zurückgenommen.

113 Vgl. u. a. Economakis 1993; Tagliaventi 1996; Tagliaventi 1999; Dowling 2004; Sagharchi/Steil 2010; Goldberger 2013; Sagharchi/Steil 2013; Steil 2018

114 https://www.washingtonpost.com/opinions/2020/02/10/i-teach-architecture-trumps-plan-federal-buildings-is-bad-idea/ (letzter Zugriff: 18.08.2021)

115 HRH The Prince of Wales, Foreword. In: Sagharchi/Steil 2013, S. 8f., hier S. 8

116 Ibelings 2004

117 Ibelings/Van Rossem 2009

118 Hulsman/Kramer 2013

119 Pehnt 2005, S. 414. Hans Kollhoffs Werke werden hier bezeichnet als „Retrodesign" auf hohem Niveau.

120 Neidhardt 2011, S. 16

121 Hans Ibelings: „Geschiedenis/history". In: Ibelings/Van Rossem 2009, S. 235–270, hier S. 237

LÄNDERANALYSEN

Die Analyse des zeitgenössischen historisierenden Bauens erfolgt beispielhaft anhand von drei europäischen Ländern: Polen, Deutschland und den Niederlanden. Die Betrachtung setzt unterschiedliche thematische und zeitliche Schwerpunkte, die auch die Reihenfolge der Ausführungen bestimmen: Polen verfügt über eine spezifische, nach dem Zweiten Weltkrieg etablierte Wiederaufbaupraxis, die große Aufmerksamkeit erregte und international rezipiert wurde. Entsprechend beginnt die Abhandlung mit den polnischen Beispielen und nimmt dabei auch die Zeit vor 1970 in den Blick. Im Zuge des gesellschaftspolitischen Wandels der 1980er Jahre entstand mit der *Retrowersja* ein weiterer spezifisch polnischer Ansatz der Bezugnahme auf historische Kontexte und Bautraditionen. Während der historisierende Wiederaufbau polnischer Städte gemeinhin als legitime Reaktion des attackierten Landes gesehen wurde, waren vergleichbare Ansätze in der BRD angesichts des politisch geforderten Neuanfangs umstritten. Die realisierten Beispiele blieben in der Fachwelt lange Zeit unbeachtet oder galten als Sonderfälle. Ein offen intendiertes historisierendes Bauen setzte in beiden deutschen Staaten in den 1970er/1980er Jahren ein, parallel zur Aufnahme der historisierend wiederaufgebauten Warschauer Altstadt in das UNESCO-Weltkulturerbe. Eine zweite wichtige Stufe bildet der „verzögerte Wiederaufbau" in den neuen Bundesländern, der vielfach die „Nachkriegsmoderne" durch historisierende Neubauten ersetzte und auch in den westlichen Bundesländern seinen Niederschlag fand. Die Niederlande als drittes Länderbeispiel verstanden sich durch ihre frühe und international gewürdigte „Architekturmoderne" der Zwischenkriegszeit als „Avantgardeland" der Architektur und griffen ab den 1970er Jahren verstärkt auf die eigene Tradition des *Nieuwe Bouwen* und der Amsterdamer Schule zurück. Eine Erweiterung des Spektrums historisierender Formen zeigt sich ab den 1990er Jahren unter internationalem Einfluss, der auch Polen und die BRD erfasste.

Ebenso wie die drei Länder sind auch die ausgewählten Objekte als Beispiele zu verstehen. Ein Großteil der thematisierten Bauten wurde vor Ort besichtigt, um einen umfassenden Eindruck der gebauten Architektur zu erhalten. Zahlreiche Informationen verdankt die Verfasserin dem direkten Austausch mit KollegInnen; vor allem bei den polnischsprachigen Publikationen war sie auf Unterstützung angewiesen.[1] Insgesamt können die Länderanalysen die oftmals komplexen Hintergründe sowie die Vielfalt der Ansätze und Entwicklungen nur in stark vereinfachter Weise wiedergeben, wobei der Fokus auf dem hier thematisierten Aspekt der historisierenden Architektursprache liegt. Aus der umfangreichen Literatur zu dem großen Themenbereich werden beispielhaft einzelne Titel genannt.

POLEN

„Die Aussagekraft der architektonischen Form ist unabhängig von der Zeit, in welcher das jeweilige Bauwerk entstanden ist."[2]
(Jan Zachwatowicz, 1945)

„Bewohner und Besucher bewegen sich auf diesen Plätzen, in diesen Gassen und Häusern wie in jeder anderen Altstadt Europas [...]. Nur wer genau hinsieht, den überkommt eine Art geschichtsphilosophisches Schwindelgefühl, wenn er sich fragt, ob dieser Rinnstein, jener Türgriff alt alt oder neu alt ist."[3]
(Hans Magnus Enzensberger zur Warschauer Altstadt, 1986)

Das historisierende Bauen in Polen ist nicht ohne die spezifische Geschichte des Landes und die davon geprägte Wiederaufbau- und Rekonstruktionspraxis zu verstehen. Aufgrund der historischen Situation markiert Polen einen Sonderfall in der Geschichte des Wiederaufbaus: Der jahrhundertelange Kampf um die Souveränität des polnischen Staates und die Tradierung der polnischen Kultur bildete angesichts der massiven Kriegszerstörungen des Ersten und Zweiten Weltkrieges den Hintergrund für einen historisierenden Wiederaufbau ganzer Ortschaften und großflächiger Stadtareale. Der umfassende Einsatz historisierender Formen zur gewünschten Wiedergewinnung des verlorenen nationalen Erbes ist somit kennzeichnend für Polen, ebenso die Qualität der architektonischen Gestaltung und Bauausführung.

Untersuchungen über das historisierende Bauen in Polen erfolgten bislang vor allem im Kontext des Wiederaufbaus und der nationalen Erbekonstruktion. Im Zentrum der Betrachtungen stand und steht die Warschauer Altstadt, die 1980 in die UNESCO-Welterbeliste aufgenommen wurde und vielfach bis heute – trotz differenzierter Darstellungen in der Fachliteratur – als originalgetreue Rekonstruktion gilt.[4] In den letzten Jahren erschienen daneben mehrere Arbeiten zum historisierenden Neubau polnischer Städte der Nachkriegszeit und der 1980er Jahre.[5] Eine eingehende Analyse des historisierenden Bauens als Phänomen samt architektonischen Merkmalen und Qualitäten dieser Ensembles und deren Einbindung in die europäische Architekturgeschichte erfolgte bislang aber offenbar nicht.

Die Teilungen Polens im späten 18. Jahrhundert sind bis heute Bestandteil eines nationalen Traumas. Der Erste Weltkrieg brachte auf dem Gebiet der späteren polnischen Republik eine massenhafte und oftmals planvoll durchgeführte Zerstörung identitätsbildender Bauten.[6] Bereits 1915 forderte der Verein zum Schutz der historischen Altertümer, die Ruinen der kriegszerstörten Gebäude in ihrer früheren Form wieder aufzubauen. Wo eine präzise Dokumentation fehle, solle etwas Neues „im Geiste der Landesnatur" entstehen.[7] Im selben Jahr proklamierte der polnische Architekt und Denkmalpfleger Jarosław Wojciechowski in seiner Schrift zum Wiederaufbau von Baudenkmälern: „Wie der märchenhafte Phönix aus der Asche werden die Dörfer und Städtchen auferstehen, Häuser und Höfe, Schulen und Kirchen wiederaufgebaut und mit ihnen auch Architekturdenkmäler."[8] Und er fuhr fort: „Wenn es nicht möglich ist, sie unseren Nachfahren in der Ganzheit ihrer inneren Ausgestaltung, die durch Jahrhunderte gewachsen ist […], zu hinterlassen, ist es unsere Pflicht, unseren späteren Generationen wenigstens ihre äußere, grundlegende Form und Gestalt zu hinterlassen. Geben wir den Kirchen durch ihren Wiederaufbau ihre damalige Gestalt der Schindeldächer oder Ziegeldächer wieder, geben wir den Bauernhäusern, Höfen und Gutshöfen ihre ehemaligen polnischen, doch so charakteristischen Formen wieder […]. All das ist nämlich das Blut aus unserem Blut, all das sind die Knochen aus unseren Knochen. […] Davon ist der Charakter des ganzen Landes abhängig."[9]

Entscheidend für den Umgang mit den zerstörten Städten nach dem Ersten Weltkrieg war das Wiedererstehen des souveränen polnischen Staates: Den Baudenkmalen aus der Zeit vor den Teilungen kommt als Zeugen der nationalen Geschichte und als polnisches Erbe besondere Bedeutung zu. Deren Rekonstruktion sowie ein vermeintlich originalgetreuer Wiederaufbau der bedeutendsten historischen Städte war symbolhaft für das Neuerstehen Polens.[10] Beispielhaft sei der Umgang mit dem historischen Zentrum der Stadt Kalisch/Kalisz[11] (russisches Teilungsgebiet) genannt, eine der ältesten polnischen Städte, die 1914 von deutschen Truppen besetzt und zerstört wurde.

Der Wiederaufbau begann unter deutscher Verwaltung nach modernen Gesichtspunkten bezüglich Verkehrsstruktur und Wohnverhältnissen. Zugleich galt es gemäß dem architektonischen Leitbild der Zeit („Um 1800") das städtebauliche Gefüge zu wahren und traditionelle, lokal verankerte Gestaltungsweisen umzusetzen.[12] Ab 1918 wurden die modellhaften Wiederaufbaupläne des deutschen Kolonisierungsprogramms[13] unter polnischer Verwaltung weitergeführt, nun unter Hinzufügung vermeintlich landestypischer Elemente wie Laubengänge und verzierte Attiken, welche in der Folge die Vorstellung eines Nationalstils prägten.[14] Anstelle des teilzerstörten historistischen Rathauses trat ein Neubau (1920–1927) an anderem Ort: gemäß dem Vorbild mittelalterlicher polnischer Städte frei stehend in der Mitte des Marktes und akzentuiert durch einen hohen Turm. Bezugspunkt für die Gestaltung waren barocke und klassizistische Formen, die dem Leitbild „Um 1800" entsprachen und zugleich an die Zeit vor den Landesteilungen anschlossen.

Diese „Polonisierung" der Städte nach den Zerstörungen des Ersten Weltkrieges war modellhaft oder bot zumindest Anregungen für den Wiederaufbau nach dem Zweiten Weltkrieg; dasselbe gilt für die Verwendung historisierender Formen und harmonisierender städtebaulicher Lösungen entsprechend den architektonischen und denkmalpflegerischen Leitbildern des frühen 20. Jahrhunderts.[15] Gerade der alten polnischen Stadt Kalisch kam hier als *ville martyre* besondere Bedeutung zu.[16] Laut Agnieszka Zabłocka-Kos ist „[…] nicht auszuschließen, dass Kalisch […] eine Brücke zur Entwicklung des polnischen konservatorischen Gedankens beim Wiederaufbau der Städte, insbesondere Warschaus, nach 1945 […]" schlug.[17] Die im Zuge des historisierenden Wiederaufbaus etablierte Staatliche Denkmalpflege erlangte große gesellschaftliche Bedeutung und die „Polnische Schule für Denkmalpflege" internationale Wertschätzung – ungeachtet der von den damals gültigen konservatorischen Grundsätzen abweichenden Praxis.[18] Ausgangspunkt waren die 1945 vom polnischen Generalkonservator Jan Zachwatowicz (1945–1957) formulierten Ziele für den Wiederaufbau der zerstörten Städte: „Wir werden sie rekonstruieren, wir werden sie von Grund auf wiedererbauen, um den nächsten Generationen, wenn schon nicht die authentische Substanz, so doch wenigstens die genaue Form dieser Denkmäler, die in Dokumenten und in unserem Gedächtnis noch leben, zu übermitteln […]. Auch ohne ihren Altertumswert werden sie weiterhin einen didaktischen und emotionell-architektonischen Beitrag leisten. Die Aussage der architektonischen Form ist unabhängig von der Zeit, in welcher der Bau entstanden ist […]. Das Bewußtsein unserer Pflicht gegenüber den jüngeren Generationen erfordert die Wiederherstellung dessen, was vernichtet wurde, die volle Wiederherstellung, allerdings durchaus bewußt der Tragik dieser denkmalpflegerischen Fälschung."[19] Ziel der „Polnischen Schule für Denkmalpflege" war damit wiederum eine Polonisierung der Innenstädte, wobei man sich im Sinne eines Nationalstils weiterhin auf die Architektur vor den Landesteilungen des späten 18. Jahrhunderts und bestimmte als polnisch geltende Bauformen fokussierte und die historistische Architektur des 19. Jahrhunderts außen vor ließ.

Im Zentrum der Bemühungen des wiederentstandenen Staates und auch der ausländischen Beobachter stand Warschau/Warszawa. Die Stadt wurde im Zweiten Weltkrieg zu großen Teilen zerstört, insbesondere die historischen Gebiete westlich der Weichsel. Der Wiederaufbau der Altstadt (1949–1956) erfolgte unter der Leitung von Generalkonservator Zachwatowicz. Ziel des sozialistischen Staates war es, eine moderne Arbeitersiedlung und damit ein Modell der neuen sozialen Ordnung zu schaffen.[20] Die Wohnungen erhielten entsprechend neue Zuschnitte sowie zeitgemäße sanitäre Ausstattungen und Zentralheizung.[21] Zudem sollte die Altstadt als Kulturzentrum und touristischer Ort dienen und die dafür benötigte Infrastruktur aufweisen, etwa in Form von Museen, Läden und gastronomischen Einrichtungen, die sich teilweise über mehrere Gebäude erstrecken.[22]

Der Wiederaufbau begann mit der Umfassungsmauer, die seit 1937 archäologisch untersucht und, unter Abbruch historischer Bebauung, rekonstruiert worden war. Der schon vor Kriegsbeginn freigelegte beziehungsweise neu erstandene Teil der Ringmauer und die Barbakane[23] wurden nun wieder errichtet. Eine wichtige Grundlage für den Wiederaufbau der Altstadthäuser war die zeichnerische und fotografische Dokumentation des Instituts für Polnische Architektur an der Technischen Universität Warschau.[24] Allerdings handelt es sich bei den wiederaufgebauten Häusern nur teilweise um Rekonstruktionen. So orientierte man sich nicht am Zustand vor der Zerstörung, sondern an der mittelalterlichen Struktur und an den Bauphasen des 17. und 18. Jahrhunderts und damit an der Zeit vor den Polnischen Teilungen (Abb. P1).[25]

P1_Warschau, Straßenzug in der wiederaufgebauten Altstadt, Foto 2014 **P2**_Warschau, Altstadt, Torbogen mit Jahreszahl des Wieder- aufbaus, Foto 2014 **P3**_Warschau, Altstadt, Fassade mit „archäologischem Zeitfenster", Foto 2014 **P4**_Warschau, Altstadt, Pelikanfigur an einer Hausecke, seine Jungen mit dem eigenen Blut fütternd, Foto 2014

P1

Zahlreiche Bauten weichen in Geschosshöhe und Grundrissbildung von ihren Vorgängern ab, die vor- mals oft dicht bebauten Höfe blieben zur Erfüllung der modernen Wohnstandards frei, wozu erhal- tene Seitenflügel und Hinterhäuser abgebrochen

wurden.[26] Grundsätzlich wuchs der Gestaltungs- spielraum mit dem Abstand vom Alten Markt als repräsentativem Zentrum der Altstadt: Versuchte man dort, sich möglichst eng an den überliefer- ten historischen Zustand zu halten, agierte man in den Nebenstraßen freier.[27] Die Häuser unter- standen den aktuellen Baunormen und es kamen standardisierte und vorfabrizierte Elemente zum Einsatz.[28] Aus statischen Gründen wurden erhal- tene Fundamente und Mauerzüge zumeist abge- tragen,[29] andererseits integrierte man historische Baufragmente, etwa Fenster- und Türbogen, so- wie Hauszeichen und Wappen, setzte Jahres- steine (Abb. P2) und präsentierte durch „archäolo- gische Zeitfenster" ältere oder vermeintlich ältere Bauphasen (Abb. P3). Der Wiederaufbau, der als nationale Leistung gesehen wurde – „Das ganze Land baut seine Hauptstadt" – wurde dadurch bewusst in Szene gesetzt, verstärkt durch Schil- der, Denkmalplaketten oder symbolhafte bildliche Darstellungen wie jener vom sich aufopfernden Pelikan (Abb. P4).

Insgesamt präsentiert sich die Altstadt als ein städtebaulich harmonisiertes Areal aus einzelnen

P2

P3

P4

P5

individuellen Bauten in historisierenden Formen. Die Gebäudehöhen, Dachformen, Gesimse und Fensterformate sind aufeinander abgestimmt, die Fenster- und Türrahmungen der Putzbauten wurden in Haustein ausgeführt. Die bestimmenden Gelb- und Brauntöne vermitteln ein einheitliches, aber abwechslungsreiches Bild (Abb. P5).

P6

P7

Einzelne Fassaden erhielten durch ein Künstlerkollektiv zusätzlich Malereien oder Sgraffiti in einer erkennbar den 1950er Jahren zugehörigen Sprache (Abb. P6), so auch der Alte Markt, der schon in der Vorkriegszeit (1928) eine markante und viel beachtete Bemalung aufwies.[30] Zur Geschlossenheit der Ästhetik und Schaffung einer „Altstadtatmosphäre" tragen maßgeblich auch historisierende Straßenlaternen, Beschilderungen, Fenstergitter und Zäune bei (Abb. P7).[31]

Entscheidend für die architektonische Qualität der wiederaufgebauten Altstadt ist neben der einheitlichen Gesamtplanung die sorgfältige und detaillierte Ausführung der Bauten. Die traditionelle Bauweise und die historisierenden Formen

P8

verleihen ihr den Anschein eines historischen Areals, was durch die integrierten Baufragmente unterstützt wird. Daneben verweisen die markanten zeittypisch-modernen Gestaltungen der farbenfrohen Wandmalereien und Sgraffiti auf die Entstehungszeit und die Schöpfer dieses Ensembles. Bestimmend ist entsprechend das Spannungsfeld aus dem mit Stolz zur Schau gestellten Wiederaufbau (Wanddekorationen, Jahreszahlen, Plaketten) und dem einheitlich historisierenden Erscheinungsbild. Die schon früh international rezipierte und viel diskutierte Warschauer Altstadt[32] wurde 1980 in die Liste des UNESCO-Weltkulturerbes aufgenommen. Ein Vierteljahrhundert nach ihrer Entstehung zeigten die Bauten erste Spuren des

Alterns in Form von bröckelnden Putzfassaden und einer nun nicht mehr modernen, sondern selbst historisch gewordenen künstlerischen Gestaltung. Wenige Jahre nach der Eintragung schrieb Hans Magnus Enzensberger: „Sie ist nicht nur die größte, sondern auch die großartigste Fälschung der Welt. 1945, als Warschau am ärmsten war, als es an allem fehlte, an Geld, Material, Essen, Maschinen, und als niemand wußte, wie eine Dollarnote aussah, hatten seine Bewohner nichts besseres zu tun, als diese Straßenzüge aus dem 17., 18. und 19. Jahrhundert mit bloßen Händen, auf den Zentimeter genau, im Maßstab 1:1 wieder aufzubauen, eine einzigartige Donquichotterie von heroischem Ausmaß. Mit diesem Werk nahmen die Polen den Wiederaufbau Europas vorweg. Sein Gelingen zeigt sich daran, daß die Kühnheit des Entschlusses im Lauf der Jahre unsichtbar geworden ist. Bewohner und Besucher bewegen sich auf diesen Plätzen, in diesen Gassen und Häusern wie in jeder andern Altstadt Europas, wie in Santiago, Stockholm oder Bergamo. Es ist, als hätte die Vergangenheit diese Mauern eingeholt. Eine sekundäre Patina überzieht sie. Schon fehlt es an Geld, sie zu renovieren. Nur wer genau hinsieht, den überkommt eine Art geschichtsphilosophisches Schwindelgefühl, wenn er sich fragt, ob dieser Rinnstein, jener Türgriff alt alt oder neu alt ist. Mit ihrem hochfliegenden Projekt haben die Polen nicht nur alle Aporien des Denkmalschutzes vorweggenommen, sondern einem ganzen Erdteil gezeigt, was es heißt, die eigene Geschichte zu rekonstruieren."[33]

Warschau wurde zum Sinnbild für den „polnischen Sonderfall" im Umgang mit kriegszerstörten Städten nach dem Zweiten Weltkrieg. Die Altstadt war dabei nicht das einzige historisierend wiederaufgebaute Areal. Große symbolische Bedeutung haben außerdem das rekonstruierte Königsschloss (1971–1984), seit dem 17. Jahrhundert Hauptresidenz der polnischen Könige, und die dort ihren Ausgang nehmende Repräsentationsstraße des sogenannten Königstrakts. Auch bei diesen Bauten wurden Leitbilder der Vorkriegszeit im Sinne einer polnisch-nationalen Bautradition umgesetzt und dafür Bestandsgebäude abgebrochen oder purifiziert.[34] Die in direkter Nachbarschaft der Altstadt gelegene Neustadt war im Gegensatz zu ersterer schlecht dokumentiert und so entstanden dort vielfach freie Neubauentwürfe in historischen Formen.

Der Schwerpunkt lag dabei insgesamt stärker auf der Wohnfunktion des neuen Viertels, das – abweichend von der historischen Struktur – großzügige Grünflächen erhielt.[35] Parallel zum historisierenden Wiederaufbau dieser Areale wurden in Warschau Neubauten im geforderten Sozialistischen Klassizismus und später im Stil der „Architekturmoderne" errichtet, die historisierenden Ensembles blieben damit „Sonderzonen" in der Großstadt.[36] (Abb. P8)

Deutlich weniger prominent als die Warschauer Altstadt ist der wiederaufgebaute Alte Markt (*Stary Rynek*) in Posen/Poznań. Die Stadt war als vormalige Hauptstadt Großpolens und mit der Posener Kathedrale als Bestattungsort der Herrscherdynastie der Piasten von besonderer Bedeutung für das Selbstverständnis Polens, zumal sie als preußische Provinzhauptstadt einer dezidierten Germanisierungspolitik („Hebungspolitik") unterlag, symbolisiert durch Franz Schwechtens monumentales wilhelminisches Schloss (1905–1913). Auch die Bebauung um den Alten Markt erfuhr in preußischer Zeit einschneidende Veränderungen.[37] Nach dem Ersten Weltkrieg wurde die Stadt Teil des neubegründeten polnischen Staates. In den 1930er Jahren entstanden im Stadtbauamt unter Zbigniew Zieliński Sanierungspläne für die Kernstadt mit dem Ziel eines purifizierenden Rückbaus auf den historischen Zustand, die aber nur in Teilen Umsetzung fanden;[38] entsprechendes gilt für Umbaumaßnahmen unter deutscher Besatzung während des Krieges.[39] Am Ende des Zweiten Weltkrieges waren die meisten Wohn- und Geschäftshäuser um den Alten Markt ausgebrannt, ein Großteil der Fassaden sowie Keller und Seitenwände standen

P9_Posen, Fassaden am Alten Markt, 1950er Jahre, Foto 2014 **P10**_Posen, Alter Markt, mittig liegender Gebäudeblock mit sogenannten Krämerhäusern, Foto 2014 **P11**_Posen, Alter Markt, sogenannte Krämerhäuser mit Fassadenbemalung und Sgraffiti der 1950er
Jahre, Foto 2014

P9

P10

aber noch und wurden erhalten. Wie in Warschau sollten an Stelle des Geschäftsviertels Wohnungen sowie kulturelle und touristische Nutzungen treten. Von 1947 bis 1949 erfolgte der Wiederaufbau des teilzerstörten, zur Zeit der Renaissance mit dreigeschossiger Loggia und reichverzierten Attiken neugestalteten Rathauses, das gemäß der polnischen Tradition die Mitte des Platzes besetzt und durch einen hohen Turm akzentuiert ist. Parallel dazu begannen erste Aufbaumaßnahmen am Alten Markt durch die Hauseigentümer.[40] In den 1950er Jahren startete ein Wiederaufbaukonzept, das unter Zieliński auf die Sanierungspläne der 1930er Jahre zurückgriff.[41] Entsprechend wurden die jüngeren großmaßstäblichen Gebäude zurückgebaut und Elemente des Historismus, inklusive großer Schaufenster, beseitigt. Anstelle der historischen beziehungsweise historistisch überformten Fassaden traten neu gestaltete Hausfronten, die auf ältere Bauphasen rekurrieren (Abb. P9), inspiriert von den bei archäologischen und bauhistorischen Untersuchungen freigelegten Fragmenten.[42]

Eine Sonderstellung kam dem mittig auf dem Platz liegenden Gebäudeblock neben dem Rat-

haus zu: Das ursprüngliche Erscheinungsbild der aus dem 16. Jahrhundert stammenden sogenannten Krämerhäuser (*domki budnicze*) an der Ostseite war bildlich nicht überliefert, archäologische Forschungen bestätigten jedoch frühere Laubengänge.[43] In Absetzung vom Zustand der Vorkriegszeit entstand gemäß Zielińskis Vorstellungen eine einheitliche dreigeschossige Häuserzeile mit durchlaufendem Laubengang (Abb. P10). Einzelne ergrabene Stützen der Renaissancezeit kamen dort als Spolien zum Einsatz, deutlich erkennbar durch ihre Zerstörungsspuren und ihre individuelle Gestaltung. Bestimmend für die Krämerhäuser sind großflächige Fassadenbemalungen und an die Renaissancetradition angelehnte Sgraffiti, jeweils in typischen Formen der 1950er Jahre, die wiederum durch ein Künstlerkollektiv geschaffen wurden (Abb. P11).[44] Sie tragen maßgeblich zur farbenfrohen individuellen Gestaltung der Häuserreihe bei, ebenso die wechselnde Breite der Häuser und die leicht variierenden Höhen der Fenster. Entstanden ist mit den Krämerhäusern eine originelle und qualitätvolle Nachkriegsarchitektur, die sich durch ihr kleinteilig buntes Fassadenbild von

P11

der umgebenden Marktbebauung mit ihren vereinheitlichten historischen oder historisierenden Platzfronten abhebt. Für die an die Krämerhäuser angrenzende Bebauung der vormaligen Tuchhallen und des Arsenals forderte eine Gruppe junger ArchitektInnen eine modernistische Gestaltung, die im Kontrast zu den historisierenden Ansätzen der Krämerhäuser stehen sollte – eine Position, die sich durchsetzte[45] und deren Ergebnis seitdem in der Kritik steht.

Ein besonders großes Areal, auch im Vergleich zur Warschauer Altstadt,[46] nahm die Rechtstadt in Danzig/Gdańsk ein, mit deren Wiederaufbau man bereits 1949 begonnen hatte. In Danzig fand nach dem Krieg mit der Vertreibung der deutschen StadtbewohnerInnen ein nahezu kompletter Bevölkerungsaustausch statt. In den sogenannten wiedergewonnenen Gebieten galt es, eine polnische Geschichte und Nationalkultur zu präsentieren und für Danzig, bis zum 18. Jahrhundert dem polnischen Königreich zugehörig, eine „mentale Aneignung" durch die polnischen NeubürgerInnen zu erreichen.[47] Auf einer nationalen Denkmalpflegetagung 1947 unter Vorsitz von

P12_Danzig, Rechtstadt, Blick vom Rechtstädter Rathaus auf den wiederaufgebauten Langen Markt mit begrüntem Blockinnenhof (rechts), Foto 2016 P13_Danzig, Rechtstadt, Blick in die Ulica Ogarna (Hundegasse), erster Bauabschnitt Wiederaufbau, Foto 2016 P14_Danzig, Rechtstadt, Blick in die Ulica Chlebnica, 1950er Jahre, Foto 2016 P15_Danzig, Rechtstadt, Gebäude an der Ecke Langer Markt/Ulica Powroźnicza, Foto 2016 P16_Danzig, Rechtstadt, Häuser am Langen Markt, Foto 2016

P12

Zachwatowicz sprach man sich für einen Wiederaufbau in historischen Formen aus, wenig später wurden die Rechtstadt und die Speicherinsel unter Denkmalschutz gestellt. Dennoch trug man in der Rechtstadt die meisten Ruinen bis auf die Fundamente ab und errichtete in der Folge gänzlich neue Bauten nach modernen Grundsätzen: Durch neue Parzellenzuschnitte und Straßenverläufe entstanden große Baublöcke mit begrünten Gemeinschaftshöfen (Abb. P12),[48] und anstelle individueller Patrizierhäuser erwuchs eine moderne sozialistische Arbeitersiedlung samt Infrastruktur. Vor allem der erste Bauabschnitt an der Hundegasse (Ulica Ogarna, Abb. P13) spiegelt die

P13

damaligen Normen des Wohnungsbaus wider. Auf historische Vorlagen wurde in der Rechtstadt dabei kaum zurückgegriffen. Entsprechend haben wir es mit weitgehend frei historisierenden Bauten zu tun, wobei das Spektrum von schlichten Fassadengestaltungen (Abb. P14) bis hin zu detaillierten Formübernahmen unterschiedlicher Stilepochen reicht, augenfällig etwa in der Langgasse (Ulica Długa) und am Langen Markt (Długi Targ). Wieder erfolgte eine Polonisierung durch den Einsatz von Laubengängen (Abb. P15), die es vorher in Danzig nicht gegeben hatte,[49] und auch hier kamen als Verweis auf den Wiederaufbau Spolien abgebrochener Bauten (etwa die typischen, aber meist schon im 19. Jahrhundert beseitigten Beischläge)[50] sowie Jahresdaten an den Fassaden zum Einsatz, kombiniert mit farbigen Wanddekorationen der 1950er Jahre (Abb. P16). Das Ergebnis ist deutlich heterogener als in Warschau: „Neben wahrheitsgetreuen Rekonstrukti-

onen gab es Häuser, von denen nur die Fassade rekonstruiert worden war (z. T. allerdings nicht unbedingt an der ursprünglichen Stelle), historisierende Imitate der alten Bürgerhäuser in Pseudo-Renaissance- oder Barockstil sowie schließlich typische Bauten des sozialistischen Realismus wie das Postgebäude oder das ehemalige Kino ,Leningrad' in der Langgasse."[51] Anders als die Warschauer Altstadt wurde die Rechtstadt in der zeitgenössischen deutschen Presse vorwiegend negativ bewertet.[52]

Der aufwändige und teure historisierende Wiederaufbau betraf nur ausgewählte polnische Städte und dort jeweils bestimmte historisch und damit symbolisch bedeutende Bereiche. Die großflächigen Areale konnten dabei nur auf Basis der Verstaatlichung von Grund und Boden und einer zentralistischen Planung in dieser Form realisiert werden. Die drei betrachteten Beispiele in Warschau, Posen und Danzig spiegeln in

P14

P15

P16

ihrem historisierenden Wiederaufbau die politische Strategie einer Polonisierung der Stadtzentren, die seit dem Ersten Weltkrieg und den Stadtumbauten der Zwischenkriegszeit eine Kontinuität aufwies.[53] Hintergrund war die spezifische Situation der Landesteilungen und des jahrhundertlangen Kampfs um staatliche Souveränität, vor deren Hintergrund dem baulichen Erbe besondere Bedeutung zugewiesen und die Abweichung von den international geltenden Grundsätzen der Denkmalpflege legitimiert wurde. 1945 erhielt diese Strategie neue Aktualität: Warschau musste im Fokus der nationalen wie internationalen Öffentlichkeit seiner Rolle als Hauptstadt Polens gerecht werden, Posen nach langer preußischer Herrschaft seine Geschichte als alte polnische Stadt präsentieren und Danzig für die NeubürgerInnen als polnisch-sozialistische Stadt identitätsstiftend wirken. Um den individuellen Charakter der neuen Stadtzentren zu garantieren, bediente man sich jeweils neben der vermeintlich polnischen auch einer regionaltypischen Bauweise beziehungsweise bezog sich auf bestimmte stadtbildprägende Epochen: den Klassizismus in Warschau als letzten Architekturstil der polnischen Adelsrepublik und Ausdruck der Blütezeit der Stadt, die Renaissance in Posen und Danzig als das „Goldene Zeitalter Polens".[54]

Die Phase des historisierenden Wiederaufbaus polnischer Städte nach den Zerstörungen des Zweiten Weltkrieges war 1960 weitgehend abgeschlossen. Die historisierenden, auf die polnische Architekturgeschichte beziehungsweise ein lokales Bauerbe Bezug nehmenden Neubauten entstanden parallel zu denen des 1949 proklamierten Sozialistischen Klassizismus. Auch der historisie-

rende Wiederaufbau unterstützte dabei die junge sozialistische Regierung in ihrem Bemühen um Legitimation: durch den sichtbar gemachten erfolgreichen Widerstand gegen die Zerstörungsabsichten der Besatzer und die Neuschöpfung einer identitätsstiftenden Bautradition. Es stellt sich die Frage, inwiefern man dabei auch auf Wünsche der Bevölkerung reagierte, bestand doch unter den Danziger NeubürgerInnen großes Interesse an einem historisierenden Wiederaufbau der Rechtstadt.[55] Festzuhalten bleibt, dass der historisierende Wiederaufbau in der Volksrepublik Polen als ein „besonderer ‚Historismus' im Rahmen sozialistischer Architektur"[56] zu verstehen ist. Dessen ungeachtet wurden und werden diese „modernen Schöpfungen des 20. Jahrhunderts"[57] vielfach bis heute von der polnischen wie internationalen Fachwelt als nicht originalgetreue Rekonstruktionen verstanden und die historisierenden Neubauten als „Geschichtsfälschung" und „Kulissenarchitektur" diffamiert.

Bereits in den 1960er Jahren nahm in Polen das Interesse an geschichtlichen Kontexten und den historischen Altstädten zu, während die „Architekturmoderne" gleichzeitig auf Ablehnung stieß. Der Wunsch entstand, die bislang nicht oder in modernistischen Formen wiederaufgebauten Innenstädte in historischen Formen neu zu errichten. Gestützt wurde diese Entwicklung durch den gesellschaftspolitischen Wandel der Zeit: durch eine im Kontext der Ostblockstaaten frühe Wiederbelebung der Marktwirtschaft und Rückkehr zum Privateigentum verbunden mit dem Verfall der politischen Ideologie, den wachsenden Einfluss der Solidarność und die Kritik an der modernistischen Stadt mit ihren Großwohnsiedlungen.[58] Mit der Aufnahme der Warschauer Altstadt in das UNESCO-Weltkulturerbe trat die Diskrepanz zwischen modernistischem Wiederaufbau und dem verlorenen historischen Zustand noch stärker ins Bewusstsein.

Dies betraf unter anderem die mittelalterliche Hansestadt Elbing/Elbląg, die im 18. Jahrhundert an Westpreußen gefallen war. Nach den Zerstörungen des Zweiten Weltkrieges wurde Elbing als modernistische Stadt neu errichtet, die historische Kernstadt mit Ausnahme der wichtigsten Repräsentationsbauten (Kirchen und Stadttor) und einiger ausgewählter erhaltener Einzelhäuser enttrümmert.[59] Ein 1946/1947 erstellter Plan sah zunächst einen historisierenden Wiederaufbau vor, die folgenden Pläne zeigen eine modernistische Bebauung mit Hochhäusern und Wohnzeilen.[60] Abgesehen von den historischen und den wenigen wiederaufgebauten Häusern blieb das Altstadtareal bis 1980 eine Grünfläche. Auf Basis mehrerer Wiederaufbaupläne seit Mitte der 1970er Jahre (Masterplan 1979)[61] – Elbing war inzwischen Hauptstadt der gleichnamigen Wojewodschaft geworden –, entwickelte die zuständige Denkmalpflegerin Maria Lubocka-Hofmann eine Wiederaufbaustrategie, die zur Grundlage weiterer polnischer Aufbauprojekte werden sollte und Elbing damit zu einem Vorreiter machte. 1980–1983 erstellte sie einen Stadtentwicklungsplan zum Wiederaufbau der Altstadt auf dem historischen Straßennetz und den alten Gebäudeparzellen. Die Neubauten sollten sich in Bauvolumen und Materialität an ihre Vorgänger halten oder auf die lokale Bautradition Bezug nehmen. Grundlage waren umfangreiche archäologische Grabungen und bauhistorische

P17

P18

Untersuchungen. Die zahlreichen freigelegten Keller und Baufragmente sollten beim Wiederaufbau integriert werden. Ziel war es, die Neubauten durch eine zeitgemäße Gestaltung – und ohne Bezugnahme auf historische Baustile – erkennbar zu machen. Rekonstruktionen sollten Ausnahmen bleiben und sich von den übrigen Bauten absetzen.[62] Das als Retroversion (*Retrowersja*) bezeichnete Programm unterschied sich klar von den polnischen Wiederaufbaukonzepten der 1950er Jahre mit ihrem vereinheitlichenden Ansatz und ihren harmonisierten Straßenbildern. Anstelle der Polonisierung mit Laubengängen und polnischen Attiken kam nun der lokalen Tradition die entscheidende Rolle zu.[63] Der gewandelten gesellschaftlichen Situation entsprechend konnten zudem unterschiedliche Auftraggeber, wie kleine Wohnungsbaugenossenschaften und vor allem private BauherrInnen, Parzellen oder einzelne Quartiere mit öffentlicher Unterstützung bebauen.[64] Neben Läden und kulturellen Einrichtungen spielten auch Fragen des Stadtmarketings und die Schaffung einer touristischen Infrastruktur eine Rolle.[65]

Nach diesem Prinzip entstanden ab Mitte der 1980er Jahre die ersten „Altstadthäuser". Eine der frühen Blockfronten mit sieben schlanken giebelständigen Häusern zeigt die damals neuen postmodernen Formen (Abb. P17). Bestimmend für die in den 1990er Jahren realisierten spätsozialistischen Planungen waren größere Gebäudeblöcke (Abb. P18) mit einer differenzierten Fassadengestaltung aus Backstein- und Putzflächen sowie einzelnen Fachwerkapplikationen. Historisierende Elemente fanden als abstrahierte Giebel, Erker, Gauben und Beischläge Eingang.

Nach der politischen Wende setzte man verstärkt auf private Projektentwickler.[66] Ein Bebauungsplan von 1997 forderte in Abweichung vom ursprünglichen Konzept der Retroversion moderne Materialien wie Stahlbeton und Glas und empfahl für die Farbfassung unter anderem Pastelltöne (Abb. P19 und P20). Gemäß der historischen Stadt sollten Einzelparzellen ausdrücklich von privaten EigentümerInnen oder InvestorInnen bebaut werden.[67] Bei den in der Folge entstandenen Bauten konnten die histo-

rischen Bezüge unabhängig von etwaigen politisch-ideologischen Vorgaben gewählt werden:[68] Orientierten sich die etwa 30 Rekonstruktionen noch mehrheitlich am Manierismus des 16. und 17. Jahrhunderts, dienten nun auch der Historismus preußischer Zeit sowie modernistische Bauten des 20. Jahrhunderts als Bezugspunkt (Abb. P21). Ein weiteres Abweichen vom ursprünglichen Konzept der Retroversion besteht in der Verwendung auch detaillierter historischer Bauformen, wodurch die Entstehungszeit der Bauten nicht mehr klar erkennbar ist. Gestützt wird diese Tendenz durch ein entsprechend historisierendes Straßenmobiliar (Abb. P22). Auch wenn die Bauzeit der einzelnen Häuer nicht immer ablesbar ist, kann angesichts der langen Zeitspanne des (bis heute andauernden) Wiederaufbaus mit seinen sich ändernden Ansätzen von einem „historischen Gewachsen-Sein" gesprochen werden, das den Gesamteindruck der Altstadt entscheidend prägt. Neben der Formensprache variiert bei den privatwirtschaftlichen Bauten der jüngeren Zeit – anders als in der frühen Phase – auch die Qualität von Gestaltung und Ausführung.

Die Retroversion ist ein spezifisch polnisches Konzept, das nicht ohne den historisierenden Wiederaufbau der 1950er Jahre und dessen Rezeption denkbar ist. Bestimmend sind unter anderem die Kombination unterschiedlicher Baupraktiken, wie Fassadenrekonstruktionen und freie historisierende Gestaltungen, die Integration erhaltener Fragmente und die Anbringung von Jahresdaten an den Fassaden. Offenheit und Individualisierung entsprechen dabei sowohl der gewandelten wirtschaftspolitischen

P19

P20

P21

P22

Situation Polens als auch der allgemeinen kulturgeschichtlichen Entwicklung im Sinne der Postmoderne[69] und binden die Retroversion damit in die gesamteuropäische Entwicklung ein. Hierzu gehört neben dem Wunsch nach Tradierung städtebaulicher Strukturen und Typologien auch ein erweitertes Verständnis von Denkmalpflege, das mit der ICOMOS-Erklärung von Dresden (1982) eine Öffnung für Rekonstruktionen nach Kriegszerstörung einschloss.[70] Das Konzept der Retroversion konnte nur am Ende der bereits geschwächten sozialistischen Ära entstehen und verkörpert damit den Wandel hin zur Nachwendezeit. Zugleich ist damit ein Verlust an gestalterischer Einheitlichkeit und Konsequenz bezüglich dieses Konzepts wie vielfach auch an architektonischer Qualität zu konstatieren.

Das Konzept der Retroversion wurde von Anfang an kontrovers diskutiert.[71] In der deutschen Fachliteratur fiel die Bewertung der Elbinger Altstadt negativ aus. So wird sie dort etwa als „recht steril und seriell" und als verspielte „Provinzpostmoderne" bezeichnet,[72] und es wird von einer „aufgesetzten Buntheit" gesprochen, changierend zwischen „Exaltiertheit und Banalität, Comic-Haftigkeit und Provokation"[73]. Ein Großteil der Kritik mag dabei der oft mangelnden gestalterischen Qualität nach der politischen

P23

P24

Wende geschuldet sein, einer „neuen Schäbigkeit in der polnischen Retroarchitektur unserer Tage"[74].

In Polen selbst folgten mehrere kriegszerstörte Städte dem konzeptionellen Vorbild Elbings und kamen dabei zu jeweils eigenständigen historisierenden Bebauungen. In Stettin/Szczecin fand 1983 ein Wettbewerb zur Bebauung der kriegszerstörten Unterstadt statt. Der Bebauungsplan übernahm die Prinzipien der Retroversion, die Umsetzung erfolgte jedoch erst nach der politischen Wende auf privatwirtschaftlicher Basis (Abb. P23).[75] Wie in Elbing beziehen sich die historisierenden Bauten nicht mehr exklusiv auf bestimmte national bedeutsame Epochen, sondern adaptieren unterschiedliche, auch geschichtlich jüngere Stile wie den Historismus, den Jugendstil und den Expressionismus (Abb. P24) und damit die Architektur der preußischen Zeit. Viele Bauten zeigen dabei entsprechend den frühen Elbinger Altstadthäusern abstrahierte historische Formen im Sinne der Postmoderne bis hin zu ironisiert-

P25

P26

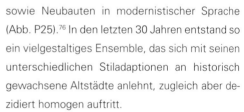

P28

verfremdeten Lösungen. Diese historisierenden Gestaltungen werden kombiniert mit dem erhaltenen gotischen Rathaus und drei rekonstruierten Fassaden des 17. Jahrhunderts am Heumarkt

27

sowie Neubauten in modernistischer Sprache (Abb. P25).[76] In den letzten 30 Jahren entstand so ein vielgestaltiges Ensemble, das sich mit seinen unterschiedlichen Stiladaptionen an historisch gewachsene Altstädte anlehnt, zugleich aber dezidiert homogen auftritt.

Ähnlich zeigt sich die Entwicklung etwa bei der Altstadtsiedlung in Kolberg/Kołobrzeg, die in den 1980er Jahren geplant und begonnen (Abb. P26), mehrheitlich aber erst nach der politischen Wende umgesetzt wurde. Bestimmend für die älteren Bauten sind die Vereinheitlichung in der Farbgebung (Brauntöne, Schwarz und Weiß) sowie eine charakteristische Verbindung von Putz, Backstein und Fachwerkapplikationen (Abb. P27), die der Altstadt ein ganz eigenständiges Erscheinungsbild verliehen.[77] Auch hier löste man sich in jüngerer Zeit von dem frühen

53

P29

P30

P31

Gestaltungskonzept zugunsten betont farbenreicher und eklektischer Fassaden, die den großmaßstäblichen Gebäudeblöcken nur noch vorgelegt sind (Abb. P28). Zu dem frei verwendeten Formenrepertoire gehören diverse historische Stile bis hin zur Postmoderne.[78] Arnold Bartetzky spricht bei diesen jüngsten, vom ursprünglichen Konzept stark abweichenden Bauten von einer „durch ungehemmten Investitionsdrang korrumpierte[n] Pseudo-Retroversion"[79].

Das Interesse an historisierenden Ensembles hält in Polen an. Prominent ist die Neubebauung der Danziger Speicherinsel (Wyspa Spichrzów), die, der Rechtstadt direkt gegenüberliegend, das jüngere heterogene Konzept mit stärker am historischen Vorbild orientierten Fassaden (Abb. P29, P30, P31) und zugleich freieren Lösungen bis hin zu modernistischen

Gestaltungen erkennen lässt. Die Vorliebe für den Historismus zeigt, dass nicht mehr die polnische Tradition im Fokus steht, sondern, in Abwendung von der sozialistischen Zeit mit ihren modernistischen Lösungen, ein neues städtebauliches Ideal mit lokalen Bezügen.[80]

Daneben werden weiterhin Rekonstruktionsvorhaben verfolgt, wie die in den 1990er Jahren errichtete Nordwestfront des Warschauer Theaterplatzes, die nun auch Vorbilder des 19. Jahrhunderts mehr oder weniger exakt nachbildet (Abb. P32, P33).[81] Viel diskutiert ist das neu errichtete mittelalterliche Königsschloss in Posen (2012–2016), das sich, in Absetzung vom nahegelegenen wilhelminischen Kaiserschloss, in der vermeintlich historischen Form mit Turm samt Zinnenkranz über dem Markt erhebt (Abb. P34).

P32

P33

ANMERKUNGEN

1 Genannt seien mit Dank v. a. Magdalena Bączkowska (Gnesen/Posen), Jurek Elżanowski (Warschau/Ottawa), Jacek Friedrich (Danzig), Jörg Hackmann (Stettin/Greifswald) und Małgorzata Popiołek-Roßkamp (Leipzig).
2 Jan Zachwatowicz in einer Rede auf der Krakauer Konferenz der Denkmalpflege (29.8.–1.9.1945): zitiert nach Herber 2014, S. 138
3 „Polnische Zufälle" (1986), in: Enzensberger 1989, S. 315–380, hier S. 322
4 Vgl. Herber 2014, Bd. 1, S. 203; Popiołek-Roßkamp 2021, S. 218
5 Vgl. u. a. Hackman 2000; Torbus 2001; Bartetzky 2002; Lichtnau 2002; Lichtnau 2007; Bartetzky 2006; Bartetzky 2009; Friedrich 2010; Bartetzky 2012a; Bartetzky 2017; Engelberg-Dočkal 2019b; Urban 2021
6 Vgl. Omilanowska 2004, S. 81, 84
7 Kalinowski 1978, S. 85
8 Wojciechowski, Jarosław: *Odbudowa zabytków architektury*, 1915, S. 6, zitiert nach Omilanowska 2004, S. 79
9 Ebd., S. 82
10 Vgl. Kalinowski 1978, S. 82; Omilanowa 2004
11 In der Folge werden bei der ersten Nennung einer polnischen Stadt der deutsche und der polnische Name genannt, danach – in Anpassung an den deutschsprachigen Text – nur noch der deutsche.
12 Zum Wiederaufbau von Kalisch vgl. u. a. Omilanowska

P34

2004, S. 84–86; Bartetzky 2009, S. 130f.; Salm 2012,
S. 231–235; Popiołek 2016a, S. 97f.; Popiołek 2016b;
Omilanowska 2017; Popiołek-Roßkamp 2021, S. 41–47
13 Zabłocka-Kos 2015, S. 603; Popiołek-Roßkamp 2021,
S. 42, 46
14 Vgl. Omilanowska 2004, S. 82f., 86; Bartetzky 2009,
S. 124, 131, 134f.; Popiołek 2016a, S. 98; Omilanowska
2017, S. 187f.; Popiołek-Roßkamp 2021, S. 37, 41
15 Kalinowski 1978, S. 82f., 86; Omilanowska 2004,
S. 88f.; Bartetzky 2009, S. 124, 130, 133; Popiołek-Roßkamp
2021, S. 12, 50, 334, 341, 343
16 Popiołek-Roßkamp 2021, S. 47
17 Zabłocka-Kos 2015, S. 603
18 Vgl. Kalinowski 1978; Rieseberg/Sommer 1985;
Żuchowski 2004
19 Zitiert nach Kalinowski 1978, S. 86f.
20 Vgl. Kalinowski 1978, S. 89; Torbus 2001, S. 383
21 Kalinowski 1978, S. 89; Popiołek-Roßkamp 2021, S. 223,
226
22 Vgl. u. a. Herber 2014, Bd. 1, S. 175, 202; Popiołek-
Roßkamp 2021, S. 226
23 Popiołek 2012, S. 198, 228, 230
24 Kalinowski 1978, S. 88; Popiołek 2012, S. 197; Herber
2014, S. 71–73
25 Herber 2014, Bd. 1, S. 176; Popiołek-Roßkamp 2021,
S. 218; vgl. Torbus 2001, S. 380
26 Popiołek-Roßkamp 2021, S. 210, 221, 223f., vgl. S. 218
27 Herber 2014, Bd. 1, S. 38, 160, 192, 280, 368;
Popiołek-Roßkamp 2021, S. 221; vgl. S. 211
28 Herber 2014, Bd. 1, u. a. S. 183–187, 203–205
29 Kalinowski 1978, S. 90; Popiołek-Roßkamp 2021, S. 210
30 Kalinowski 1978, S. 85, 90; Herber 2014, Bd. 1, S. 179,
344; Popiołek-Roßkamp 2021, S. 213
31 Vgl. Engelberg-Dočkal 2019b, S. 95; Tomaszewski 2005,
S. 167
32 Vgl. u. a. Popiołek-Roßkamp 2021, S. 312f.
33 Enzensberger 1989, S. 321f.
34 Popiołek-Roßkamp 2021, S. 15, 23
35 Vgl. u. a. Herber 2014, Bd. 1, S. 174, 191f., 204; Popiołek-
Roßkamp 2021, S. 207f., 210, 213–216
36 Zur „Sonderzone" vgl. Vinken 2006; Vinken 2010
37 Skuratowicz 1991, S. 379f.; Klause 2004, S. 278
38 Kalinowski 1978, S. 90; Klause 2004, S. 278–281
39 Popiołek 2016a, S. 99f.
40 Kalinowski 1978, S. 91; Klause 2004, S. 283
41 Linette 1983, S. 2; Klause 2004, S. 277–282, 285,
Springer 2015, S. 190f.
42 Kalinowski 1978, S. 91; Klause 2004, S. 281f., 286
43 Linette 1983, S. 7; Klause 2004, S. 284
44 Kalinowski 1978, S. 91
45 Springer 2015, S. 191–193
46 Kalinowski 1993, S. 334f.; vgl. S. 336
47 Friedrich 2010, S. 17–54
48 Kalinowski 1993, S. 335, 338f.; Żuchowski 2004, S. 458;
Friedrich 2010, S. 90–92
49 Friedrich 2007, S. 268
50 Kalinowski 1993, S. 340f.
51 Torbus 2001, S. 382
52 Ebd., S. 385f.
53 Vgl. Kalinowski 1978; Popiołek 2016b; Popiołek-Roßkamp
2021, S. 332f.
54 Bartetzky 2009, S. 131f., 134; vgl. Bartetzky 2012, S. 106f.

55 Friedrich 2010, S. 14; vgl.: der historisierende
Wiederaufbau sei „ausschließlich durch die Einstellung der
gesamten polnischen Gesellschaft" entschieden worden:
Kalinowski 1978, S. 82; Kalinowski 1993, S. 323
56 Żuchowski 2004, S. 454
57 Tomaszewski 2002, S. 306f.
58 Vgl. Bartetzky 2002, S. 436
59 Systematische Abtragungen und Verschüttung der Keller
ab 1959: Lubocka-Hoffmann 1998, S. 14f., 24
60 Lubocka-Hoffmann 1998, S. 14–16; 354f.; Lubocka-
Hoffmann 2005, S. 107
61 Lubocka-Hoffmann 1998, S. 18–20; 356–361; Urban
2020, S. 2, 5
62 Vgl. Lubocka-Hoffmann 1994; Lubocka-Hoffmann 2002;
Lubocka-Hoffmann 2005, S. 106–111
63 Vgl. Hackman 2000/2015; Bartetzky 2006, S. 74–77;
Hackmann 2007
64 Lubocka-Hoffmann 1998, S. 28; Lubocka-Hofmann 2005,
S. 110f.; Urban 2020, S. 1f., 13f.
65 Lubocka-Hoffmann 1998, S. 29; Urban 2020, S. 1, 7
66 Vgl. Lubocka-Hoffmann 1998, S. 28; Lubocka-Hoffmann
2005, S. 111
67 Engel 2018, S. 30, 32
68 Vgl. Urban 2020, S. 2, 12
69 Zu den Unterschieden in Ost- und Westeuropa vgl. die
Dissertation von Kirsten Angermann an der Bauhaus-Universität Weimar zur Postmodernen Architektur in der DDR; vgl.
Urban 2020
70 Vgl. Urban 2020, S. 3, 11
71 Vgl. Engel 2018, S. 33f.
72 Bartetzky 2002, S. 437f.
73 Guratzsch 2014
74 Bartetzky 2013
75 Makała 1994, S. 66; Hackmann 2000/2015, S. 4–7, 13f.;
die Bauten am Markt entstanden durch eine private
Wohnungsbaugenossenschaft: Hackmann 2000, S. 229, 232
76 Vgl. Engelberg-Dočkal 2019b, S. 105–107
77 Vgl. ebd., S. 107–109
78 Vgl. ebd., S. 109
79 Bartetzky 2002, S. 441
80 Vgl. Bartetzky 2010, S. 146
81 Vgl. Engelberg-Dočkal 2019b, S. 97–99

DEUTSCHLAND

„Die Verwendung von Stilen der Vergangenheit, unter dem Vorwand der Ästhetik, hat bei neuen Bauten, die in historischen Stadtgebieten errichtet werden, verheerende Folgen. Das Festhalten an solchen Gepflogenheiten oder die Einführung von darauf gerichteten Initiativen wird unter keinen Umständen geduldet werden."[1]
(Le Corbusier, § 70, Charta von Athen, 1933)

„Die Imitation des Alten [...] ist einer seiner furchterlichsten Feinde. Falsches Alt-Hildesheim, falsches Alt-Nürnberg – man braucht gar nicht anzufangen: Wir alle kennen das und schaudern davor." „Imitation ist im allgemeinen zu verbieten."[2]
(Wilhelm Pinder, Vortrag „Zur Rettung der deutschen Altstadt", 1933)

Zu den Reformern im frühen 20. Jahrhundert, die den Historismus mit seiner ökonomisierten und als „seelenlos" empfundenen Architektur überwinden wollten, zählten auch die Vertreter eines reduzierten Neoklassizismus und des „Heimatschutzstils" und damit eines historisierenden Bauens. In der Architekturhistoriografie der Moderne gelten Hermann Muthesius (1861–1927), Theodor Fischer (1862–1938), Peter Behrens (1868–1940), Heinrich Tessenow (1876–1950) und der frühe Ludwig Mies van der Rohe (1886–1969) zu Recht als Protagonisten, allerdings ohne dass deren historisierende Formensprache als bestimmendes Element thematisiert wird. Ab Mitte der 1920er Jahre wurde die neue modernistische Strömung von ihren VertreterInnen und deren Netzwerken als „Avantgarde" und Gegenpart zu jeglichen historisierenden Tendenzen propagiert. Allerdings blieben modernistische Bauten in der Zwischenkriegszeit in der Minderheit, während sich

Schultze-Naumburgs völkisch traditionalistischer Ansatz als prägend erwies.

Die historisierende „Heimatschutzarchitektur" bildete auch im „Dritten Reich" eine der zentralen Strömungen. Dies gilt jedoch nicht für die staatlichen Repräsentationsbauten, die in einem reduzierten, betont monumentalen Neoklassizismus entstanden. So folgte Hitler mit der Wahl Paul Ludwig Troosts als Architekt der frühen Staatsbauten weder dem Ansatz Schultze-Naumburgs noch einer – wie auch immer gearteten – deutschen Bautradition, sondern der damals modernen, über verschiedene politische Systeme hinweg etablierten Formensprache: Er „[...] hatte sich dem Stil angeschlossen, der international für Regierungsgebäude en vogue war".[3] Inwiefern die Staatsbauten des „Dritten Reiches" Spezifika gegenüber entsprechenden Bauwerken anderer Staaten aufweisen, wäre an anderer Stelle zu prüfen. Ein reduzierter monumentaler Neoklassizismus an sich war jedenfalls kein Spezifikum des NS-Regimes, wurde aber über die prominenten Repräsentationsbauten mit diesem assoziiert.

Im öffentlichen Bauen der BRD führte der politisch geforderte Neuanfang nach dem Zweiten Weltkrieg zu einer Abwendung vom „Heimatschutzstil" und Neoklassizismus – Strömungen, die für konservativ-reaktionäre Tendenzen und das „Dritte Reich" standen. Allein die „Nachkriegsmoderne" in Tradition der „Avantgarden" schien als Ausdruck eines offenen, demokratischen, kosmopolitischen Geistes legitim für den jungen deutschen Staat. Der historisierende Wiederaufbau der polnischen Städte nach 1945 diente dabei als Hintergrundfolie und Gegenkonzept: Große Verbreitung durch Publikationen und Wanderausstellungen fand vor allem die Warschauer Altstadt, die vermeintlich im Zustand vor ihrer Zerstörung wiedererstanden war.[4] Rudolf Hillebrecht, Stadtbaurat von Hannover, reiste selbst durch Polen und zeigte sich in der Folge beeindruckt vom „Phänomen" Warschauer Altstadt.[5] Während die vermeintlichen Rekonstruktionen für Polen als legitime Antwort auf die nationalsozialistische Gewaltherrschaft und deren Zerstörungsakte erschienen, galt dies nicht für den Nachfolgestaat des vormaligen Aggressors. Quasi kanonische Bedeutung erhielt in der Debatte um den Wiederaufbau die 1947 erschienene Schrift des Publizisten Walter Dirks „Mut zum Abschied", die eine Rekonstruktion des Frankfurter Goethehauses strikt ablehnte: „Das Haus am Hirschgraben ist nicht durch einen Bügeleisenbrand oder einen Blitzschlag oder durch Brandstiftung zerstört worden; es ist nicht ‚zufällig' zerstört worden [...] es hatte eine bittere

Logik, dass das Goethehaus in Trümmer sank. Es war kein Versehen, das man zu berichtigen hätte, keine Panne, die der Geschichte unterlaufen wäre; es hat seine Richtigkeit mit diesem Untergang. Deshalb soll man ihn anerkennen. Die Zerstörung dieses Hauses gehört so gut zur deutschen und europäischen Geistesgeschichte wie seine Errichtung im Stil eines gotischen Bürgerhauses [...]. Nur eines ist hier angemessen und groß: den Spruch der Geschichte anzunehmen, er ist endgültig."[6] Aus dem Abfall vom Humanismus im „Dritten Reich" wurde für Westdeutschland ein moralisches Gebot des Verzichts auf die zerstörten historischen Kulturstätten abgeleitet, hier konkret Goethes Geburtshaus als bauliche Verkörperung dieser Geisteshaltung. Tatsächlich erfolgte ab 1947 aber dessen Rekonstruktion in der ursprünglichen Form – so wie später bei vielen anderen historisch beziehungsweise kunsthistorisch oder städtebaulich bedeutenden Bauwerken der BRD, dies oftmals in wirkungsvollem Kontrast zu ihrem modernistischen Umfeld.

Bestimmend für das Bild des bundesdeutschen Wiederaufbaus war lange Zeit allein diese „Architekturmoderne", die allerdings weniger als Ausdruck von Verzicht und Sühne denn eines Neuanfangs im Kreis der westlichen Demokratien gelten kann. Entsprechend erschienen die historisierend neu errichteten Altstädte von Freiburg im Breisgau, Freudenstadt, Münster, Nürnberg oder Rothenburg ob der Tauber (Abb. D1) als Ausnahmen, begründet durch den Bezug auf eine starke und anhaltend wirksame lokale Tradition. De facto standen diese historisierenden Altstädte mit ihren wiederaufgegriffenen historischen Strukturen und Neubauten in historischen Formen aber nicht

D1

allein: Neben vielen öffentlichen Repräsentationsbauten wurden zahlreiche bundesdeutsche Altstädte zumindest in Teilen historisierend wiederaufgebaut, ein Umstand, den die Forschung erst seit wenigen Jahren umfassender reflektiert[7] und damit das Bild der westdeutschen Nachkriegsmoderne korrigiert.

Auch in der DDR gab es historisierende Neubauten und Rekonstruktionen zerstörter Bauwerke. Bereits 1949 – und damit vor der Frankfurter Konkurrenz – eröffnete pünktlich zum 200. Geburtstag des Dichters das teilzerstörte und in alter Form wiederaufgebaute Weimarer Goethehaus. Mit der Nationalen Tradition (1950–1955) wurde in Absetzung vom Westen und dessen „formalistischem" Modernismus eine historisierende Architektursprache gefordert, die Kon-

D2

D3

Sinne der Nationalen Tradition architektonische Neuschöpfungen auf Basis lokaler oder regional verankerter Baustile entstanden, übernahm man im Westen vor allem historische Strukturen und setzte auf vereinfacht-abstrahierte Bauformen und Motive (Abb. D3).

Historische Bezugnahmen sind in der Nachkriegszeit somit in beiden deutschen Staaten politisch begründet: zur Proklamation einer vermeintlichen nationalen Tradition und deren Kontinuität – so in der Architektur der frühen DDR – oder zur Stärkung der lokalen Identität im Wiederaufbau einzelner westdeutscher Städte. Das historisierende Bauen ist damit nicht auf eine bestimmte politische Richtung beschränkt und auch nicht auf spezifische Regionen oder konfessionelle Prägungen, sondern findet sich in unterschiedlichsten gesellschaftspolitischen Kontexten. Während die Nationale Tradition der DDR seit langem Beachtung und Wertschätzung erfährt,[8] findet eine Auseinandersetzung mit dem historisierenden Bauen der bundesdeutschen Nachkriegszeit fast nur aus monografischer Perspektive statt. Zu den prominenten Vertretern zählt Paul Schmitthenner, dessen Königin-Olga-Bau in Stuttgart (1950–1953, Abb. D4) breit diskutiert wurde. Sein Bestseller *Das deutsche Wohnhaus* (1932) mit Bezugnahmen auf das Ideal „Um 1800" erschien in dritter Auflage 1950[9] und wirkte als Lehr- und Musterbuch der bundesdeutschen Nachkriegszeit. In den 1950er und frühen 1960er Jahren entstanden zahlreiche zumeist unauffällige traditionalistisch-historisierende Wohnhäuser (Abb. D5), die in der Forschung – im Schatten der „Nachkriegsmoderne" – kaum Beachtung fanden. Erst in den

tinuität suggerieren und die DDR damit als den legitimen deutschen Staat darstellen sollte. Die repräsentativen, aufwändig gestalteten Neubauten in Formen der Neugotik, des Neobarock oder des Neoklassizismus waren ein Aushängeschild des jungen sozialistischen Staates (Abb. D2). Die Richtlinie der Nationalen Tradition galt so lange, bis Mitte der 1950er Jahre Entstalinisierung und wirtschaftliche Zwänge eine Wende zugunsten der „Industrialisierung und Typisierung" im Bauwesen erzwangen. Die Warschauer Altstadt als Prestigeprojekt des „sozialistischen Bruderlandes" Polen hatte bis dato keine Nachfolge gefunden, weder in der DDR noch im historisierenden Wiederaufbau der BRD: Während im Osten im

D4

D5

tisiert: „Während also die Altstadt von Warschau von der polnischen Bevölkerung historisch getreu wiederaufgebaut worden ist, haben wir in den letzten 15 Jahren das historische Erscheinungsbild unserer Städte bewußt eliminiert."[10] 1980 war der Warschauer Altstadt im zweiten Versuch, parallel zur Rekonstruktion des Königsschlosses (1971–1984), die Aufnahme in die UNESCO-Welterbeliste gelungen. Zur selben Zeit kehrten traditionelle Gebäudetypen und Materialien sowie historische Formen und Motive in die zeitgenössische Architektur beider deutscher Staaten zurück. Es entstanden kleinteiliger gegliederte Backstein- oder Werksteinfassaden mit Erkern, Giebeln, Laubengängen und Türmchen (Abb. D6) – Elemente, die in der DDR im Zuge der „Komplexen Rekonstruktion" auch Eingang in den Plattenbau fanden (Abb. D7).[11] Daneben wurden in Ost wie West einzelne, nach der Kriegszerstörung zunächst nicht wiederaufgebaute Gebäude rekonstruiert, darunter die Semperoper in Dresden (1977–1985) und das Ost-Berliner Schauspielhaus (1979–1984) sowie das Leibnizhaus in Hannover (1981–1983) und das Knochenhaueramtshaus in Hildesheim (1985–1989). Den Wiederaufbau des Leibnizhauses soll Stadtbaurat Rudolf Hillebrecht unter dem Eindruck seines Warschau-Besuchs initiiert haben.[12] Anders als in der Nachkriegszeit, als Rekonstruktionen oftmals kontrastierend zu ihrer modernistischen Umgebung gesetzt wurden, bemühte man sich nun um deren Kontextualisierung. So ist das Ost-Berliner Schauspielhaus Teil einer umfassenden historisierenden Neugestaltung des Platzes der Akademie (Gendarmenmarkt), die rekonstruierte Fassade des

1960er Jahren wurden detaillierte Übernahmen historischer Formen auch in Westdeutschland zur Ausnahme, etwa Cäsar Pinnaus Hamburger Wohnhäuser.

Dies änderte sich in den 1970er Jahren mit der wachsenden Kritik an der Spätmoderne. Der Blick richtete sich erneut auf Polen und die dortigen historisierenden Stadtzentren der Nachkriegszeit, die nun als positives Gegenbild zur westdeutschen „Nachkriegsmoderne" erschienen. Entsprechend wurde 1985 rückblickend kri-

D6

D7

D8

Leibnizhauses Element einer neu konzipierten Häusergruppe (Abb. D8) und das Knochenhaueramtshaus ein Baustein der historisierenden Marktbebauung.[13]

Neben diesen Rekonstruktionen samt Kontextualisierung entstanden nun auch größere historisierende Ensembles, wiederum in West- und Ostdeutschland. Einflussreich war die 1978 institutionalisierte Internationale Bauausstellung in West-Berlin (IBA) mit ihrem Leitbild der Kritischen Rekonstruktion (Josef Paul Kleihues, Masterplan 1984). Diese sah, entsprechend dem gleichzeitig für Elbing entwickelten Konzept der Retroversion, eine Rekonstruktion der städtebaulichen Struktur vor, nicht jedoch der Baukörper und Bauformen. Die Umsetzung der einzelnen Quartiere erfolgte ab 1984 nach Entwürfen internationaler Büros. Parallel dazu und als Reaktion der DDR auf die Planungen zur IBA wurde neben der Neugestaltung des Platzes der Akademie (1976; ab 1979) die Anlage eines neuen Stadtviertels in Angriff genommen: Nach einem Wettbewerb 1978/79 entstand mit Blick auf das 750. Stadtjubiläum im Zentrum Ost-Berlins das „Wohngebiet am Marx-Engels-Forum", heute bekannt als Nikolaiviertel (1983–1986).[14]

Das kriegszerstörte Areal um die mittelalterliche Nikolaikirche wurde ausgehend von den historischen Straßenverläufen und den wenigen erhaltenen Bestandsbauten neu errichtet: in Form

D9

D10

von Rekonstruktionen (Abb. D9) oder als mehrgeschossige Häuserblocks mit postmodernabstrahierten Motiven wie Giebeln, Erkern und Laubengängen (Abb. D10), ergänzt durch eine Gebäudekopie (Rathauslaube) und das translozierte Ephraim-Palais. Zu dieser Mischung baulicher Praktiken kommen Bezugnahmen auf unterschiedliche Epochen. Bestimmend ist trotz dieser dezidierten Vielfalt das einheitliche Gesamtbild des innerstädtischen Neubauviertels. Zur historischen Anmutung tragen das Kopfsteinpflaster um die Kirche sowie historisierende Hausschilder, Laternen, schmiedeeiserne Geländer, Brunnen und Litfaßsäulen bei. Von Anfang an als Konsum- und Freizeitort gedacht nahm das Nikolaiviertel neben 800 Wohnungen auch 33 Läden und 22 Gaststätten auf.[15]

Parallel zum Nikolaiviertel entstand in Frankfurt am Main nach einem Entwurf von 1979 das Dom-Römerberg-Areal (1981–1986, Abb. D11) als ebenfalls innerstädtisches historisierendes Ensemble in unterschiedlichen baulichen Praktiken: Fassadenrekonstruktionen mit post-

modernen Elementen (Römerberg-Ostzeile und Schwarzer Stern, Abb. D12), postmoderne Neubauten (Kunsthalle Schirn, Häuser der Saalgasse) und ein integrierter „archäologischer Garten" (1972/73). Während die Schirn den Verlauf der historischen Saalgasse aufgreift, handelt es sich bei den Häusern des neu angelegten Straßenzugs um Werke internationaler Vertreter der Postmoderne auf vereinheitlichten Parzellen. Entstanden ist ein als Gesamtheit konzipiertes, aber betont vielgestaltiges Areal, das ein komplexes Zusammenspiel aus „populäreren" Fassadenrekonstruktionen und Bauten der internationalen Postmoderne bietet.[16]

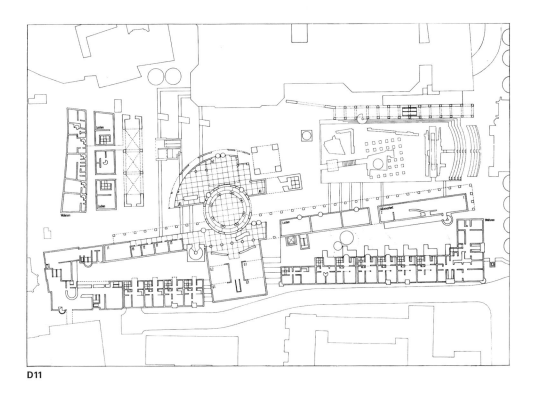

D11

Sowohl das Nikolaiviertel im ehemaligen Ost-Berlin als auch das Dom-Römerberg-Areal in Frankfurt am Main zeigen konzeptionelle Parallelen zur polnischen Retroversion und zur gleichzeitig begonnenen Altstadtbebauung von Elbing. Hierzu zählen das Aufgreifen historischer Straßenverläufe und Parzellierungen, Bezugnahmen auf unterschiedliche historische Epochen, eine Verbindung von Rekonstruktionen mit frei historisierenden, postmodernen oder modernistischen Neubauten sowie eine klare Gestaltungseinheit. Es handelt sich damit nicht um Rekonstruktionen der vormaligen Areale, sondern um zeittypische städtebaulich-architektonische Lösungen der frühen 1980er Jahre.

Aufgrund der dezidierten Pluralität der baulichen Praktiken und Gestaltungen kann dieser Ansatz als postmodernes Konzept bezeichnet werden.[17]

D12

D13

D14

Wiederholt wurde in den begleitenden Debatten auf die Warschauer Altstadt und die Rechtstadt in Danzig verwiesen, und ein Ausschuss des Frankfurter Stadtparlaments hatte 1979 eine Studienreise zu beiden Orten unternommen[18]; dagegen blieben, laut Arnold Bartetzky, die jüngeren osteuropäischen Projekte weitgehend unbeachtet.[19] Gerade bei diesen, etwa den Altstadtbebauungen von Elbing, Kolberg oder Stettin, sind jedoch Übereinstimmungen zu den deutschen Lösungen zu erkennen. Unterschiede bestehen in einer stärkeren Bedeutungsaufladung der Baufragmente in Polen und einer bewussten Inszenierung als Wiederaufbau, während Nikolaiviertel und Dom-Römerberg-Areal freiere Konzeptionen und eine größere Heterogenität zeigen. Die in erster Linie städtebaulich begründete Vorliebe für historisierende Strukturen und Gestaltungen bildet ein zentrales Kennzeichen der Architektur beider deutscher Staaten seit den 1970/1980er Jahren. Daneben entstand ein bür-

gerschaftliches Engagement für die Erhaltung der Altstädte in der BRD wie in der DDR. Der neue Fokus auf den historischen Städten, deren Sanierung und Weiterbau führte zu einer wachsenden Verflechtung von Bestand und oftmals historisierenden Neubauten, in stärker abstrahierten postmodernen Formen (Abb. D13) oder enger am historischen Vorbild orientiert (Abb. D14)[20]. Die neu gestalteten Areale bildeten einen Gegenentwurf zum modernistischen Städtebau der Nachkriegszeit zugunsten stärker individualisierter und im lokalen bauhistorischen Kontext verorteter Lösungen. Das Ergebnis waren harmonisierende, in sich differenzierte und tendenziell kleinteilige Gestaltungen ohne scharfe Brüche.

Dieses Konzept setzte sich über die politische Wende hinaus fort: In Mainz hatte man der modernistischen Nachkriegsbebauung an der Marktnordseite 1979 bis 1983 Fassadenrekonstruktionen beziehungsweise historisierende Fassaden in Anlehnung an die frühere Bebauung

D15

D16

vorgelegt.[21] Die gewählten Vorbilder entstammen unterschiedlichen Epochen, die Fassaden erhielten aber eine vereinheitlichende Gestaltung inklusive Farbfassung. Nach Abbruch der Platzfront 2007 für den Bau eines rückwärtigen Geschäftshauses wurde sie in den historisierenden Formen der 1980er Jahre neu errichtet (Abb. D15). Einem ähnlichen Konzept folgte der zur DDR-Zeit entworfene und mit wenigen Änderungen in der Nachwendezeit realisierte Wiederaufbau der Marktnordseite in Weimar (Abb. D16).[22] Zu Fassadenrekonstruktionen, einem postmodernen

Eckgebäude und frei historisierenden Gestaltungen kam hier auch der Einsatz von Spolien hinzu, darunter der Erker der vormaligen Hofapotheke. Auch andernorts in West- und Ostdeutschland blieben diese gestalterischen Konzepte nach der Wende gültig.[23]

Kontinuität und zugleich eine Gemeinsamkeit beider deutscher Staaten zeigt sich auch in der Bezugnahme auf historistische, vor allem kaiserzeitliche Architektur, die erst seit den 1970er Jahren Wertschätzung erfährt. Neben den Bauformen und kleinteilig schmuckreichen Fassadengestaltungen betrifft dies auch die städtebaulichen Elemente von Block, Korridorstraße und geschlossenem Platzraum. Nach dem Wiederaufbau des Ost-Berliner Schauspielhauses am Platz der Akademie (vormals Gendarmenmarkt) und der parallelen Wiederherstellung des Deutschen wie des Französischen Doms wurden in den 1980er Jahren die Platzfronten in Anlehnung an die kaiserzeitliche Bebauung gestaltet und dazu vier historisierende Gebäudeblöcke neu errichtet. Hinzu kam das durch „Kulturgüteraustausch" zurückgekehrte Schillerdenkmal von Reinhold Begas (1871).[24] Am 2. Oktober 1990, dem Vorabend der Wiedervereinigung, fand der zentrale Festakt der DDR mit einer Rede von Ministerpräsident Lothar de Maizière (CDU) im neoklassizistischen Großen Saal des 1984 eingeweihten Schauspielhauses auf dem neugestalteten Platz der Akademie statt. In seiner Fernsehansprache am selben Tag (die er vor einem 1986 entstandenen Gemälde des wiedererrichteten Schauspielhauses und des Französischen Doms hielt[25]) hatte er zur Überwindung der Vergangenheit – gemeint waren die vier Jahrzehnte DDR und deren „Diktat des Zentralismus" – aufgerufen. Das positive

Neue sei laut de Maizière das Gemeinsame: „Wir sind jetzt Bürger eines gemeinsamen deutschen Staates, und mit der Länderbildung, die sich in wenigen Tagen vollzieht, werden wir gleichzeitig wieder Bürger von Thüringen und Sachsen, von Brandenburg, Sachsen-Anhalt und Mecklenburg-Vorpommern sein. Wir können uns wieder auf die Kräfte besinnen, die aus der Geschichte und den Traditionen dieser Länder herrühren."[26] Diese „neue Zeit" wird entsprechend nicht von der sozialistischen „Architekturmoderne" mit ihrem Anspruch der Internationalität verkörpert, sondern von der modernen historisierenden Bebauung des wenig später in Gendarmenmarkt rückbenannten Platzes der Akademie.

Unmittelbar nach der Wende folgte die Neugestaltung des nur wenige Hundert Meter entfernt liegenden Pariser Platzes nach dem Vorbild der Deutschen Kaiserzeit mit geschlossenen Platzfronten samt Pflasterung, Wasserbecken und Fontänen.[27] Die Neubauten selbst präsentieren als Verkörperung des weltoffen-demokratischen wiedervereinigten Landes eine große Vielfalt unterschiedlicher architektonischer Haltungen und Strömungen von zumeist prominenten in- und ausländischen Büros, darunter die historisierenden, an ihre klassizistischen Vorgänger angelehnten Häuser Sommer und Liebermann (Josef Paul Kleihues, 1996–1998), die DZ Bank mit einer monumentalen Fassade aus steinverkleideten Wandpartien (Frank O. Gehry, 1996–2001) und die Akademie der Künste mit ihrer modernistischen Glasfront (Behnisch & Partner mit Werner Durth, 2000–2005). Zu den ersten und zugleich städtebaulich markanten Neubauten am Platz zählt der an Stelle des kriegszerstörten Hotel

D17

Adlon (1905–1907) in stark vergrößerter Form 1995–1997 errichtete Hotelbau von Patzschke, Klotz & Partner (Abb. D17). Die Fassadengestaltung lehnt sich in frei-abstrahierter Form an das prominente kaiserzeitliche Vorbild an, kombiniert mit zeittypisch postmodernen Motiven.[28] Das Hotel Adlon Kempinski erhielt symbolische Bedeutung für den Neubau der Hauptstadt nach der Wende und markiert zugleich den Beginn einer neuen gesellschaftspolitischen Stellung der historisierenden Architektur: Seit der Eröffnung dient der dem Brandenburger Tor gegenüberliegende Bau hochrangigen Staatsgästen als Unterkunft und kann damit repräsentative Bedeutung für die deutsche Nachwendezeit beanspruchen. Indem Bundespräsident Roman Herzog ihn für den 26. April 1997 als Schauplatz seiner berühmten „Ruck-Rede" wählte, machte er ihn zum Sinnbild des geforderten gesellschaftlichen Aufbruchs: „Das neue Adlon steht in gewisser Weise [...] für das neue Berlin: Gebaut ist es [...] am Pariser Platz, wo während der Zeit der DDR das gespenstisch leere Sichtfeld auf das unerreichbare Brandenburger Tor gähnte. Heute werden in Berlins Mitte, der größten Baustelle Europas, die Konturen der neuen deutschen Hauptstadt sichtbar. [...] Hier spürt man: Wir können etwas gestalten, ja sogar etwas verändern. Einen neuen Aufbruch

D18

schaffen, wie ihn nicht nur Berlin, sondern unser ganzes Land braucht."[29] Damit war der kurz vor seiner Eröffnung stehende, in Anlehnung an den kaiserzeitlichen Vorgänger errichtete Hotelbau nicht nur ein weiterer Touristenmagnet für Berlin-NostalgikerInnen, sondern verkörperte den „Aufbruch" der neuen gesamtdeutschen Hauptstadt wie auch des „wiedervereinten" Staates.

Die Bedeutung der historisierenden Architektur für die Nachwendezeit zeigt sich aber vor allem in der Rekonstruktion der kriegszerstörten Frauenkirche in Dresden (1994–2005), die an die Stelle der Ruine mit dem „Mahnmal für die Opfer des Bombenkrieges" (1966) trat und als „gesamtdeutsche Leistung" zu einem Symbol der deutschen Wiedervereinigung wurde. Der seit der Zerstörung verfolgte, aber zur DDR-Zeit aus politischen Gründen nicht umgesetzte Wiederaufbau wurde direkt nach der Wende in Angriff genommen. Besondere Bedeutung hatte die barocke Frauen-

kirche als stadtbildprägender Bau der deutschen Kunstmetropole („Elbflorenz"), deren Zerstörung Symbolcharakter für die Flächenbombardements der Westalliierten im Zweiten Weltkrieg erhielt.

D19

Zugleich steht die Frauenkirche für die in den 1960er Jahren von der Gemeinde in Coventry ausgehende Versöhnungsarbeit zwischen den früheren Kriegsgegnern. Am 19. Dezember 1989 wählte Bundeskanzler Helmut Kohl die Kirchenruine als Hintergrund für seine medienwirksam aufbereitete Rede, in der er sein Ziel einer Einheit beider deutscher Nationen formulierte.[30] Zentral für die symbolische Bedeutung der Rekonstruktion waren die Initiative der Bürgergesellschaft („Ruf aus Dresden") und die breite Unterstützung durch Spenden aus dem In- und Ausland, darunter Großbritannien und den USA, gestützt von einer großen medialen Aufmerksamkeit.[31] Im Anschluss an den Weihegottesdienst am 30. Oktober 2005 hielt Bundespräsident Horst Köhler eine Festansprache in der Frauenkirche, in der er die Rekonstruktion als „gesamtdeutsche Leistung" würdigte und das Engagement der Zivilgesellschaft hervorhob. Demnach zähle der Kirchenbau „zu dem Besten, was freie Bürger leisten können. [...] Er steht für das Gute, das uns eint. [...] Der Wiederaufbau der Frauenkirche ist in einzigartiger Weise Ausdruck des Guten, das in einer Bürgergesellschaft und ihren Bürgern steckt und das darauf wartet, geweckt zu werden."[32] Als Errungenschaft der wiedervereinten Bürgergesellschaft wurde die Rekonstruktion damit vom höchsten staatlichen Vertreter des Landes zum Symbol der Wiedervereinigung erhoben, das als Vorbild dienen sollte.

Weitere prominente und staatlich geförderte Rekonstruktionen ließen diese bauliche Praxis als ein zunehmend „seriöses" und adäquates Unterfangen der demokratischen Gesellschaft erscheinen. Hierfür steht an erster Stelle der 2002 auf gemeinsamen fraktionsübergreifenden Antrag von SPD, CDU/CSU, Bündnis 90/Die Grünen und FDP beschlossene Wiederaufbau des Berliner Stadtschlosses an der Stelle des Palasts der Republik mit der Rekonstruktion von drei Außenfassaden, der Kuppel und dem Schlüterhof. Es folgte der 2005 von der Koalition aus SPD und CDU im Brandenburger Landtag verabschiedete Wiederaufbau des Potsdamer Stadtschlosses mit Fassadenrekonstruktionen als neuer Sitz des Landesparlaments. Ebenfalls in Potsdam unterstützt die Evangelische Landeskirche den Wiederaufbau der Garnisonkirche, finanziert aus privaten Spenden und Bundesmitteln. Schirmherren des „Ruf aus Potsdam" (2004) waren Ministerpräsident Matthias Platzeck (SPD), Innenminister Jörg Schönbohm (CDU) und Bischof Wolfgang Huber, Ratsvorsitzender der Evangelischen Kirche in Deutschland. 2013 verlieh das Staatsministerium für Kultur und Medien der Garnisonkirche den Titel eines „national bedeutenden Kulturdenkmals". Monika Grütters (CDU) bewilligte in der Folge Mittel des Bundes, vor Baubeginn 2017 übernahm Bundespräsident Frank-Walter Steinmeier (SPD) die Schirmherrschaft über das Projekt. Während die Neubauten der beiden vormaligen Barockschlösser inzwischen fertiggestellt sind und in ihrer neuen Nutzung eine gewisse Normalität erlangt haben, stockt der Wiederaufbau der Garnisonkirche. Ausschlaggebend dafür scheint jedoch weniger die anhaltende Kritik an der politisch rechten Haltung einiger InitiatorInnen und der Deutung des Kirchenbaus als Zeugnis des preußischen und nationalsozialistischen Militarismus zu sein, sondern die vom Bundesrechnungshof angemahnte Mittelvergabe und die angesichts der unsicheren Finanzierung geweckte Angst vor „Förderruinen". Dessen ungeachtet wurde vom Kulturstaatsministerium unter Claudia Roth (Bündnis 90/Die Grünen) erneut ein Millionenbetrag freigegeben.[33]

Diese von Teilen der Bevölkerung gewünschten, von staatlichen Stellen unterstützten und mit öffentlichen Mitteln finanzierten Rekonstruktionen bilden Schlüsselwerke der deutschen Architektur nach der Wiedervereinigung. Vor dem Hintergrund des neu auszuhandelnden nationalen Selbstverständnisses verkörpern sie die Suche nach einem architektonischen Ausdruck der gesamtdeutschen Gesellschaft. Die bauliche Praxis der Rekonstruktion fiel dabei zusammen mit dem weiterhin wirksamen städtebaulichen Leitbild der historischen Stadt. Entsprechend erwuchs vielerorts der Wunsch nach einer Kontextualisierung der rekonstruierten Neubauten. Eine Voreiterrolle nahm Dresden mit der vielbeachteten, zunächst isoliert stehenden Frauenkirche ein. Für die geforderte „adäquate" Einbindung entsteht seit 2004 auf privatwirtschaftlicher Basis die historisierende Neumarktbebauung. Die Gestaltung der acht Quartiere folgt dem bereits zu DDR-Zeiten entwickelten Leitbautenkonzept, das die Rekonstruktion städtebaulich oder architekturhistorisch bedeutender und gut dokumentierter Gebäude als Orientierungsmarken für die Nachbarbebauung vorsieht.[34] Im Sinne der für Elbing entwickelten und in veränderter Form weitergeführten Retroversion verbinden die Dresdner Quartiere Rekonstruktionen (Leitbauten) beziehungsweise Fassadenrekonstruktionen mit historisierenden Neubauten und in der Kubatur angepassten modernistischen Gebäuden (Abb. D18, D19). Ziel ist ein optisches Wiederanknüpfen an die vorma-

D20

lige Struktur sowie ein lebendiges, kleinteiliges und harmonisches Platzbild in Anlehnung an die historisch gewachsene Stadt. Die Vorbilder entstammen vorwiegend dem Barock als Glanzzeit Dresdens, aber auch der Renaissance und dem allgemein geschätzten 19. Jahrhundert, was sich etwa in der Anlage des historisierenden Straßenpflasters und der Straßenbeleuchtung zeigt. Anders als das Konzept der polnischen Retroversion, das Neubauten auf den historischen Parzellen und eine Einbeziehung der erhaltenen Keller und Mauerzüge vorsieht, fielen die ergrabenen Fragmente in Dresden mehrheitlich der Neubebauung zum Opfer.[35] Einen schweren Stand hatten zudem die Bauten der DDR: Während der Kulturpalast erhalten blieb, wurde der Anbau an das Polizeipräsidium (1976–1979) 2005 abgebrochen.

Auch an anderen Orten waren Rekonstruktionen Auslöser für eine kontextualisierende historisierende Bebauung, wobei die Konzepte in ihrer

D21

Jahre bis Jahrzehnte während Umsetzung Anpassungen und Veränderungen unterlagen. Im Fall der Potsdamer Stadtmitte hatte die Stadtverordnetenversammlung bereits 1990 eine „behutsame Wiederannäherung" an das historische Stadtbild vorgesehen.[36] Wo an die Stelle des früheren Stadtschlosses eine breite Verkehrsstrasse getreten war, entstand 2001, zunächst finanziert aus privaten Spenden, die Rekonstruktion des Fortuna-Portals. Auf Basis des Landtagsbeschlusses folgte der gesamte Bau (Peter Kulka, 2010–2013) im Rahmen einer öffentlich-privaten Partnerschaft und unterstützt durch eine private Millionenspende. Dabei integrierte man erhaltene Baufragmente und Skulpturen, wich aber zugleich durch ein weiteres Geschoss, eine Verlängerung des Südflügels und eine Verkleinerung des Innenhofs vom Vorgänger ab.[37] Die ergrabenen Kellerfragmente des Barockbaus fielen dem Neubau zum Opfer. Parallel zum Baubeginn des Stadtschlosses wurde für die angrenzenden Areale das Projekt „Potsdamer Mitte" beschlossen.[38] Begonnen 2013 nach Fertigstellung des Schlossbaus befindet es sich bis heute in der Ausführung. Zentraler Bestandteil der Planung ist das in Dresden etablierte Leitbautenkonzept. Als Fassadenrekonstruktionen entstanden unter anderem am Alten Markt der Palais Barberini (Hilmer & Sattler und Albrecht, 2013–2016) sowie der Palazzo Chiericati und der Palazzo Pompei (Bernd Redlich, 2013–2016). Wie in Dresden und bei den polnischen Beispielen aus derselben Zeit verbindet die „Potsdamer Mitte" Rekonstruktionen mit frei historisierenden (Abb. D20) und modernistischen Bauten. Das aus der DDR-Zeit stammende Gebäude der Fachhochschule musste 2018 für die Neubebauung weichen (Abb. D21).

Dieses Vorgehen ist kennzeichnend für die historisierenden Neubauareale in den neuen Bundesländern: Ähnlich den historisierenden Altstädten in Polen hat die sozialistische Zeit – hier als Phase der deutschen Teilung – keinen Platz im Kanon der vorbildhaften Epochen, und bestehende Bauten werden wenn nötig beseitigt. Mit dieser Argumentation fiel 1995/96 das ehemalige Ministerium für Auswärtige Angelegenheiten der DDR (1964–1967) einer Rekonstruktion des vormaligen Schinkelplatzes (2007/08) samt Bauakademie (laufendes Vorhaben) zum Opfer, für die Garnisonkirche müsste das Rechenzentrum Potsdam (1969–1971) weichen. Die Rekonstruktionen der Dresdner Frauenkirche und des Potsdamer Stadtschlosses samt ihren historisierenden Umgebungen stehen damit auch für eine „gemeinsame Überwindung" der DDR gemäß der Ansprache von Lothar de Maizière am Vorabend der Wiedervereinigung: „Wir wissen sehr wohl, was die Vergangenheit uns angetan hat. Wir wollen sie hinter uns lassen […] sie darf nicht auch noch unsere Zukunft teilen."[39] Die Architektur aus der Zeit der „Spaltung Deutschlands", also aus den Jahrzehnten des Sozialismus, werden damit baulich ausgeblendet. Diese von Teilen der ostdeutschen Bevölkerung gewünschte Selektion begründet zusammen mit den wirtschaftlichen Möglichkeiten der Nachwendezeit und unterstützt von den suggestiven Bildmedien (digitale Visualisierungen und bemalte Transparente) den Erfolg dieser historisierenden Bauprojekte in den neuen Bundesländern.

Ein weiterer bestärkender Einfluss ist die international an Bedeutung gewinnende Bewegung des *New Urbanism*, die sich am vormodernen Städtebau orientiert. Zu den zentralen Faktoren dieser städtebaulichen Strömung gehören eine Funktionsmischung und ein hierarchisierter Stadtaufbau mit einem verdichteten Zentrum, die klare Trennung in öffentliche und private Bereiche und der Einsatz tradierter städtebaulicher Elemente wie gefasster Straßenzüge und Plätze. Unmittelbar nach der Wende entstand in Potsdam angrenzend an die in den späten 1980er Jahren errichtete Plattenbausiedlung Drewitz die Siedlung Kirchsteigfeld nach dem Masterplan von Rob Krier und Christoph Kohl (Berlin) als ein für Deutschland frühes, großes und zudem qualitätvolles Beispiel des *New Urbanism*. Das Areal wurde 1991 von einem privaten Investor erworben und 1992–1998 im Rahmen einer Public-private-Partnership nach Entwürfen von 22 Architekturbüros realisiert.[40] Neben diversen Funktionsbauten (inklusive eines Kirchenbaus) finden wir traditionalistische städtebauliche Elemente wie Blockstrukturen und geschlossene Platzräume sowie eine Vielzahl unterschiedlicher Gebäudetypen. Zentrale Be-

D22

deutung hatten die Topografie des Areals und die Anbindung an die nachbarschaftliche Bebauung. Die Neubauten selbst zeigen die abstrahiert-historisierenden Formen der zeitgenössischen postmodernen Architektursprache (Abb. D22).

Die historisierenden Ensembles in den neuen Bundesländern sind zumeist gemeinsame Aufgaben von Kommune, Land, Bund sowie privatwirtschaftlichen InvestorInnen und privaten SpenderInnen. Die Initiativen dazu gehen in der Regel von zivilgesellschaftlichen Bewegungen aus, die damit an Protesttraditionen, wie die Auflehnung von Bürgergruppen gegen den Altstadtverfall der späten DDR und einzelne Abrissvorhaben,[41] anknüpfen. Die Forderungen richten sich nun gegen die baulichen Realitäten der DDR-Zeit und den dadurch verhinderten Wiederaufbau. Auch wenn alle Projekte unterschiedlich sind – von den historischen Vorbildern bis zu den AkteurInnen mit ihren jeweiligen Zielsetzungen – gibt es Gemeinsamkeiten: Die Wahl einer aus der lokalen Tradition begründeten Leitepoche, die Mischung von Rekonstruktionen (Leitbauten) mit historisierenden und modernistischen Neubauten sowie die Eliminierung der repräsentativen DDR-Architektur. Eine bestimmte politisch-ideologische Stoßrichtung ist dabei nicht erkennbar, vielmehr werden die von der öffentlichen Hand mitfinanzierten Projekte von unterschiedlichen koalierenden Parteien, zumeist den großen Volksparteien, unterstützt.

Auch in den alten Bundesländern bestand nach der Wende weiterhin der Wunsch nach historisierenden Ensembles, der nun durch die medial verbreiteten Projekte in Dresden und Potsdam neuen Aufwind erhielt. Die langewährenden Planungen und Realisierungen ermöglichen einen kontinuierlichen Austausch mit den dortigen AkteurInnen und damit das Lernen von deren „Erfolgen" und „Misserfolgen". Auch im Westen gehen die Initiativen zu historisierenden Bauprojekten mehrheitlich von bürgerlichen Gruppierungen aus. Werden im Osten dafür vielfach Bauwerke der DDR-Zeit entfernt, ist es in den alten Bundesländern die Architektur der westdeutschen „Nachkriegsmoderne". Zu dem städtebaulich-gestalterischen Ziel tritt damit auch hier ein politisches Moment: Wie in den neuen Bundesländern werden Strukturen und Bauten aus der Zeit der deutschen Teilung eliminiert, die man durch architektonische Bilder einer älteren, gesamtdeutschen Geschichte ersetzt. Eine Stärkung erfährt dabei eine in den 1970/1980er Jahren auftretende Bewegung, die etwa hinter der historisierenden Neugestaltung

des Hildesheimer Marktes (1984–1994) stand: Gefordert wird nicht mehr allein Mitsprache bei Planung und Abriss oder Erhaltung historischer Gebäude, sondern auch in Bezug auf die konkreten städtebaulichen Lösungen und die Formensprache der Neubauten. Unterstützt von marktwirtschaftlichen Interessen und der Tourismusindustrie wenden sich bürgerschaftliche Initiativen dabei oftmals gegen geplante modernistische Neubauvorhaben in der Tradition der „Nachkriegsmoderne".[42]

Ein Beispiel hierfür ist die „Neue Altstadt" in Frankfurt am Main (2012–2018; Abb. D23), die bezüglich Konzept, Gestaltung und Ausführungsqualität ein besonders anspruchsvolles historisierendes Ensemble bildet. Sie entstand im Bereich des vormaligen Krönungsweges zwischen Dom und Römerberg auf einer bestehenden Tiefgarage und ersetzt das 2010 abgebrochene Technische Rathaus (1972–1974) sowie Teile des Dom-Römerberg-Areals (vgl. Abb. D11).[43] Die vielfältigen Beweggründe der einzelnen AkteurInnen spiegeln sich in einer komplexen Planungsgeschichte: Ein 2005 vom einzigen Fraktionsmitglied der rechtspopulistischen „Bürger für Frankfurt" (BFF) verfasster Antrag für eine Bebauung in Anlehnung an die Vorkriegszeit inklusive Rekonstruktionen wurde zunächst abgelehnt. Zwei Jahre später beschlossen die Koalition aus CDU und Bündnis 90/Die Grünen sowie FDP und BFF eine entsprechende historisierende Bebauung mit sechs bis sieben Rekonstruktionen.[44] 2009 wurde die Gestaltungssatzung qua Magistratsbeschluss rechtskräftig. Die Realisierung der „Neuen Altstadt" schrieben sich in der Folge sowohl Ober-

D23

bürgermeisterin Petra Roth (CDU) als auch ihr ab 2012 amtierender Nachfolger Peter Feldmann (SPD) auf die Fahnen.

Anders als in Dresden, wo private InvestorInnen ganze Quartiere am Neumarkt errichteten, lagen in Frankfurt Entwicklung, Durchführung und Vermarktung bei einer städtischen Gesellschaft (DomRömer GmbH). Zentrale Instrumente zur Umsetzung des Qualitätsstandards waren ein internationaler Wettbewerb (2011), die Einsetzung eines Gestaltungsbeirats und eine Gestaltungssatzung[45]. Das Vorhaben wurde von der Fachwelt kontinuierlich kritisch begleitet und das in fußläufiger Entfernung liegende Deutsche Architekturmuseum zeigte 2018 anlässlich der Fertigstellung eine Ausstellung zur „Neuen Altstadt".[46]

Die Neubauten sollten individuellen Charakter haben, zugleich gab es Vorgaben zur Vereinheitlichung, wie eine der lokalen Tradition folgende Sandsteinverkleidung der Erdgeschosse (Abb. D24 und D25). In Absetzung von Dresden mit den großmaßstäblichen Quartiersbauten und vorgeblendeten Fassaden war die historische Parzellenstruktur verbindlich.[47] Das kleine Ensemble mit Wohnungen, Läden und Gastronomie zeigt sich als städtebauliche Einheit aus individuellen, von 20 in- und ausländischen Architekturbüros entworfenen Einzelbauten auf den vormaligen Parzellen. Unter den 35 historisierenden bis mo-

D24

eines modernen Erlebnisraumes mit Eventcharakter: ein „Quartier voller Highlights"[50].

Die „Neue Altstadt" kann dabei selbst als ein architektonischer „Glanzpunkt" der Stadt gelten, mit dem deren Tradition als Ort bedeutender Bauwerke der Moderne und Postmoderne fortgeschrieben wird. Dass in der wohlhabenden westdeutschen Finanzmetropole und Kulturstadt mit Sitz des Deutschen Architekturmuseums das in den neuen Bundesländern entwickelte und von der Fachwelt weitgehend abgelehnte Konzept der historisierenden Altstadtensembles an prominenter Stelle realisiert wurde, zeigt, welche Bedeutung man ihm für das zeitgenössische Bauen zuwies. Selbstredend bestand daher der Anspruch einer über jede Kritik erhabenen Qualität der Gestaltung und architektonischen Ausführung.

Unabhängig von dem mehrheitlich erreichten Qualitätsstandard und dem einheitlichen Gesamtbild ist die „Neue Altstadt" als ein Kompromiss der verschiedenen, zuweilen konträren Positionen zu bezeichnen. So wurde der 2005 gekürte Siegerentwurf des städtebaulichen Ideenwettbewerbs (KSP Engel und Zimmermann Architekten) nach Protesten aufgegeben und durch das neue historisierende Konzept ersetzt. Wünsche aus der Bürgerschaft kamen in einer Planungswerkstatt zur Sprache und fanden Eingang in einen Sonderausschuss der Stadtverordnetenversammlung. Entgegen den Vorstellungen der Fachwelt und des Vorsitzenden des Gestaltungsbeirats Christoph Mäckler wuchs im Laufe der Planung die Anzahl der Rekonstruktionen sukzessive auf mehr als das Doppelte an.[51] Die „Neue Altstadt" kann damit auch als gebautes

dernistischen Häusern sind 15 Rekonstruktionen (bezeichnet als „schöpferische Neubauten").[48] Neben alten Eichenbalken wurden zahlreiche Spolien, die teilweise auch aus anderen Kontexten stammen, verbaut (Abb. D26).[49] Diese Präsentation älterer Zeitschichten zeigt grundsätzlich Parallelen zum polnischen Wiederaufbau mit seinen inszenierten baulichen Zeugnissen, auch zur Dresdner Frauenkirche mit ihren sich dunkel absetzenden historischen Baufragmenten. Allerdings haben die Spolien der „Neuen Altstadt" weniger die Funktion eines Verweises auf Kriegszerstörung und Wiederaufbau, sondern sind in erster Linie Teil der gewünschten individuellen vielfältigen Gestaltung des Ensembles und damit

D25

teiligungsverfahren entstehen seit 2017 am Ort der beiden Schulen 38 Neubauten (Abb. D27). Entwurfsfindung und Umsetzung liegen bei den privaten BauherrInnen beziehungsweise Baugemeinschaften und deren frei gewählten ArchitektInnen, die Stadt wirkt nur über einen Gestaltungsbeirat und einen Gestaltungsleitfaden lenkend ein. Ziel ist ein kleinteiliges, aber „harmonisches" Wohnquartier mit Mischnutzungen in den Erdgeschossen, das die historischen Baufluchten aufgreift, nun aber die frühere Bebauung in „zeitgenössischen Formen neu interpretiert".[52] Im Zuge der Planungen wurden die Lösungen in Elbing und auf der Danziger Speicherinsel diskutiert.[53] Anders als dort und bei den älteren Projekten in den neuen Bundesländern, wie dem Dresdner Neumarkt und der Potsdamer Mitte, gibt es in Lübeck keine Leitbauten. Auch Rekonstruktionen sind nicht vorgesehen, im Fall eines individuellen Wunsches der BauherrInnen jedoch zugelassen. Die historisierenden Neubauten orientieren sich an den Musterfassaden, freie Entwürfe unterliegen dem Gestaltungsleitfaden und werden einer Prüfung unterzogen. Für ein stimmiges Gesamtbild sind giebelständige Fassaden in Sichtback-

Zeugnis eines Aushandlungsprozesses gelten, der den unterschiedlichen Auffassungen der bürgerschaftlichen Gruppen neues Gewicht beimisst und neben der Planung nun auch die Formensprache der Neubauten einschließt.

Noch einen Schritt weiter in diese Richtung geht das Lübecker Gründungsviertel, das zwischen Marienkirche und Trave gelegene mittelalterliche Kaufmannsquartier der Hansestadt, das 1942 zerstört und in der Nachkriegszeit mit Wohnzeilen und zwei Schulkomplexen neu bebaut worden war. Im Anschluss an einen internationalen Fassadenwettbewerb zur Erarbeitung von Musterlösungen (2015) und begleitet von einem aufwändigen Be-

D26

stein oder Putz vorgegeben (Abb. D28), zugleich garantiert die nicht zulässige Wiederholung nebeneinanderstehender Fassaden die Lebendigkeit der Straßenbilder.[54] Die tatsächlich nur als Ausnahme realisierten Fassadenrekonstruktionen bilden in ihrer detaillierten historischen Formensprache belebende Akzente im Straßenbild. Spolien spielen anders als in der Frankfurter „Neuen Altstadt" kaum eine Rolle und die ergrabenen mittelalterlichen Keller wurden zugeschüttet oder für den Bau einer großen Quartierstiefgarage entfernt.

Eine Besonderheit dieses Neubauviertels liegt in dem umfänglichen Beteiligungsverfahren sowie in der großen Freiheit der BauherrInnen bezüglich der Gestaltung ihrer Häuser. Dies kann als ein Gegenkonzept zum viel kritisierten Vorgehen beim Bau eines Kaufhauses am nahegelegenen Markt (2003–2005) gesehen werden. Die Entscheidung für das große, mit seiner Umgebung stark kontrastierende Gebäude nach Entwurf von Ingenhoven Architekten (Düsseldorf) fiel damals ohne adäquate Beteiligung der Bürgerschaft.[55]

Wie bei der Frankfurter „Neuen Altstadt" wird auch in Lübeck ein hoher gestalterischer Anspruch erhoben: Hintergrund ist hier die starke Identifikation der Bürgerschaft mit Geschichte und Bautradition der Stadt, deren Zentrum bereits seit 1987 den Rang eines UNESCO-Weltkulturerbes innehat. Das umfängliche Beteiligungsverfahren, die Mitbestimmung der BauherrInnen und die eingeforderte gestalterische Qualität können als partizipativer, bürgerschaftlicher, individualistischer Ansatz gelten.

Ein besonderer Fall ist die historisierende Innenstadtbebauung der Hansestadt Anklam in Mecklenburg-Vorpommern. Die im Zweiten Weltkrieg

D27

D28

zu 80 Prozent zerstörte Kleinstadt erhielt ab 1979 eine neue Zentrumsbebauung mit Zeilenbauten der Wohnungsbauserie 70. Nach der Wende kämpfte Anklam mit hoher Arbeitslosigkeit, Abwanderung und Leerständen, bekannt wurde die Stadt als Hochburg der rechtsradikalen Szene. Ziel der Kommune ist es, durch eine umfassende bauliche Neugestaltung an die Tradition anzuknüpfen und die Stadt damit „neu zu erfinden"[56]. Neben dem 1994 begonnenen Wiederaufbau der mittelalterlichen Nikolaikirche werden dafür seit 2012 die DDR-Zeilenbauten sukzessive durch historisierende Neubauten ersetzt.[57] Zentrale AkteurInnen dieses programmatischen Stadtumbaus sind die Kommune samt städtischer Wohnungsgesellschaft und private InvestorInnen beziehungsweise BauherrInnen. Die einzelnen Bauabschnitte folgen unterschiedlichen Gestaltungskonzepten: Der erste, von einem lokalen und einem Greifswalder Büro errichtete Quartiersblock (2011–2016) zeigt zum Marktplatz schlichte Neubauten mit wenigen historisierenden Elementen wie Arkaden und einem geschweiften Giebel (Abb. D29). Aus einer städtebaulichen Studie des Hamburger Büros NPS Tchoban Voss Architekten ging der Masterplan für zwei weitere Blöcke hervor.[58] Abweichend davon entstand bis 2018 die von lokalen Büros realisierte östliche Platzfront als eine weniger einheitliche Bebauung in vager Anlehnung an die Vorgängerbauten inklusive Stufen- und Dreiecksgiebel (Abb. D30). Mit dem Verzicht auf Rekonstruktionen und kontrastierend-modernistische Fassaden folgte man in Anklam nicht dem Konzept des Dresdner Neumarkts. Parallelen bestehen vielmehr zu den jüngeren – und im Fall von Stettin geografisch näher liegenden – polnischen Altstadtbebauungen. Weitere Bauvorhaben weisen als Variante stärker abstrahierte historisierende Lösungen auf und garantieren damit ein abwechslungsreiches Gesamtbild der Innenstadt.

Aktuell errichtet ein privater Investor an der Peene das historisierende Hansequartier.[59] Ausgangspunkt ist eine 2014 entstandene Planung von Marc Kocher Architekten (Berlin/Zürich), die in einer kleinteiligen und variantenreichen Block-

bebauung verschiedene zeitliche und geografische Referenzen inklusive einer venezianischen *Casa* verbindet (Abb. D31). Von der Bauaufsicht genehmigt wurde eine schlichtere, vereinheitlichte Variante mit einer weitgehend symmetrischen Front zur Peene.[60] Der Ausführungsentwurf der Planungsgruppe Wöhlk (Kühlungsborn) zeigt abweichend davon das von den jüngeren polnischen Beispielen bekannte „bunte" Nebeneinander historisierender Einzellösungen.[61]

Die mit dem historisierenden Stadtumbau verbundenen Hoffnungen der Stadt scheinen sich derweil zumindest in Teilen zu erfüllen: Die In-

D29

D30

nenstadt hat sich belebt und es gibt kaum noch Leerstände.[62] Aber ließen sich die „Rechten", wie ein WDR-Redakteur 2019 fragte, „genau wie die grauen Fassaden einfach wegsanieren [...]?"[63] Bislang offenbar nicht.

Gemeinsam ist den Altstadtensembles seit den 1970/1980er Jahren der städtebauliche Fokus gemäß dem Leitbild der historisch gewachsenen „europäischen Stadt". Immer geht es dabei um eine Positionierung im Rahmen städtischer oder staatlicher Konkurrenz und meist auch um wirtschaftliche und lokalpolitische Interessen sowie den Wunsch nach Identitätsstiftung. Unterschiede liegen in den konkreten gestalterischen Lösungen, die von den lokalen Voraussetzungen und Zielsetzungen der AkteurInnen bestimmt sind: In Anklam erfolgt ein großflächiger histori-

sierender Stadtumbau, während es sich bei der Frankfurter „Neuen Altstadt" um eine kleine Parzelle in der historischen Kernstadt handelt, der Dresdner Neumarkt zeichnet sich durch seine zahlreichen Rekonstruktionen aus, das Lübecker Gründungsviertel zeigt fast durchweg Neuinterpretationen der historischen Vorbilder, in Lübeck verbinden sich individuelle Lösungen zu einem sukzessive neu entstehenden Areal und in Frankfurt unterlag alles dem zügig umgesetzten Gesamtplan der Betreibergesellschaft. Unabhängig von diesen unterschiedlichen Ansätzen lässt sich für die historisierenden Altstadtensembles der letzten 50 Jahre eine gemeinsame Entwicklung erkennen: Entstanden zunächst heterogene Areale mit Maßstabssprüngen und einer Vielfalt an historischen Bezugnahmen (wie das Dom-

D31

D32

D33

Römerberg-Areal und das Nikolaiviertel), zielen die jüngeren Ensembles verstärkt auf städtebaulich harmonische Einheiten mit Varianten allein in den Fassadengestaltungen; wurden anfangs moderne Großstrukturen im Zuge der Kontextualisierung aufgegriffen und in die Planung integriert, schuf man später bevorzugt eigenständige kleinteilige Gefüge, oftmals die „Nachkriegsmoderne" ersetzend. Im Osten sind diese die Zeit des Sozialismus überschreibenden Ensembles Ausdruck des mit der Wiedervereinigung erlangten demokratisch-kapitalistischen Systems, das privatwirtschaftlichen InvestorInnen wie BürgerInnen eine Mitsprachemöglichkeit bis hin zu architektonisch-gestalterischen Fragen bietet. Die Unterstützung entsprechender Bauvorhaben durch die öffentliche Hand kann als Bestätigung

dieser neuen politischen Gegebenheit verstanden werden, während zugleich Bedenken und Kritik seitens der Staatlichen Denkmalpflege sowie von Teilen der Architektenschaft und links orientierter BürgerInnen ungehört bleiben. Als Impulsgeber für weitere historisierende Altstadtensembles kommt den neuen Bundesländern eine Vorreiterrolle für die gesamte Bundesrepublik zu.[64] In Ost wie West kann man die historisierenden Altstädte als Ausdruck des föderalen Staates sehen, der sich über seine Länder und die Vielfalt der Regionen definiert – und entsprechende Traditionen dafür neu konstruiert.

Neben diesen städtebaulichen Ensembles tritt das zeitgenössische historisierende Bauen in der BRD bei verschiedensten Bauaufgaben und in wachsendem Umfang auf. Daher gilt es auch, deren formal-gestalterische Lösungen in den Blick zu nehmen. Eine entsprechende Analyse wurde, soweit der Verfasserin bekannt, bislang nicht durchgeführt. Aber auch die häufig als Vorbild herangezogene Massenarchitektur der Deutschen Kaiserzeit ist noch wenig erforscht. An dieser Stelle kann daher nicht mehr als eine erste Annäherung an eine formal-gestalterische Charakterisierung der zeitgenössischen historisierenden Architektur erfolgen.

Das historisierende Bauen der Nachwendezeit ist Teil unterschiedlicher, zumeist international wirksamer Strömungen. Hierzu zählt etwa die postmoderne Architektursprache, die in Deutschland auch über die 1980er Jahre hinaus Anwendung findet. Prominente Beispiele sind in Berlin das Quartier Schützenstraße (1994–1998) des Mailänder Architekten Aldo Rossi inklusive der vom Palazzo Farnese kopierten beziehungsweise zitierten Elemente (Abb. D32) und die Britische Botschaft (1998–2000) von Michael Wilford & Partners (London). Von deutschen Büros entworfen wurden etwa in Frankfurt am Main Hans Kollhoffs achteckiger Wohnturm Mainplaza (1998–2002) mit seinen goldenen Spitzen in der „Krone" und das Deutsche Romantikmuseum von Christoph Mäckler (2017–2021, Abb. D33) mit einer Fassade in postmodernen Formen. Bis heute finden sich postmoderne Elemente bei Einfamilienhäusern und Gewerbebauten. Daneben ist seit den 1990er Jahren ein Einfluss des *Classical Building* der angelsächsischen Länder auf die deutsche Architektur erkennbar. Dies betrifft zunächst einige der in Deutschland errichteten Factory-Outlet-Center, die in Anlehnung an Siedlungen des *New Urbanism*

D34

und die US-amerikanische Themenarchitektur maßstabsverkleinerte städtische Ensembles darstellen. Angepasst an die erwartete Klientel wählen die zumeist britischen Konsortien dafür unterschiedliche architektonische Vorbilder.[65] So beziehen sich die Bauten des variantenreichen und buntfarbigen Wertheim Village (2003) unter anderem auf den deutschen Jugendstil, wie er etwa im 100 Kilometer entfernten Darmstadt zu finden ist. Das Outlet-Center in Neumünster (2012, Abb. D34) zeigt ein weniger „poppiges", „realer" erscheinendes Stadtensemble als Verbindung diverser Zeitschichten und Bauweisen inklusive deutscher Fachwerkarchitektur. Zu vermuten ist ein über diese Bauaufgabe hinausreichender Einfluss des *Classical Building* auf die historisierende Architektur in Deutschland. Hierfür steht nicht zuletzt die Vernetzung der VertreterInnen mit deutschen ArchitektInnen des historisierenden Bauens, etwa in dem 2001 unter der Schirmherrschaft des Prince of Wales gegründeten International Network for Traditional Building, Architecture & Urbanism (INTBAU). Wie genau das *Classical Building* auf das historisierende Bauen in Deutschland einwirkt, wurde bislang nicht untersucht und bildet ein zentrales Forschungsdesiderat.

Aufgrund der Vielfalt und Heterogenität zeitgenössischen historisierenden Bauens kann, ausgehend vom heutigen Forschungsstand, eine Charakterisierung nur beispielhaft erfolgen. Die ausgewählten Bauten stehen somit stellvertretend für bestimmte formal-gestalterische Merkmale, erheben aber nicht den Anspruch, alle Aspekte des Phänomens abzudecken.

Als ein Kennzeichen des historisierenden Bauens der Nachwendezeit erscheint im Vergleich zur postmodernen Architektursprache und zur „Anpassungsarchitektur" der 1980er Jahre die Tendenz zu detaillierten, enger am Vorbild orientierten Formen. Zudem wurde das Spektrum der Stile ausgehend von Klassizismus und Historismus ausgeweitet. Beispielhaft hierfür steht das Werk von Hans Kollhoff, dessen Bauten nach einer Phase des streng abstrahierten Klassizismus detaillierte Formübernahmen unterschiedlichster Stile aufweisen: So zeigen die Leibniz-Kolonnaden am Walter-Benjamin-Platz in Berlin (1992; 1997–2000) Elemente des Art déco (Abb. D35), das Hochhaus am Potsdamer Platz (1994–1999) adaptiert den Klinkerexpressionismus der 1920er Jahre, die Stadtgalerie Roter Turm in Chemnitz (2000) lehnt sich an die gotisierenden Kaufhausfassaden des frühen 20. Jahrhunderts an und das Wohnhaus in der Münchener Lamontstraße (2010) erhielt eine neubarocke Gestaltung. Neben einer großen Bandbreite an historischen Stilen haben viele VertreterInnen des historisierenden Bauens

D35

auch modernistisch-zeitgenössische Formen in ihrem Repertoire und können damit flexibel auf die individuellen Wünsche der BauherrInnen und die jeweiligen Kontexte reagieren. Vor allem die lokalen beziehungsweise regionalen Bautraditionen bestimmen die am Ort bevorzugt eingesetzten Stilepochen: Sind dies etwa in Dresden und Potsdam der Barock beziehungsweise der Frühklassizismus, sind es in Berlin der Klassizismus und die Kaiserzeit und in Hamburg der Klinkerexpressionismus sowie das Neue Bauen. Auch Bauaufgabe und repräsentativer Anspruch des Neubaus nehmen Einfluss auf die Stilwahl.

Ein allgemein beliebtes Vorbild bildet die seit den 1970er Jahren wertgeschätzte Architektur des Historismus, insbesondere die plastisch durchgebildete und kleinteilig gegliederte Massenarchitektur der Deutschen Kaiserzeit mit ihrer stadtbildprägenden Bedeutung. Die primären Bauaufgaben des Späthistorismus, Wohnungsbau sowie Hotel-, Geschäfts- und Verwaltungsbau, entsprechen denen des zeitgenössischen historisierenden Bauens. Dieses ist zudem oft in einer städtebaulichen Kontextualisierung begründet: In der Regel treten die Bauten nicht als spektakuläre Beispiele der zeitgenössischen Architektur hervor, sondern binden sich als ein Baustein in ihr Umfeld ein. Mit der engeren Orientierung an den historischen Vorbildern ist eine eindeutige und klar identifizierbare Handschrift der ArchitektInnen oftmals schwer auszumachen und selbst die Entstehungszeit gibt sich zuweilen erst beim genauen Hinsehen zu erkennen. Dieses „Zurücktreten" bis hin zur Anonymität ist gewollt. Wie Robert Patzschke (Patzschke & Partner Architekten, Berlin) betont, sollen sich seine Bauten nicht vordrängen: „Wir wollen keine Architektur machen, die schreit: Hier bin ich!" Dies scheint auch zu funktionieren: „Unsere Gebäude kennt ja niemand. [...] man nimmt sie nicht als Fremdkörper wahr, sie fügen sich ein, man läuft daran vorbei."[66] Auch die klar erkennbare Entstehungszeit der Bauten ist offenbar nicht Ziel der heutigen ArchitektInnen: „,Zeitgenössisch' ist für mich überhaupt gar kein Begriff mehr, der ist völlig aufgelöst"[67] (Jakob Siemonsen).

Trotz einer detaillierteren Gestaltung inklusive Baudetails und Schmuckformen haftet dem Gesamterscheinungsbild jüngerer historisierender Bauten oft ein irritierendes Moment an, das unter anderem wohl den Abweichungen von

D36

den historischen Vorbildern geschuldet ist. Neben neuen Materialien und anders bearbeiteten Oberflächen betrifft dies vor allem die Proportionen: häufig die im Verhältnis zur Wandfläche zu großen Fenster, die zu zahlreichen und zu großen Balkone und Dachgauben sowie die fehlende Differenzierung der Geschosse. Oftmals zeigen zeitgenössische historisierende Bauten im Vergleich zu ihren Vorbildern zudem eine vereinfachte und reduzierte Gestaltung. Beispielhaft hierfür sei ein 2012–2015 errichtetes Wohn- und Geschäftshaus an dem seit 1999 rekonstruierten Stadtkanal in Potsdam (Abb. D36) genannt. Es entstand als eines von zwei seitlich das Brockessche Palais (1776) flankierenden Bauten nach Entwurf von Nöfer Architekten (Berlin). Das dreigeschossige Eckhaus greift mit seinem Sockelgeschoss, den zwei durch pilasterartige Vorlagen verbundenen Obergeschossen und einem profilierten Abschlussgesims samt Attika die Gliederung des Barockbaus auf. In Absetzung von dessen

D37

differenziertem Fassadenbild und reichem plastischem Bauschmuck präsentiert sich der Neubau mit flächig gehaltenen und einheitlich weiß gefassten Putzfassaden jedoch als jüngeres, „modernes" Gebäude. Bestärkt wird dies durch die kontrastierenden schlichten Metallgeländer, vor allem aber die Garagenzufahrt und die Loggien an der Seitenfront, die sich nicht in die historisierende Struktur einbinden. Durch die mittige Platzierung des Eingangs und eines kleinen Balkons entsteht zwar eine Symmetrieachse, diese

findet aber, anders als bei barocken Bauwerken, keine architektonisch-strukturelle Entsprechung. Abweichend von der barocken Gliederung assoziieren die flächigen Fassaden mit den dreigeteilten Obergeschossfenstern und den Fledermausgauben ein Gebäude der Reformzeit, was dem Bauwerk einen durch die modernen Elemente verstärkten eklektischen Charakter verleiht.

Eine klare zeitliche Bezugnahme zeigt dagegen der 2005–2009 von Hentrich Petschnigg und Partner (Düsseldorf) errichtete Hotelbau an der

D38

Düsseldorfer Königsallee (Abb. D37). Entsprechend dem gegenüberliegenden Warenhaus Tietz von Joseph Maria Olbrich (1907–1909) wählten die Architekten das frühe 20. Jahrhundert als gestalterisches Vorbild. Der breitgelagerte mehrgeschossige Hotelbau wird durch ein Gesims in ein Sockelgeschoss sowie durch weitere Gesimse in ein Zwischengeschoss und drei, durch flache Runderker optisch verbundene Hauptgeschosse unterteilt; über dem Kranzgesims tritt ein zweigeschossiger Aufbau zurück, der in einem hohen Dach schließt. Diese Gliederung des Baukörpers entspricht ganz der Bautradition des späten Historismus; mit der Dreiteilung der Fenster und den flachen Erkern greift der Neubau zudem Elemente der

Reformarchitektur des frühen 20. Jahrhunderts auf, verzichtet jedoch auf zeittypischen Bauschmuck. Zu den wenigen dekorativ eingesetzten Details zählen die flachen Blendbogen am Gesims des Sockelgeschosses, die in abstrakter Form Erdgeschossarkaden andeuten. Insgesamt dominiert, bestärkt durch die identischen Obergeschosse, der moderne rasterartige Aufbau mit einer feinstrukturierten, aber akademisch-spröden Fassadengestaltung. Im Kontrast zu den historischen Vorbildern mit stark gegliederten Dachbereichen steht das explizit moderne, als Einheit angelegte Dach mit markanten Einschnitten zur Belichtung.

Auf einen Vorgängerbau derselben Zeit greift das Wohn- und Geschäftshaus von Eckert Negwer Suselbeek ENS Architekten (Berlin) an der Frankfurter Braubachstraße zurück, zeigt dabei jedoch einen anderen Charakter. Der viergeschossige Eckbau mit hohem Mansarddach und großen Zwerchhäusern entstand 2012–2018 als Teil der „Neuen Altstadt". Entgegen der Gestaltungssatzung sind die Fassaden hier in ganzer Höhe einheitlich mit Main-Sandstein-Platten verkleidet, zudem wurden alle Bauelemente, wie Fensterteilungen, Balustraden und Dekor, aus diesem Material gefertigt. Dem dadurch entstehenden homogen-künstlichen Charakter des Gebäudes entsprechen die betont flächigen und additiv gefügten Gliederungs- und Schmuckelemente (Abb. D38).

Einen wiederum anderen gestalterischen Ansatz zeigt das 2004–2007 errichtete fünfgeschossige Wohn- und Geschäftshaus an der Jägerstraße in Berlin (Abb. D39) von Müller Reimann Architekten (Berlin), das eine regelrechte „Überfülle" an historisierenden Elementen aufweist. In seiner Gesamterscheinung lehnt sich der Bau damit an die kleinteilig gegliederten und reich geschmückten Wohnhausfassaden des Späthistorismus an. Bestimmende Elemente sind die profilierten, an den Balkonen verkröpften Gesimse und die Balustrade über dem Kranzgesims. Fassadenrücksprünge bei den Balkonen und tiefe Fensterlaibungen führen darüber hinaus zu einer stark plastischen Gliederung der Fassaden; eine zusätzliche Belebung bewirkt der Materialwechsel aus Sichtbackstein, Stein und Putz. Auffallend ist der im Vergleich zu den historischen Vorbildern wenig differenzierte Einsatz normierter Bauelemente, die sich im Fall der Gesimse zudem durch fremdartig weiche Formen mit gerundeten Linien

auszeichnen. Im scharfen Kontrast zu dem ansonsten einheitlich späthistoristischen Vokabular stehen die großen bodentief verglasten Fenster der abgerundeten Gebäudeecke, die damit ein explizit „modernes" Element integriert.

Ebenfalls reich gegliederte und zudem farbig gefasste Fassaden finden sich in den Berliner Geschosswohnbauten von Nöfer Architekten (Berlin), darunter den 2010–2013 errichteten Häusern im Beuth-Hof Nord und Beuth-Hof Süd. Während die Straßenfronten einen Wechsel individuell gestalteter Fassaden mit unterschiedlich plastischer Gestaltung zeigen (Abb. D40), geben die Hoffronten mit einer Vielzahl von Loggien und großen hervortretenden Balkonen ein teilweise verwirrendes Bild der Fülle. Kennzeichnend für

D39

D40

diese Bauten ist die Verbindung historisierender Strukturen – verputzte Sockelgeschosse, Wandlisenen, profilierte Gesimse – mit Elementen der „Architekturmoderne" der 1920er Jahre. Hierzu zählen horizontale Fenster- und Brüstungsbänder und vor allem die Farbfassung in kräftigen Gelb- und Rottönen, die an die Berliner Bauten eines Bruno Taut denken lassen.

Neben dem Späthistorismus kann gerade in den letzten Jahren die „Architekturmoderne" als ein häufiges Vorbild für das zeitgenössische historisierende Bauen gelten. Auch hier spielen die Bauaufgabe und die Kontextualisierung eine Rolle und werden oftmals lokale Traditionen aufgegriffen, wie etwa die des sozialen Wohnungsbaus der 1920er Jahre in Frankfurt am Main und Hamburg. In Frankfurt folgt unter anderem Stefan Forster (Frankfurt am Main) bei seinen Geschosswohnungsbauten diesen Vorbildern (Abb. D41), in Hamburg Tchoban Voss Architekten (Hamburg);[68] in München entstand ein entsprechender Bau nach Entwurf von Hilmer & Sattler und Albrecht (München/Berlin).[69] Anders als bei der Referenz auf ältere Stile sind diese historisierenden Bauten in der Regel nicht eklektisch, sondern beschränken sich auf dieses eine Vorbild.

Ebenso historisierend, aber auf einem anderen Verständnis beruhend, sind die Bezugnahmen auf die Ikonen der „Architekturmoderne". Besondere Bedeutung kommt hier Le Corbusiers Werk der 1920er Jahre zu, das, bereits in den

D41

D42

1960/1970er Jahren von den New York Five rezipiert, bis heute in unterschiedlichen Kontexten als Vorbild herangezogen wird (Abb. D42). Hintergrund ist dabei vor allem die Vorstellung einer zeitlos gültigen, „klassischen" Architektur, der man sich zitierend oder durch formale Annäherung zugehörig erklärt.[70]

Einen analogen Anspruch auf „zeitlose" Formen vertreten – allerdings mit ganz anderen formalen Referenzen – Projektentwickler für historisierende Wohnbauten im gehobenen Preissegment. Entworfen von verschiedenen zumeist etablierten Architekturbüros und InnenraumgestalterInnen liefern sie den KundInnen fertige „wertbeständige" Gesamtprodukte.[71] In Berlin entstand

2014–2017 nach Entwurf von Sebastian Treese Architekten (Berlin/München) das „Stadtpalais Eisenzahn 1" (Abb. D43) durch den Entwickler Ralf Schmitz (Berlin, Düsseldorf, Hamburg, Kempen)[72], das sich mit Stilreminiszenzen an die Zeit um 1900 in die späthistoristische Straßenflucht des Wohnblocks einbindet. Auch das 2015 nach Entwurf von Patzschke & Partner Architekten (Berlin) errichtete Wohn- und Geschäftshaus „Palais am Reitweg" für den Projektentwickler Planbau Schwaben (Stuttgart)[73] fügt sich unauffällig in seine Umgebung, hier den Stuttgarter Westen, ein (Abb. D44). Für die achtgeschossigen Wohnbauten der LAGRANDE Group GmbH (Berlin) wählte dasselbe Büro 2014/15 den in Berlin verbreiteten Neoklassizismus als Weiterführung der lokalen Bautradition (Abb. D45).[74]

Abgesehen von den jüngsten Rückgriffen auf den Wohnungsbau der 1920er Jahre zeigen sich zeitgenössisch historisierende Bauten oftmals als eklektische Verbindungen verschiedener Stile. Hilfreich sei laut Jakob Siemonsen, ein möglichst großes Stilrepertoire zu haben, um es im Entwurf jeweils passend zusammenfügen zu können.[75] Gerade in dieser Verbindung und Neukomposition liegt nach Robert Patzschke die zentrale Aufgabe der ArchitektInnen: „Alle Architekten sind Eklektizisten. Jeder Architekt sucht sich Formen heraus, bewusst oder unbewusst, die ihm gefallen […]. Und was einen Architekten auszeichnet, ist, dass er in der Lage ist, aus diesem Wust an vorhandenen Formen ein kohärentes Gesamtbild, ein stimmiges Gesamtkonzept zusammenzusetzen."[76]

Die immer wieder, und oft zu Recht, bemängelte gestalterische Qualität des zeitgenössischen historisierenden Bauens ist zum Teil darauf zurückzuführen, dass dieses seit Jahrzehnten an deutschen Hochschulen nicht oder kaum gelehrt wird. Auch die Analyse historischer Bauten im Kontext der Architektur- und Baugeschichte, die entsprechende Kenntnisse vermitteln könnte, spielt im Architekturstudium häufig keine zentrale Rolle. Beides wird von VertreterInnen des zeitgenössischen historisierenden Bauens beklagt.[77] Wie Tobias Nöfer feststellt, könne man beim Einsatz historischer Bauformen „schon sehr viel falsch machen" und gehöre zu einer Weiterentwicklung historischer Formen zwingend deren Kenntnis.[78] 2016 hat er ein *Handbuch Planungshilfe. Architektonische Details*[79] herausgegeben, das für die

technische Detailausbildung im historisierenden Bauen Hilfestellung leisten soll. Die Gestaltung selbst bleibt für die ArchitektInnen aber weiterhin schwierig und auch das Handbuch bietet dafür nur sehr allgemeine Hinweise, etwa bezüglich der Proportionen: „Der Maßstab des Fassadenschmucks orientiert sich an der Dimension und Strukturierung des Bauteils, zu dem es [sic] gehört. Zu feine Details auf zu großer Fläche sind ebenso unpassend wie zu dominante Applikationen […]."[80]

Keine Beachtung findet bislang, dass auch das historisierende Bauen der Nachwendezeit einer stilistischen Entwicklung zu unterliegen scheint. Beispielhaft hierfür mag ein Vergleich des Hotel Adlon (1995–1997, Abb. D46) mit den jüngeren Wohnbauten von Patzschke & Partner Architekten (2014–2015, Abb. D47) stehen. Hierzu wäre jedoch eine vertiefte Untersuchung notwendig, die in dieser Arbeit nicht geleistet werden kann.

ANMERKUNGEN
1   Le Corbusier, Charta von Athen, 1933, 2. Teil, § 70, deutsche Übersetzung zitiert nach Hilpert 1984, S. 153
2   Vortrag auf dem Tag für Denkmalpflege und Heimatschutz in Kassel, zitiert nach Pinder 1934, S. 79, 84
3   Rosenberg 2009, Zitat S. 3
4   Kohlrausch 2014, S. 190f.; Popiołek-Roßkamp 2021, S. 312f.
5   März 1958; Dorn 2017, S. 368f.; Popiołek-Roßkamp 2021, S. 313
6   Dirks 1947, zitiert nach: Dolff-Bonekämper 2011, S. 162f.
7   Bingener/Stojan 2013; Sonne 2014, v. a. S. 212–245; Wiederaufbau BRD 2015; Enss 2016; Engelberg-Dočkal/Meier 2018, S. 33
8   Vgl. Kirchner 2010
9   In der vierten Auflage zudem 1984; vgl. Voigt 1992, S. 247f.
10 Rieseberg/Sommer 1985, S. 8
11 Vgl. Engelberg-Dočkal/Vogel 2013; Angermann/Hilse 2013
12 Meckseper 1983, S. 99
13 Vgl. zum Platz der Akademie: Urban 2007, S. 193–206; zu Hildesheim: Engelberg-Dočkal/Meier 2018, S. 39f.; zum Leibnizhaus: Engelberg-Dočkal 2016b, S. 11f.
14 Urban 2007, S. 99–130
15 Engelberg-Dočkal 2019c, S. 124f.
16 Engelberg-Dočkal 2016b. Mit der „Neuen Altstadt" (2012–2018) wurde das Areal in Teilen zerstört (ebd. S. 14f.).
17 Engelberg-Dočkal 2016b; Engelberg-Dočkal 2019b, S. 101f., 105
18 Mick 2018, S. 63

D43

D44

19 Bartetzky 2006, S. 63; vgl. Popiołek-Roßkamp 2021, S. 314f., 320, 328. Urban nennt den Einfluss Elbings auf historisierende Altstädte des späten 20. und frühen 21. Jahrhunderts in Polen sowie in Berlin und Frankfurt: Urban 2021, S. 20f.; vgl. den Vergleich Elbinger Altstadt und Berliner Nikolaiviertel S. 150–152
20 Mit Dank für den Hinweis an Kirsten Angermann
21 Engelberg-Dočkal 2010b
22 Ebert/Nuethen 2013
23 Vgl. Angermann/Engelberg-Dočkal 2016; Angermann 2021, v. a. S. 21–24
24 Vgl. Urban 2007, S. 193–206; https://www.berlin.de/landesdenkmalamt/_assets/pdf-und-zip/aktuelles/kurzmeldungen/eplatz_der_akademie_ensembleteil_2020-10-21.pdf (letzter Zugriff: 17.12.2022)
25 Gemälde des DDR-Malers Fritz Fröhlich, Bundesministerium für Arbeit und Soziales in Berlin, 1986. Mit Dank für die Information an Angelika Weißbach, Museum Utopie und Alltag, Beeskow
26 de Maizière 1990
27 Engelberg-Dočkal 2019c, S. 127
28 Engelberg-Dočkal 2017b, S. 120
29 Berliner Rede 1997 von Bundespräsident Roman Herzog, https://www.bundespraesident.de/SharedDocs/Reden/DE/Roman-Herzog/Reden/1997/04/19970426_Rede.html (letzter Zugriff: 1.7.2022)
30 Driftmann 2009; vgl. Altrock et al. 2010, S. 121
31 Vgl. Marek 2009, S. 48, 147–150, 158–165
32 Ansprache von Bundespräsident Horst Köhler zur Eröffnung der Dresdner Frauenkirche, https://www.bundespraesident.de/SharedDocs/Reden/DE/Horst-Koehler/Reden/2005/10/20051030_Rede.html (letzter Zugriff: 1.7.2022); vgl. Marek 2009, S. 145
33 Abschließende Mitteilung des Bundesrechnungshofes an

die Bundesbeauftragte für Kultur und Medien, https://www.bundesrechnungshof.de/SharedDocs/Downloads/DE/Berichte/2021/garnisonskirche-in-potsdam-volltext.pdf?__blob=publicationFile&v=1 (letzter Zugriff: 22.12.2022); Häntzschel 2022; Kramer 2022
34 Altrock et al. 2010, S. 143; Maaß 2015, u. a. S. 253–258
35 Altrock et al. 2010, S. 140; Engelberg-Dočkal/Meier 2018, S. 41f.
36 Landeshauptstadt Potsdam, Stadtverwaltung, Fachbereich Stadtplanung und Stadterneuerung, https://potsdamer-mitte.de/sanierungsverfahren (letzter Zugriff: 4.7.2022)
37 Vgl. Meier 2020, S. 71f.
38 Landeshauptstadt Potsdam, Stadtverwaltung, Fachbereich Stadtplanung und Stadterneuerung, https://potsdamermitte.de/ (letzter Zugriff: 4.7.2022)
39 de Maizière 1990
40 Mameli 2021, S. 103
41 Vgl. zuletzt Bressler et al. 2022
42 Engelberg-Dočkal/Meier 2018, S. 43, 40 (Hildesheim); vgl. Rauterberg 2018, S. 199f.
43 Vgl. Engelberg-Dočkal 2016b, S. 14f.
44 Santifaller 2018; vgl. Maaß 2015, S. 456–459, 472; Alexander 2018b, S. 72f., 82, 85
45 Gestaltungssatzung beschlossen am 10.12.2009, https://www.domroemer.de/sites/default/files/field_download_file/gestaltungssatzung.pdf (letzter Zugriff: 29.01.2023)
46 Vgl. Sturm/Schmal 2018
47 Alexander 2018b, S. 83f.
48 Vgl. Mühlbauer 2018; Sturm/Schmal 2018
49 Meier 2020, S. 65f., 70, 197–199
50 Frankfurtbaut 2018, S. 6f.
51 Ebd., S. 20
52 Gestaltungsleitfaden Gründungsviertel, Lübeck, 2015, https://www.gruendungsviertel.de/gestaltungsleitfaden.

D45

html?file=files/inhalte/downloads/broschueren/GV_Der%20 Gestaltungsleitfaden.pdf, hier S. 7, 59 (letzter Zugriff: 12.12.2022)

53 Meyer 2012, S. 28f.

54 Hansestadt Lübeck, Grundstücks-Gesellschaft TRAVE mbH, Gründungsviertel, https://www.gruendungsviertel.de/ fragen.html (letzter Zugriff: 27.12.2022)

55 Meyer 2012

56 Klemme 2022

57 Hansestadt Anklam, Marktquartiere – Neubau Marktwest- und Marktostseite, https://anklam-baut.de/ projekte/marktquartiere/ (letzter Zugriff: 25.1.2023); Neugestaltung Marktostseite Hansestadt Anklam, Masterplanung, https://www.anklam.de/media/custom/542_2848_1. PDF?1363873197 (letzter Zugriff: 4.7.2022)

58 Tchoban Voss Architekten, Wettbewerbsbeitrag Anklam Marktostseite, 2012, https://tchobanvoss.de/project/show/ DE/71a1484d-83ce-898c-1267-542bd5fd73d2 (letzter Zugriff: 29.12.2022)

59 Hansestadt Anklam, Hansequartiere, https://anklam-baut. de/projekte/hansequartiere/ (letzter Zugriff: 4.7.2022)

60 Marc Kocher Architekten, Stadtquartier Anklam ab 2013, https://www.kocher-architekten.com/stadtquartier-anklam (letzter Zugriff: 29.12.2022)

61 Bauantrag für Anklamer Hansequartier eingereicht, MV1 – Heimat bewegt, https://www.youtube.com/watch?v=KQ-L1PMQsJM (letzter Zugriff: 30.12.2022)

62 Klemme 2022

63 Spinrath/Maus 2019

64 Maaß 2015, u. a. S. 499; Wolfschlag/Hoffmann 2021, S. 10; vgl. Meier 2009, u. a. S. 59, 65; Altrock et al. 2010, u. a. S. 1, 77f., 122, 132

65 Vgl. Engelberg-Dočkal 2017b, S. 126; Rabl 2020

66 Robert Patzschke im Interview mit der Verfasserin am 26.2.2016; Patzschke 2017, S. 66, vgl. S. 62

67 Jakob Siemonsen im Interview mit der Verfasserin am 13.7.2015; vgl. Patzschke 2017, S. 72

68 Tchoban Voss Architekten, Wohnquartier, Rhiemsweg, Hamburg, 2018, https://tchobanvoss.de/project/show/ de/46f82144-12c4-b9c1-d578-311bd0baf285 (letzter Zugriff: 7.1.2023)

69 Hilmer & Sattler und Albrecht Architekten, Wohngebäude Wotanstraße, München, 2007–2009, https://www.h-s-a.de/ index.php/projekte/wotanstrasse/1 (letzter Zugriff: 8.1.2023)

70 Vgl. Engelberg-Dočkal 2019a; Engelberg-Dočkal 2021a

71 Vgl. Schäche/Pessier 2014

72 RALF SCHMITZ GmbH, https://www.ralfschmitz.com/ berlin/eisenzahn-1/ (letzter Zugriff: 21.1.2023); vgl. Schäche/ Pessier 2014

73 Planbau Schwaben Objekt, http://www.palais-am-reitweg. de/index.html (letzter Zugriff: 21.1.2023)

74 Patzschke & Partner Architekten, Projekte, https:// patzschke-architektur.de/portfolio/wohnen-am-spittelmarkt/ (letzter Zugriff: 4.2.2023)

75 Vgl. Jakob Siemonsen im Interview mit der Verfasserin am 13.7.2015

76 Robert Patzschke im Interview mit der Verfasserin am 24.2.2016; Patzschke 2017, S. 70

77 Unter anderem von Jakob Siemonsen im Interview mit der Verfasserin am 13.7.2015; Christoph Kohl im Interview mit der Verfasserin am 23.11.2016; Tobias Nöfer im Interview mit der Verfasserin am 17.8.2015; vgl. Wojtek Grabianowski, in: Grabianowski/Hein 2011, S. 62

78 Tobias Nöfer im Interview mit der Verfasserin am 17.8.2015

79 Nöfer 2016. Mit Dank für den Hinweis an Ortrun Bargholz

80 Ebd., S. 148

D46

D47

NIEDERLANDE

„The style of choice is postmodern, and it will always remain so. […] Postmodernism is not a doctrine based on a highly civilized reading of architectural history but a method, a mutation in professional architecture that produces results fast enough to keep pace with the Generic City's development. […] All resistance to postmodernism is anti-democratic."[1]
(Rem Koolhaas, Generic City, 1995)

„Die niederländische Avantgarde-Architektur wird in Fachkreisen gefeiert. Gebaut wird etwas ganz anderes."[2]
(Bernard Hulsman, 2001)

Die Niederlande definierten sich lange Zeit als „architektonische Avantgarde-Nation"[3] und beriefen sich zugleich auf eine nationale Tradition des Modernismus[4]: Nach dem Ersten Weltkrieg entstanden mit den modernistischen Bauten eines Jan Duiker, Cornelis van Eesteren, J. J. P. Oud und Mart Stam frühe Beispiele des *Nieuwe Bouwen* (Neues Bauen), das, nicht zuletzt durch eine geschickte Propaganda, international Beachtung fand.[5] Mit dem Wirtschaftsboom der 1990er Jahre traten die Niederlande erneut mit spektakulären Neubauten hervor. Hierzu zählen etwa die Arbeiten von Ben van Berkel/UN Studio, Rem Koolhaas/OMA oder dem Büro MVRDV, dessen Pavillon aus „gestapelten" niederländischen Landschaften die Hauptattraktion der EXPO 2000 bildete. Als „Zweite Moderne der niederländischen Architektur" erhielt diese Strömung mit dem Buch *SuperDutch* (2000), das zeitgleich in den Niederlanden, in den USA und in Deutschland erschien, ihren medial wirksamen Namen.[6] Einmal mehr bestärkte dieser Superlativ die Vor-

stellung der Niederlande als Vorreiter der internationalen „Architekturmoderne".

Die Konstruktion einer nationalen avantgardistischen Tradition gründet maßgeblich auf der Architekturhistoriografie, die lange Zeit auf das *Nieuwe Bouwen* mit dem Anspruch einer rationalen, funktionalen und international gültigen Architektur fokussierte.[7] Die zahlenmäßig starken Strömungen des historisierenden und traditionalistischen Bauens wurden zugleich marginalisiert und, versammelt unter dem Namen *Delftse School* (Delfter Schule), mit autoritären Strukturen, dem Katholizismus sowie politisch konservativen bis reaktionären Haltungen verbunden.[8] Mit ihren malerischen Kompositionen, Satteldächern und Backsteinwänden beriefen auch sie sich auf die niederländische Bautradition, jedoch nicht im Sinne des immer Neuen, sondern als Weiterführung landesspezifischer Merkmale eines ländlichen oder kleinstädtischen Bauens.

Bedeutung hatten diese historisierenden und traditionalistischen Strömungen in den Nieder-

N1

landen auch für den Wiederaufbau nach den Zerstörungen des Zweiten Weltkrieges. Während etwa die Innenstädte von Arnheim/Arnhem oder Rotterdam neu in modernistischen Formen entstandenen, wurde andernorts versucht, die regionalen beziehungsweise lokalen Bautraditionen weiterzuführen. Beispielhaft hierfür sind die historisierend wiederaufgebauten Stadtzentren von Middelburg (Abb. N1 und N2), Rhenen und Sluis, die, anders als die prominenten modernistischen Lösungen, in der Forschung lange unbeachtet blieben.[9] Der Wiederaufbau von Middelburg war für seine Planer dagegen programmatisch und sollte, als Zeichen des Widerstandes und des Bekenntnisses zur niederländischen Kultur, als Modell für das ganze Land dienen.[10] Zur stärkeren städtebaulichen Inszenierung von Rathaus und Abtei, die als wichtigste historische Monumente der Stadt galten, sowie für die gewünschte Einheitlichkeit und Regularität des Stadtkerns wurden eigens Straßenverläufe verlegt. Die individuell entworfenen Hausfassaden folgen dem lokalen Leitbild des 17. und 18. Jahrhunderts; nur im Einzelfall griff man auf andere historische Stile zurück, um ein abwechslungsreiches Bild zu garantieren. Aus diesem Grund war es den beteiligten ArchitektInnen auch untersagt, direkt nebeneinanderliegende Häuser zu entwerfen.[11]

Insgesamt zeigt die niederländische Nachkriegsarchitektur ein breites Spektrum formal-gestalterischer Ansätze.[12] In der Entwurfslehre der Technischen Universität Delft als damals größter Ausbildungsstätte für ArchitektInnen in den Niederlanden dominierte der Modernismus, allerdings wurden auch traditionalistische Ansätze vermittelt,[13] die oftmals mit historisierenden

N2

N3

Gestaltungen einhergehen. Der Traditionalismus fand vor allem im Wohnungsbau und im ländlichen Bauen Widerhall. Prominent sind die Bauten von Jos Bedaux (1910–1989) in Noord-Brabant, die bis in die 1970er Jahre im sogenannten Bedaux-Stil regionale Bautraditionen mit unterschiedlichen historisierenden Formen verbanden.[14]

Mit der gesteigerten Wertschätzung regionaler und lokaler Bautraditionen und einem neuen Interesse an historischer Architektur insgesamt trat in den 1970er Jahren auch die niederländische „Architekturmoderne" der Zwischenkriegszeit in den Fokus der architekturhistorischen Forschung und der Entwurfslehre. Während die Technische Universität in Delft mit der Methode der „Plananalyse" historische Gebäudetypologien, insbesondere des Modernismus, auf ihre Verwendbarkeit hin untersuchte, legte die 1968 gegründete Architekturfakultät der Technischen Universität Eindhoven Mitte der 1970er Jahre einen Schwerpunkt auf Architekturgeschichte und -theorie.[15]

Das neue Interesse an der niederländischen „Architekturmoderne" betraf neben dem *Nieuwe Bouwen*[16] auch die Arbeiten der Künstlergruppe *De Stijl* (Der Stil) und den Backsteinexpressio-

nismus der *Amsterdamse School* (Amsterdamer Schule) als weitere prominente nationale Sonderformen der 1920/1930er Jahre.[17] Gleichzeitig mit der Erforschung und Verbreitung durch Publikationen und Ausstellungen wurden Bauten dieser Strömungen saniert und unter Denkmalschutz gestellt, etwa die Wohnblöcke von Michiel de Klerk an der Amsterdamer Vrijheidslaan, vormals Amstellaan (1921/22; 1974; Abb. N3), das Utrechter Wohnhaus Schröder von Gerrit Rietveld (1924/25; 1976) und Jan Duikers Freiluftschule in Amsterdam (1929/30; 1985). Als Ikone der niederländischen „Architekturmoderne" rekonstruierte Carel Weeber 1985/86 die Fassade des kriegszerstörten Café de Unie in Rotterdam (J. J. P. Oud, 1925) – da der frühere Bauplatz nicht mehr verfügbar war an anderer Stelle der Innenstadt.

Die 1980er Jahre stehen für ein neues umfassendes Interesse an historischer wie aktueller Architektur. Als nationales Kulturgut erhielt das Bauschaffen seit der ökonomischen Krise der späten 1970er Jahre umfassende staatliche Förderung und war damit ein zentraler Teil der niederländischen Kulturpolitik.[18] 1988 wurde das Nederlands Architectuurinstituut gegründet (2013 fusioniert zu Het Nieuwe Instituut), das seinen Sitz nicht in Amsterdam oder Den Haag fand, sondern im modernistisch wiederaufgebauten Rotterdam. Aufgabe des Instituts ist es, die nationale Architektur zu dokumentieren, zu erforschen und in Ausstellungen und Publikationen zu verbreiten, wobei ein Schwerpunkt auf der Moderne liegt und lange Zeit damit vor allem modernistische Bauten gemeint waren;[19] zudem ist das Institut seit 1988 Herausgeber des nationalen Jahrbuchs *Architectuur in Nederland*.[20]

N4

Das dem modernistischen Institutsgebäude (Jo Coenen, 1988–1993) benachbarte Haus Sonneveld (Brinkman & Van der Vlugt, 1932/33), eine weitere Ikone des *Nieuwe Bouwen*, fungiert seit 2001 als Museumswohnung. Ebenfalls 1988 startete an der Technischen Universität Eindhoven das Projekt Docomomo zur Dokumentation und Erhaltung der Bauten des niederländischen Modernismus.

Zur selben Zeit wurde in Neubauten auf die „Architekturmoderne" der Zwischenkriegszeit zurückgegriffen, vor allem auf die spezifischen niederländischen Spielarten.[21] Als Beispiel für die Rezeption des *Nieuwe Bouwen* seien die Wohnkomplexe Motorwal am Amsterdamer Ijplein von OMA/Rem Koolhaas (1982–1987) und Merodeplein in Tilburg von Bedaux de Brouwer

Architecten (1986–1989) genannt. Dieses als „Neo-Modernismus" bezeichnete Phänomen zeigt eine zunehmende Freiheit in Auswahl und Kombination der historischen Vorbilder. Beispielhaft für diesen eklektischen Ansatz steht die Siedlung in Prinsenland, Rotterdam von Mecanoo (1991–1993) mit Bezugnahmen auf sowohl das *Nieuwe Bouwen* als auch die Amsterdamer Schule.[22] Neben der Typologie (wie dem Zeilenbau der 1920/1930er Jahre) und der Formensprache dieser Strömungen wurden auch einzelne Motive zitathaft übernommen, etwa die langen, zueinander versetzten und über die Geschosse hinweg (optisch) verbundenen Balkonreihen von De Klerks Wohnblöcken (Abb. N4). Vor allem ab den 1990er Jahren entstanden verstärkt Neubauten in Formen der *Nieuwe Haagse School*

N5

(Neue Haager Schule), die sich an den Arbeiten von H. P. Berlage orientiert.[23]

Zusätzlich zur formal-gestalterischen Bezugnahme auf die „Architekturmoderne" der Zwischenkriegszeit berief man sich auch auf deren Selbstverständnis als Avantgarde und prägte mit kontrastierenden und immer spektakuläreren Bauten die Vorstellung einer nationalen Tradition des „SuperDutch". Präsentiert wurde die neue „Architekturavantgarde" 1991 im niederländischen Beitrag zur fünften Architekturbiennale unter dem Titel „Modernism without

Dogma".[24] Zur selben Zeit erwuchsen jedoch Zweifel an dem Rückgriff auf eine vor Jahrzehnten entwickelte Formensprache und einer Haltung, die andere Ansätze auszuschließen suchte. Entsprechend stieß die Entwurfslehre an der Technischen Universität in Delft unter dem Begriff des „Schullehrermodernismus" auf Kritik.[25] 1990 fragte Rem Koolhaas auf dem Symposium der Delfter Architekturfakultät mit dem Titel „Wie modern ist die niederländische Architektur?", wie es dazu komme, dass in den Niederlanden das *Nieuwe Bouwen* weiterhin Ausgangspunkt und Inspirationsquelle bleibe: „Geht es hier um das geduldige Kultivieren einer noch immer bewunderungswürdigen Tradition oder um den krampfhaften Rückfall in eine vergangene Hochzeit?"[26]

Bestimmend ist bis heute das zu dieser Zeit geprägte Bild einer „lebendigen Tradition"[27] des niederländischen Modernismus. Unabhängig davon, ob man in diesem eine ungebrochene Weiterführung der nationalen Bautradition oder aber den retrospektiven Zugriff auf eine historisch gewordene Formensprache (im Sinne eines „Neo-Modernismus") sehen wollte, schienen die Niederlande damit einen Sonderweg zu gehen. Dies gilt vor allem angesichts der oftmals bunten und ironisch-verfremdeten postmodernen Architektursprache anderer westeuropäischer Länder. Die Bezugnahmen auf die „Architekturmoderne" der Zwischenkriegszeit wurden daher – quasi zur Ehrenrettung der „architektonischen Avantgarde-Nation" – als spezifischer Beitrag zur Postmoderne präsentiert: „[…] eigentlich war der Neo-Modernismus nichts anderes als eine typische niederländische, moralistische

Variante der Postmoderne."[28] Tatsächlich zählen der historisierende Ansatz, das zitathafte Aufgreifen von Gestaltungsmotiven und das eklektische Entwurfsverfahren zu den Kennzeichen der architektonischen Postmoderne.

Die internationale postmoderne Architektursprache passte dagegen nicht ins Selbstbild der Niederlande. Beispielhaft hierfür mag die Kampagne von Aldo van Eyck, langjähriger Professor an der Technischen Universität in Delft und einflussreicher Wortführer des Strukturalismus, stehen, der die Postmoderne, etwa in seinem Vortrag am Royal Institute of British Architects „Rats, posts and other pests (1981)"[29], strikt ablehnte. Entsprechend ist die Meinung der niederländischen Fachwelt: „Die Postmoderne hat hier kaum Wiederhall gefunden."[30] Dennoch existiert sie, wenn auch gerne übersehen: Während der Modernismus im „Scheinwerferlicht der Architekturzeitschriften" stand, „gelang der Postmoderne fast geräuschlos der Durchbruch".[31] Von den zahlreichen in den Niederlanden entstandenen Bauten postmoderner Architektursprache seien beispielhaft genannt Piet Bloms Kubushäuser in Helmond (1974/75), Carel Weebers Wohnanlage De Peperklip (1979–1982) und sein Gefängnisbau De Schie (1986–1989), beide in Rotterdam, Wim Quists Museon in Den Haag (1980–1985), Sjoerd Soeters Wohnhaus Bakels in Haarlem (1983–1985) und seine Veranstaltungshalle Circus Zandvoort (1986–1991) sowie Mart van Schijndels Amsterdamer Grachtenhaus am Rokin 99 (1990, Abb. N5). Daneben kamen prominente ausländische Büros zum Zuge, etwa Aldo Rossi mit dem Bonnefantenmuseum in Maas-

N6

tricht (1990–1995), Alessandro Mendini mit dem Groninger Museum (1992–1994) und John Outram mit dem Einkaufszentrum Snoeptrommel in Den Haag (1995–1999); das Areal De Resident in Den Haag (1998–2001) entstand nach Masterplan von Rob Krier mit Bauten von unter anderem Michael Graves, Adolfo Natalini und Cesar Pelli. Wie der Architekturkritiker Bernard Hulsman 1998 prophezeite, war dies nicht das Ende der „postmodernen Bauwelle" in den Niederlanden.[32] Diese Strömung scheint vielmehr bis heute anzuhalten, etwa in den Bauten eines Sjoerd Soeters (Soeters Van Eldonk), wie dem Einkaufsareal Parade in Nootdorp (1997–2003) und dem Amsterdamer Apartmentgebäude De Piramides (2000–2006, Abb. N6), oder im

Werk von Molenaar & Van Winden Architecten mit dem Hotel Inntel in Zaandam (2006–2010, Abb. N7).

Neben der formal-gestalterischen Bezugnahme auf die nationale „Architekturmoderne" der Zwischenkriegszeit sowie den niederländischen Strömungen der Amsterdamer Schule und der *Nieuwe Haagse School*, den avantgardistischen Bauten des „SuperDutch" und der postmodernen Architektursprache trat in den 1990er Jahren eine weitere historisierende Strömung auf

den Plan, die in den Niederlanden gemeinhin als *Neo-Traditionalisme* oder *Nieuwe Traditionalisme* (Neo- oder Neuer Traditionalismus), *Hedendaags Traditionalisme* (Zeitgenössischer Traditionalismus) oder auch *Nieuwe Traditie* (Neue Tradition) bezeichnet wird. Die Begriffsbildungen basieren offenbar auf den Selbstbezeichnungen der VertreterInnen vor allem des angelsächsischen Raumes, etwa im Namen des International Network for Traditional Building, Architecture & Urbanism (INTBAU). Anders als die Bauten in postmoder-

N8

ner Formensprache orientiert sich diese Strömung enger an den historischen Vorbildern und verzichtet auf Verfremdungen, und anders als der „Neo-Modernismus" der 1980er Jahre mit seinem Fokus auf der „Architekturmoderne" greift sie unterschiedlichste Stilvorbilder auf.

Zugleich unterscheidet sich die jüngere historisierende Architektur von den traditionalistischen Strömungen der Zwischen- und Nachkriegszeit, die in Absetzung vom Historismus mit seinen Neo-Stilen eine vermeintlich regionale oder lokale Bautradition, bevorzugt des ländlichen oder kleinstädtischen Bereichs, neu beleben wollten. Dieser Traditionalismus fungiert als historische Strömung nun selbst als Vorbild des sogenannten *Neo-Jarendertigstijl* (Neo-Dreißigerjahre-Stil; Abb. N8). Die formal-gestalterischen Bezugnahmen begannen auch hier parallel zur Erforschung dieser Tendenzen: 1988 erschien ein früher Beitrag von Hans Ibelings zur traditionalistischen Architektur der Zeit von 1900 bis 1960[33], gefolgt von mehreren monografischen Arbeiten zu einzelnen

VertreterInnen[34] sowie Vincent van Rossems Abhandlung zu traditionalistischen Strömungen des 20. Jahrhunderts in der niederländischen Architekturhistoriografie[35]. Ein Schwerpunkt liegt dabei jeweils auf dem Städtebau, weniger auf der konkreten architektonischen Gestaltung der Bauwerke. Dem entspricht der Fokus von Ibelings (2003) und Joos Kingma (2012) auf den traditionalistischen Gartensiedlungen der 1930er Jahre samt deren Vorbildfunktion für den heutigen Einfamilienhausbau.[36]

Vor diesem Hintergrund erscheinen die im Niederländischen verwendeten Begriffe des *Neo-, Nieuwe* oder *Hedendaags Traditionalisme* für das zeitgenössische historisierende Bauen irreführend, meint letzteres doch nicht allein den

N9

Zugriff auf diese eine historische Sprache als „Neo-Dreißigerjahre-Stil", sondern auf ganz verschiedene Stilvorbilder der Geschichte. Irreführend sind diese Begriffe auch, da es sich beim zeitgenössisch historisierenden Bauen vielfach nicht um eine wiederaufzugreifende oder vermeintlich fortzuführende regionale oder lokale Bautradition im Sinne des Traditionalismus handelt. Insbesondere die verbreiteten klassizistischen Ansätze mit Säulenportiken und Giebeln berufen sich vielmehr auf eine als allgemeingültig und damit international verstandene Sprache. Aber auch die vielfachen Anlehnungen an Bauten des niederländischen Historismus (Abb. N9) sind als Beispiele einer städtischen, industriellen und rationalen Bauweise kaum unter den Begriff des Traditionalismus zu fassen. Das zeitgenössische historisierende Bauen ist entsprechend nicht als ein bloßes Aufgreifen und Weiterführen älterer traditionalistischer Strömungen des 20. Jahrhunderts zu verstehen.

Wie der niederländische „Neo-Modernismus" der 1980er Jahre wurde auch die historisierende Architektur unter der Bezeichnung *Neo-Traditionalisme* als Spielart der internationalen Postmoderne gelesen.[37] Stimmig ist diese Deutung, wenn man als deren Kennzeichen den freien Zugriff auf historische Vorbilder und die Pluralität unterschiedlicher Haltungen versteht und die Postmoderne zudem als eine über die 1980er Jahre hinaus existente Geistesepoche betrachtet.[38] Tatsächlich zeichnet sich die niederländische Architektur seit den 1980er Jahren durch eine wachsende Vielfalt der Ansätze aus: vom „Neo-Modernismus" über die postmoderne Architektursprache und die spektakuläre „SuperDutch"-

Architektur bis hin zu Rückgriffen auf diverse historische Stile inklusive des Traditionalismus der 1930er Jahre (*Neo-Jarendertigstijl*). Diese Ausweitung des Spektrums fiel zusammen mit einer sich ausdifferenzierenden Bevölkerung mit unterschiedlichen Vorlieben wie Distinktionswünschen und einer wachsenden Marktorientierung im Zuge der wirtschaftlichen Liberalisierung des Landes ab den 1980er Jahren. Das breite Angebot an architektonischen Ansätzen garantierte Vielfalt und Abwechslung in der Architektur und ermöglichte es zugleich, individuelle Wohn- und Lebensbedürfnisse zu befriedigen.

Diese Pluralität der jüngeren niederländischen Architektur steht jedoch im Widerspruch zum Selbst- und Außenbild des „Avantgardelandes der Architektur" und der „lebendigen Tradition" des Modernismus. Vor allem die jüngeren historisierenden Strömungen fanden zunächst keine Aufnahme in die in- und ausländische Fachliteratur: „Von der postmodernen Revolution, die inzwischen auch in den Niederlanden stattgefunden hat und für neue ‚historisierende' Innenstädte, neo-traditionelle VINEX-Siedlungen und Neubausiedlungen voll nostalgischer Dreißiger-Jahre-Wohnungen sorgte, ist keine Spur zu sehen. Aber daran ist das Ausland auch nicht interessiert."[39] Diesem Selbstbild folgend, wurde der *Neo-Traditionalisme* als ein internationales Phänomen gedeutet, das mit Arbeiten ausländischer Büros Eingang in das niederländische Bauen gefunden habe. Zu diesen zählt das seit den 1990er Jahren in den Niederlanden höchst erfolgreiche Berliner Büro des Luxemburgers Rob Krier und des Südtirolers Christoph Kohl (heute Christoph Kohl Stadtplaner Architekten).[40]

Im Katalog der Frankfurter Krier-Ausstellung fragte Baart Lootsma 2005, warum diese „neo-traditionalistischen" Wohnhäuser „so attraktiv" seien und betonte zugleich, dass Kriers Bauten nichts mit der herkömmlichen holländischen Bauweise zu tun hätten.[41]

Eine Einbindung des historisierenden Bauens in die zeitgenössische niederländische Architektur versuchte erstmals Hans Ibelings 2003, zunächst mit Schwerpunkt auf dem Städtebau von Krier und Kohl.[42] Bereits im folgenden Jahr analysierte er das historisierende Bauen in einem vom Verlag des Niederländischen Architekturinstituts herausgegebenen kleinen Band als ein in den Niederlanden weitverbreitetes Phänomen unter dem Begriff des *Contemporary Traditionalism*.[43] Bei diesem handle es laut Ibelings aber nicht um einen spezifischen Architekturstil: „Traditionalism in architecture is not a style that can be described precisely, but a label that can be loosely applied to the work and views of designers for whom conventions, customs and traditions form the basis of architectural development."[44] Der Architektursprache wird demgemäß kaum Beachtung geschenkt, im Zentrum stehen vielmehr gesellschaftspolitische Deutungen und eine Einordnung in die Architekturentwicklung inklusive des Verhältnisses zur internationalen Postmoderne. Insgesamt handelt es sich um eine Sammlung erster Einschätzungen in fünf kurzen Kapiteln, begleitet von Abbildungen mit Bauten beziehungsweise Entwürfen aus der Zeit seit den 1970er Jahren. Die unterschiedliche Größe und der Wechsel zwischen Entwurfszeichnungen, Schwarz-Weiß- und Farbabbildungen sowie Perspektiven und De-

N10

tailaufnahmen, ergänzt durch atmosphärische „Schnappschüsse", suggerieren eine Lebendigkeit, Dynamik und „Jugendlichkeit", die in einem Gegensatz zum Titel des Bandes, *unmodern architecture*, und zur beschriebenen Fokussierung der GestalterInnen auf „Konventionen, Bräuche und Traditionen" steht.

2009 erschien das von Ibelings zusammen mit Vincent van Rossem verfasste Buch *Die neue Traditon. Kontunuität und Erneuerung in der niederländischen Architektur.*[45] Die zahlreichen, oftmals großformatigen Abbildungen zeigen zumeist Fotografien belebter architektonischer Szenerien, oftmals als sommerliche Settings mit PassantInnen oder RadfahrerInnen. Die noch nicht ausgeführten Bauten werden als realistische Renderings oder buntfarbige Zeichnungen präsentiert. Die atmosphärische Vermittlung in Form positiver harmonisierter Bilder suggeriert eine Alltäglichkeit und Selbstverständlichkeit dieser Architektur, während die große Anzahl der Objekte zugleich den Um-

fang des aktuellen historisierenden Bauens in den Niederladen und die Vielfalt seiner Erscheinungsformen aufzeigt. Van Rossem, der eine nähere Beschäftigung mit dieser Bauweise einfordert, versteht die publizierten Arbeiten dabei nicht als „Kanon" des zeitgenössischen historisierenden Bauens, sondern als „Beitrag zur Diskussion um die Zukunft des traditionellen Wohnhauses in den Niederlanden."[46]

Einen anderen Ansatz verfolgten 2013 Bernard Hulsman (Text) und Luuk Kramer (Fotografien) in ihrem Buch zur niederländischen Architektur nach 1985 unter dem Titel *Double Dutch*. In dem ebenfalls reich bebilderten Band präsentieren sie die Vielfalt der gleichzeitig auftretenden Strömungen, wobei sie historisierende Bauten zwischen andere Beispiele streuen und damit die Gleichwertigkeit aller Ansätze bekräftigen. Entsprechend erfolgt die Gliederung des Buches auch nicht über formal-gestalterische Kategorien, sondern anhand eines grob chronologischen Rasters und verschiedener übergeordneter Themen; allein das Kapitel „Fuck the Zeitgeist" widmet sich ausschließlich historisierenden Bauten. Die historisierenden Strömungen inklusive des „Neo-Modernismus" werden hier der Postmoderne zugeordnet, die laut Hulsman seit den 1990er Jahren eine Blütezeit in den Niederlanden erlebe. Eine zentrale Rolle komme dabei dem „Postmodernisten" Rob Krier zu, der durch seinen Erfolg große Nachfolge gefunden habe:[47] „Nicht Rem Koolhaas mit seinem Office for Metropolitan Architecture war Anfang des 21. Jahrhunderts der einflussreichste Architekt in den Niederlanden, sondern der luxemburgische, extrem antimodernistische Rob Krier."[48]

Die Etablierung des in sich bereits vielfältigen historisierenden Bauens als breite Strömung innerhalb der pluralistischen niederländischen Architektur erfolgte zeitgleich mit dem Globalisierungsschub der 1990er Jahre. Dieser verlieh der Liberalisierungspolitik der Niederlande neuen Auftrieb und führte, parallel zum wirtschaftlichen Boom der Zeit, zu einem weiteren Rückzug des Staates. Für das niederländische Bauwesen folgte daraus eine umfassende Deregulierung und Kommerzialisierung mit besonderer Auswirkung auf den bis dato stark gesteuerten und öffentlich geförderten Wohnungsbau. Kennzeichnend für diese Trendwende ist das 1993 verabschiedete *VINEX*-Bauprogramm (Vierte Empfehlung zur Stadt- und Raumplanung) mit einem für die Jahre 1995 bis 2005 geplanten Neubau von 650.000 Wohneinheiten, vorwiegend für eine mittelständische Klientel und in Form von Neubausiedlungen in Anbindung an bestehende Ortschaften. Die Bauvorhaben wurden dezentral von den Gemeinden aus gesteuert und über den freien Markt realisiert. Diese Verlagerung hin zu marktwirtschaftlich organisierten und kundenorientierten Wohnungsbaubetrieben und Projektentwicklern spiegelt sich auch in der Architektursprache der Neubauten wider: In Absetzung vom dominierenden Modernismus der staatlich geförderten Wohnungsbauprojekte wurde nun ein Maximum an Wahlmöglichkeiten zur Befriedigung individueller Wünsche geschaffen. Wachsende Bedeutung hatte dabei, gestützt auf Marktanalysen, das historisierende Bauen.[49] 2008 wurde in einer Analyse der *VINEX*-Siedlungen bemerkt, dass

historisierende Stile in den Neubauten „sehr häufig" vorkommen.[50] Dieser Trend gilt für Wohnhäuser insgesamt; 2012 wurden diese Strömungen als „neue Lingua franca des Wohnungsbaus" bezeichnet.[51] Aber auch darüber hinaus spielt das historisierende Bauen in den Niederlanden heute eine zentrale Rolle und umfasst auch öffentliche Bauten und repräsentative Architektur aller Art.[52]

Bestimmend für viele historisierende Neubauareale ist der städtebauliche Fokus. Als Leitbild dient die historische niederländische Stadt mit kleinmaßstäblicher Parzellierung und (vermeintlich) individuell gestalteten Häusern, die sich jedoch dem einheitlichen Gestaltungskonzept unterwerfen. Oftmals werden die Bauten von verschiedenen Büros entworfen, um so die Vielfalt und Lebendigkeit der Straßen- und Platzbilder zu gewährleisten. Bei innerstädtischen Arealen finden sich aber auch markante Großstrukturen in Kombination mit kleinparzellierten harmonisierten Bereichen.

Ein Beispiel hierfür ist das als Wohnareal neu erschlossene Java-Eiland in Amsterdam. Nach einem Masterplan von Sjoerd Soeters, Amsterdam, entstanden dort ab 1991 mehrgeschossige Blockrandbebauungen um große begrünte Innenhöfe, getrennt durch vier neu angelegte Grachten. An diesen errichteten verschiedene Architekturbüros kleinparzellierte Wohnhäuser in dezidiert unterschiedlichen – modernistischen, postmodernen und frei historisierenden – Formen. Einzelne Fassaden tauchen dabei in mehrfacher Ausführung auf (Abb. N10), augenfällig vor allem bei den markanten modernistischen Häusern. Abgesehen von der gewünschten Kleintei-

N11

N12

ligkeit und Vielfalt der Grachten-Bebauung wird damit das vermeintlich individualistische, tatsächlich aber serielle Hauselement in postmoderner Manier ironisiert.[53]

Auch das Amsterdamer Neubauareal Meander (1995–2006, Abb. N11) nach Masterplan von Krier und Kohl verbindet Gebäudeentwürfe verschiedener Büros. Die markante Großform mit drei großen zylinderförmigen Kopfbauten folgt dabei dem zeichenhaften Ansatz der Postmoderne, und die Bauten weisen die für die postmoderne Architektursprache typischen reduziert-verfremdeten Formen und quadratischen Fensterformate auf. Als konkretes historisches Vorbild diente die lokale Backsteinarchitektur der 1920er Jahre, die in Form von Sockelbänderungen und in Putz abgesetzten Gliederungselementen Eingang in die Gestaltung fand.

Einen postmodernen Ansatz zeigt auch der Komplex 't Haegsch Hof im Den Haager Rivierenbuurt (2000–2008, Abb. N12), der städtisch-moderne Großbauten mit kleinmaßstäblichen Wohnhäusern samt Satteldächern und Giebeln verbindet. In reduziert-postmoderner Manier entstehen bei Letzteren durch farblich abgesetzte Steinschichten vermeintliche Eckquader und niederländische „Specklagen".[54] Die ebenfalls postmodern zu deutende Künstlichkeit der Kombination von Großbauten und kleinen historisierenden Einheiten findet eine Parallele in Hans Kollhoffs Wohnbebauung am Kop van Zuid in Rotterdam (2002–2005, Abb. N13). Dort erhielten die massiven 17-geschossigen Hochhäuser traditionelle Lochfassaden mit weiß gestrichenen Holzfenstern und kupfergedeckte Satteldächer samt Gauben, die zusammen mit

N13

N14

N15

N16

den Backsteinfassaden den Rot-Grün-Kontrast traditioneller Architektur aufgreifen.

Zu den frühen großen historisierenden Siedlungen zählt Brandevoort (ab 1996) nahe der Stadt Helmond in der Provinz Noord-Brabant. Im Rahmen des *VINEX*-Programms erstellten Krier und Kohl 1995 einen Bebauungsplan.[55] Zur Gewährleistung eines lebendigen Stadt- und Straßenbildes wurden nicht nur mehrere internationale Büros beschäftigt, sondern mussten jeweils auch mindestens drei ArchitektInnen pro Block tätig werden.[56] Das Zentrum der für 17.000 EinwohnerInnen konzipierten Anlage bildet – in Anlehnung an mittelalterliche Städte – die sogenannte Festung (De Veste) mit vorgelegtem Wassergraben und einer geschlossenen, eine Stadtmauer assoziierenden äußeren Bebauung inklusive Turmbauten an den Ecken des unregelmäßigen Achtecks. Umgeben wird De Veste von mehreren „Dörfern" mit kleineren, niedrigen Häusern unter dem Namen De Buitens („die draußen Liegenden"). Kennzeichnend für De Veste ist die dichte städtische Bebauung mit mehrgeschossigen Wohn- und Geschäftshäusern im Zentrum und niedrigeren Bauten an den Rändern. Gegliedert wird die Anlage durch eine Freifläche mit Markthalle und Weiher (Abb. N14) und zwei kleine baulich gefasste Plätze. Die geschwungen verlaufenden Straßen und eine Gracht folgen dem Bild der historischen niederländischen Stadt (Abb. N15).

Einige der Sonderbauten zeigen eine postmoderne Formensprache, darunter der Bahnhof, ein mehrgeschossiges Wohnhaus am zentralen Weiher und die Turmbauten der „Stadtmauer" (Abb. N16). Die übrigen Gebäude greifen frei

N17_Brandevoort/Helmond, De Veste, De Plaetse mit Wohn- und Geschäftshäusern in Anlehnung an den Historismus, Foto 2015
N18_Brandevoort/Helmond, De Veste, Wohnhaus, Hertogsveld, Foto 2015 **N19**_Brandevoort/Helmond, De Veste, Wohnhauszeile,
Langdonkstraat, Foto 2015 **N20**_Brandevoort/Helmond, De Veste, Wohnhauszeile mit sich wiederholenden Fassaden, Herenlaan, Foto
2015

N17

N18

N19

N20

historisierend Gebäudetypologien auf, etwa mittelalterliche oder barocke Speicher- und Kaufmannshäuser oder Wohn- und Geschäftsbauten des Historismus (Abb. N17). Die einzelnen Büros folgten bei ihren Entwürfen unterschiedlichen gestalterischen Ansätzen – mit Bauten, die sich eng an die historischen Vorbilder halten (Abb. N18), bis hin zu erkennbar zeitgenössischen Lösungen, die etwa vorgeblendete Fassadenabschnitte bei durchlaufenden Dachzonen (Abb. N19) aufweisen. Eine spezifische Anlehnung an die regionalen Bautraditionen gibt es nicht, vielmehr wird auf die niederländische Bauweise insgesamt Bezug genommen. Fremdartig wirkt daher die große, aus Gusseisen gefertigte Markthalle, die sich an englische Vorbilder des 19. Jahrhunderts anlehnt und einmal im Jahr Schauplatz der Dickens Night ist.[57] Im Kontrast zu historischen Straßenbildern stehen die großen Durchfahrten zu den Gemeinschaftshöfen, die als Parkplätze sowie zur Erschließung der Läden und gastronomischen Einrichtungen dienen. In einigen Straßen wiederholen sich Häuserfassaden (Abb. N20), was aufgrund der zurückhaltenden historisierenden Formen aber kaum ins Auge fällt.

N21

Bestimmend für die Gesamtanlage ist das Leitbild der historischen Stadt mit einer scheinbar historisch gewachsenen Bebauung; die postmoderne Architektursprache beschränkt sich auf die Gestaltung einzelner Bauten. Trotz der lebendigen Straßenbilder aus individuellen Hauseinheiten wurde der Einheitlichkeit des Ensembles große Bedeutung beigemessen. Entsprechend wichtig war die Unterordnung der einzelnen Hausentwürfe unter das Gesamtbild. Wie Christoph Kohl erläuterte, widersprach dies zunächst dem gängigen Selbstbild der damaligen ArchitektInnen: „[…] rund um 2000 hat man de facto in Holland nicht die Architektenkollegen gefunden, die das konnten, wollten und dazu bereit waren."[58] Dies änderte sich mit dem Erfolg des Konzepts binnen kurzer Zeit.

Einen anderen Ansatz zeigen die *VINEX*-Siedlungen De Haverleij (ab 2000) in 's-Hertogenbosch, auch Den Bosch genannt, die nach einem Entwurf von Sjoerd Soeters (Soeters Van Eldonk architecten, Amsterdam) mit dem Landschaftsarchitekten Paul van Beek errichtet wurden oder aktuell noch werden.[59] Die 1000 Wohneinheiten

umfassende Anlage entsteht in Form von neun sogenannten Kastellen und einem „Schloss" in Anlehnung an traditionelle Wasserschlösser des Herzogtums Brabant. Durch eine große Bebauungsdichte innerhalb der „Nachbarschaften" sollen die umgebenden Flächen – ein Park und ein großer privater Golfplatz – als freie Landschaft erlebbar bleiben. Private PKWs können in Tiefgaragen oder den zentralen Innenhöfen der Kastelle abgestellt werden. Die von unterschiedlichen internationalen Büros entworfenen Anlagen differieren in Größe, Konzept und Gestaltungsweise und bieten zudem eine Auswahl an verschiedenen Wohnungstypen. Somit machen die Themenarchitekturen KundInnen mit dem

N22

Bedürfnis nach sozialer Distinktion vielfältige Angebote.[60] Originalität und Künstlichkeit sowie die dezidierte Pluralität der Konzeption stellen De Haverleij zugleich in den Kontext der postmodernen Architektur.

Die größte Anlage ist die nach einem Masterplan von Krier und Kohl errichtete „Festungs-

N23

N24

stadt" Slot Haverleij (2000–2008), die neben 450 Wohnungen auch eine Schule umfasst.[61] An ein römisches Militärlager erinnernd, zeigt sie mehrgeschossige Wohnbauten an den vier Ecken und beiderseits der zwei Zufahrten, welche die Hauptachse mit zwei Platzanlagen markieren. Der Hauptzugang erfolgt über eine Brücke und ein Portal im Sinne eines mittelalterlichen Burgtors. Abgesehen von den wehrhaften Elementen dominieren Bauten in postmoderner und reduziert historisierender bis hin zu reduziert modernistischer Sprache in Anlehnung an die Architektur des 19. und 20. Jahrhunderts (Abb. N21). Der Schulbau (Molenaar & Van Winden architecten, Delft, 2004, Abb. N22) zeigt die Gestaltungsweise der Amsterdamer Schule und greift mit einem Zinnenkranz zugleich das Thema Festungsstadt auf. Insgesamt wirkt die Bebauung in ihren reduzierten Formen künstlich-kulissenhaft.

Die anderen, kleineren Kastelle nehmen zwischen 50 und 100 Wohnungen auf. Das prominenteste ist Kasteel Leliënhuyze von Soeters Van Eldonk (2000–2005). Die rechteckige Anlage um einen großen gemeinschaftlichen Innenhof erinnert an eine mittelalterliche Wasserburg mit Wassergraben samt Brücke, Mauern und Türmen (Abb. N23 und N24). Ein vorgelagerter Labyrinthgarten aus Wasserläufen in komplex-asymmetrischer Form verweist ironisierend auf die niederländische Bautradition. Zu dieser ausdrücklich postmodernen Haltung gehören auch zahlreiche fingierte und seriell auftretende Baubefundfenster. Kasteel Leliënhuyze bietet damit eine Art postmoderne Themenarchitektur innerhalb des ebenfalls als postmodern zu bezeichnenden Gesamtkonzepts von De Haverleij.[62]

Eine Themenarchitektur bezogen nicht auf einzelne „Nachbarschaften", sondern auf ein ganzes innerstädtisches Gebiet finden wir in Zaandam nördlich von Amsterdam. 2003 begann die Neugestaltung des Areals um die Bahnstation nach einem Masterplan und unter der Leitung von Sjoerd Soeters. Diese sah die Öffnung der im 19. Jahrhundert zugeschütteten Gracht und eine größere Zahl an Neubauten sowie Umgestaltungen von Bestandsbauten vor. Letztere orientieren sich mehrheitlich an der lokalen markan-

N25_Zaandam, Rathaus Zaanstad, Stadhuisplein, Soeters Van Eldonk, 2004–2008; fünf Ladenbauten im Stil der Zaanser Häuser, Scala Architecten, 2008–2014, Foto 2016 **N26**_Zaandam, Fußgängerbrücke mit Wasserfall, in der Flucht der Uhrturm des Rathauses, links Inntel Hotel, Molenaar & Van Winden, 2006–2010, Foto 2016 **N27**_Zaandam, Wohngebiet Zaandam West, Aubade, Zeilenbauten im Stil der Zaanser Häuser, 2015, Foto 2016 **N28**_Zaandam, Wohngebiet Zaandam West, Vurehout, Zeilenhäuser im Stil der Zaanser Häuser neben mehrgeschossigen Wohnblocks, Klous und Brandjes, um 2015, Foto 2016

N25   **N26**

ten Bauweise aus in kräftigem Grün gefassten Holzhäusern mit weiß abgesetzten Giebelleisten und Ornamenten. Diese traditionalistisch-historisierenden Formen werden, in Anlehnung an die Gegend um den Fluss Zaan, *Neo-Zaanse stijl* genannt. Prägend ist neben der neuen Gracht mit flankierender Bebauung eine höhergelegene Fußgängerpassage inklusive Rolltreppen und Wasserfall, die dem Areal einen betont künstlichen Charakter verleiht. In Fortsetzung der Passage führt eine Brücke über die Schnellstraße nach Amsterdam und erschließt damit die westlich gelegene Bahnstation und das Wohngebiet Zaandam West. Auf der Brücke entstanden fünf kleine Ladenbauten von Scala Architecten, Den Haag (2008–2014), im Stil der Zaanser Häuser. Zu den ikonischen Neubauten von Zaandam zählen das mehrgeschossige Inntel Hotel von

Molenaar & Van Winden (2006–2010, Abb. N7), scheinbar bestehend aus übereinandergestapelten Zaanser Häusern, und Soeters Rathaus der Gemeinde Zaanstad (2004–2008, Abb. N25 und N26). Dieses setzt sich aus mehreren großen Baukörpern in Form überdimensionierter Zaanser Häuser zusammen und wird durch einen Uhrturm mit übergroßen stilisierten Voluten markiert. Das Rathaus präsentiert sich als ironisch-verfremdeter postmoderner Bau inklusive künstlicher Tulpen als Treppengeländer und dem Briefkasten der Stadtverwaltung in Form eines Zaanser Hauses en miniature. Durch die immer wiederkehrenden Gestaltungselemente der traditionalistisch-historisierenden Häuser wirkt das gesamte Areal wie ein postmoderner Themenpark der Zaanser Region. Dabei wird durch die Übertreibungen und die gewollte Originalität der

N27

N28

Lösungen das traditionalistisch-historisierende Konzept selbst ironisiert.

Im Wohngebiet Zaandam West jenseits von Bahnstrecke und Schnellstraße findet das Leitthema der grünen Holzfassaden eine Fortsetzung, nun allerdings ohne den distanziert-ironischen Ton (Abb. N27). Auffallend ist die Durchmischung von modernistischen und traditionalistisch-historisierenden Häusergruppen, die in Form von Hochhäusern oder seriellen Reihenhäusern sowie holzverkleideten Wohnbauten des *Neo-Zaanse stijl* gleichwertig nebeneinanderstehen (Abb. N28).

Eine entsprechende Vielfalt zeigen verschiedene jüngere Wohnsiedlungen. Ein Beispiel ist Vroondaal (ab 2004), gelegen in einem Naturerholungsgebiet bei Den Haag, das neben einigen Mehrfamilienhäusern vor allem aus Einfamilienhäusern besteht.[63] Das Konzept sieht große Freiheiten für die individuellen Wünsche der BauherrInnen vor und macht entsprechend wenig gestalterische Vorgaben, festgehalten in sogenannten Handhabungen für die einzelnen Siedlungsbereiche. Geprüft werden die Entwürfe durch eine Ästhetik-Kommission, zudem werden ausgewählte Bauten als vorbildlich ausgezeichnet.[64] Die Vielfalt entsteht durch das Nebeneinander unterschiedlicher Gestaltungen, wobei die Mehrheit der Neubauten einem historisierenden Bauen zugeordnet werden kann:[65] von Anlehnungen an barocke Landhäuser (Abb. N29) über „neo-historistische" Wohnbauten (Abb. N30) bis hin zu „neo-modernistischen" Villen im Stil der 1920er Jahre (Abb. N31).

Abgesehen von Neubauarealen entstehen historisierende Gebäude auch in geschlossenen städtischen Bebauungen. Dort folgen sie zumeist der lokalen Bautradition und fügen sich

N29

N30

N31

sche Wohnblöcke der 1920er Jahre, etwa in der Morgenzonlaan in Den Haag von Hans van der Heijden Architecten, Amsterdam (2006–2013, Abb. N36).

Insgesamt ist in jüngerer Zeit ein Trend zur Bezugnahme auf Backsteinarchitektur der Zwischenkriegszeit zu beobachten, sei es in Anlehnung an die Amsterdamer Schule, die *Nieuwe Haagse School* oder generell *den Jarendertigstijl*. Letzterer findet sich vorwiegend bei Einfamilienhäusern im Grünen. Abweichend von den historischen Vorbildern fehlen dabei jedoch vielfach die kennzeichnenden handwerklichen Details. Marktwirtschaftliche Zwänge bedingen zudem oftmals sehr kleine Grundstücke (Abb. N37) und schmale Straßen, die auf die typische Begrünung der Wohnsiedlungen der 1930er Jahre verzichten.[67] Zur aktuellen Konjunktur der Amsterdamer Schule präsentierte 2016 das Amsterdamer Zentrum für Architektur (ARCAM) die Ausstellung „100 Jahre Inspiration – Der Einfluss der Amsterdamer Schule auf das zeitgenössische Bauen".[68] Beispielhaft hierfür können die Wohn- und Geschäftshäuser von Geurst & Schulze architecten, Den Haag, in

unauffällig in ihre Umgebung ein. Neubauten in den Formen des 19. Jahrhunderts finden sich etwa als Blockrandbebauung in der Beeklaan in Den Haag (2010, Abb. N32, N33), als Zeilenbauten (Abb. N34) oder als Teil der geschlossenen Straßenzeile der Barentszstraat in Amsterdam (2010–2011, Abb. N35), beide erbaut von Scala Architecten. Laut Mieke Bosse und Peter Drijver sollen ihre Bauten nicht auffallen oder herausstechen, sondern sich bestmöglich integrieren: „our architecture is nothing special [...]".[66] Dasselbe gilt für Neubauten in Anlehnung an städti-

N32_Den Haag, Beeklaan, Wohnblöcke, Scala Architecten, 2010, Foto 2016 **N33**_Den Haag, Beeklaan, Fassadendetail, Erker mit Konsole, Scala Architecten, 2010, Foto 2016 **N34**_Den Haag, Nieuw Valkenbos, Vinkensteynstraat, Reihenhäuser, Scala Architecten, 2001–2003, Foto 2016 **N35**_Amsterdam, Barentszstraat, Häuserzeile, Scala Architecten, 2010–2011, Foto 2016 **N36**_Den Haag, Morgenzonlaan, Wohnblöcke im Stil der 1920er Jahre, Hans van der Heijden, 2006–2013, Foto 2016 **N37**_Brandevoort/Helmond, Wohnareal außerhalb der Veste, Häuser im Stil der traditionalistischen 1930er Jahre, Foto 2015

N32

N33

N34

N35

N36

N37

N38

N39

Amsterdam (2006–2008, Abb. N38) und von HIL-BERINKBOSCH architecten, Berlicum, in 's-Hertogenbosch (2008–2014, Abb. N39) stehen.

Als ein wichtiger Bestandteil der marktorientieren Wohnungsbaupolitik der Niederlande gilt heute der sogenannte multikulturelle Wohnungsbau für ImmigrantInnen. Anstelle der vormals staatlich geförderten Sozialwohnungen in migrantischen Vierteln treten nun Neubauten mit kundenorientierten Eigentumswohnungen.[69] Die Wohnanlage De Oriënt im Den Haager Viertel Transvaal (2010/11, Abb. N40) entstand nach Entwurf von Wilfried van Winden, Delft, für die Zielgruppe surinamisch-hindustanischer UnternehmerInnen.[70] Der mehrgeschossige Wohnblock folgt mit seinen Backsteinfassaden der lokalen Bauweise der 1920/1930er Jahre und setzt zugleich mittels farbig glasierter Backsteinfelder und gusseiserner Bauornamente „orientalische" Akzente. Van Winden sprach hier von einer formal-gestalterischen „Fusion" als einem neuen, der gesellschaftlichen Diversität gemäßen ar-

chitektonischen Ansatz zur Beseitigung „stilistischer Grenzen".[71]

Ähnlich verhält es sich mit der Westermoschee (2008–2016, Abb. N41) in Amsterdam des französischen Architekten Marc Breitman und der Belgierin Nada Breitman-Jakov (Breitman &

N40

Breitman, Paris). Der orientalisierende Kuppelbau samt Minarett wird hier zwecks architektonischer Einbindung von einer mehrgeschossigen Platzrandbebauung umfasst. Zwar wirken die repräsentativen plastisch gegliederten Backsteinfassaden in klassizistischen Formen mit Dreiecksgiebeln, angedeuteten Triglyphen, Konsolgesimsen und Lisenen fremd in der Umgebung (Abb. N42), dennoch gelingt es damit, zwischen der Moschee und den angrenzenden Backsteinbauten architektonisch zu vermitteln.

Kennzeichnend für die jüngere niederländische Architektur ist die dezidierte Vielfalt unterschiedlicher Ansätze. Neben modernistischen Bauwerken entstehen weiterhin Neubauten in postmoderner Architektursprache[72] sowie in diversen historisierenden Stilformen. Diese Vielfalt kann als Ausdruck einer postmodernen Pluralität gelesen werden, die zugleich dem herrschenden Wirtschaftsliberalismus des Landes entspricht. So konnte Rob Krier mit seinen am niederländischen Wohnungsmarkt nachgefragten historisierenden Bauten erfolgreich sein, während er in Deutschland mit seiner Architektur „als eine Art Faschist" betrachtet werde.[73]

Der Vielfalt der jüngeren niederländischen Architektur entspricht ein breites Formenrepertoire der einzelnen ArchitektInnen.[74] So nennt etwa Friso Woudstra architecten, Vorden, als Angebot mehrere Stile von der Mitte des 19. Jahrhunderts bis zu den 1930er Jahren, darunter Klassizismus, Jugendstil, *Nieuw Amerikaans* (im Sinne der Prairie Houses von Frank Lloyd Wright) und „Reetgedeckt".[75] Mit der Konjunktur des historisierenden Bauens gehe laut Vincent van Rossem jedoch eine mangelnde Qualität der Formensprache einher. Vielen niederländischen ArchitektInnen fehlten Kenntnisse der

N41

N42

historischen Baukunst, „viele sind nicht einmal im Stande, eine Volute zu zeichnen"[76]. Bestätigt wird dies von Pieter Bedaux (Bedaux de Brouwer Architecten, Goierle): „So eine traditionelle Fassade kann fast niemand aus unserer Generation mehr entwerfen. Das ist viel schwieriger als eine Box mit Löchern."[77] Entsprechend erläutern Mieke Bosse und Peter Drijver (Scala Architecten) ihre Situation: „Since we were trained as modernist architects, we had to learn a substantive amount about the actual making of buildings and their traditional vocabulary."[78]

Verbunden mit der Breite und Vielfalt des Stilangebots ist die Tatsache, dass die Büros kaum noch für eine bestimmte Architektursprache oder Handschrift stehen. Über Sjoerd Soeters bemerkte bereits in den 1990er Jahren Joosje van Geest: „Soeters sieht Stil nicht als Ausdruck einer bestimmten Ideologie oder als Mittel zur Profilierung seines Büros und noch weniger als persönliches Ausdrucksmittel."[79] Auch die Vorstellung einer zeitgemäßen Ausdrucksform ist mit der Vielfalt historisierender Stile passé: „Die Zeit fordert gar nichts [...] Alles, was jetzt geschieht und gemacht wird, ist zeitgenössisch"[80] (Wilfrid van Winden, 2006).

ANMERKUNGEN

1   Rem Koolhaas, „The Generic City". In: OMA 1995, S. 1248–1264, hier: Architecture 10.11; 11.11, S. 1262
2   Hulsman 2001b
3   Bokern 2010, S. 16
4   Vgl. Ibelings 1991, S. 5: „Die Verbundenheit mit dem Modernismus ist charakteristisch für die niederländische Architektur [...]", Übers. aus dem Niederl. durch die Verfasserin
5   Vgl. Engelberg-Dočkal 2016a, S. 69f.
6   Lootsma 2000; ders., *SuperDutch. New architecture in the Netherlands*, New York 2000; ders., *Neue niederländische Architektur. SuperDutch*, Stuttgart 2000. Vgl. den Begriff der „zweiten Moderne" als Architektursprache der „Avantgarde": Klotz 1996, u. a. S. 19
7   Vgl. zur Konstruktion der niederländischen Bautradition Engelberg-Dočkal 2016a

8   Vgl. Bosch-Meyer 2016, v. a. S. 53–56, 60–64; Engelberg-Dočkal 2016a, S. 70f.
9   Vgl. in jüngerer Zeit dazu Bosch-Meyer 2016, S. 309–341; Kuipers 2018
10   Vgl. Meyer 2011; Bosch-Meyer 2016, S. 311f., S. 334
11   Bosch-Meyer 2016, S. 336
12   Vgl. Ibelings 1988; Ibelings/Van Rossem 2009: *History*, S. 253–263; Van Rossem 2009
13   Ibelings 1991, S. 7–9; Bosch-Meyer 2016, u. a. S. 66f.
14   Vgl. Leenen 2010; Dokumentation der Werke: http://www.josbedaux.nl/ (letzter Zugriff: 12.2.2023)
15   Ibelings 1991, S. 8f.; Van Heuvel 2010, S. 26–33
16   Vgl. u. a. Bremer/Reedijk 1971; Beeren 1982; Bosma 1983; Rebel 1983
17   Vgl. zu *De Stijl* u. a. Boekraad 1983; zur Amsterdamer Schule Vriend 1970; Bergvelt 1975; De Witt 1983
18   Vgl. Van Heuvel 2010, S. 23
19   Vgl. Engel/Terlouw 1991/92, S. 35; Van Rossem 2009, S. 232
20   NAi Uitgevers, vgl. NAi 1993; heute nai010 uitgevers
21   Vgl. Van Gameren 2012, S. 19
22   Vgl. Van Heuvel 2010, S. 25f.; Van Gameren 2012, S. 124–131; Burkhart 2019, S. 23–31
23   Teunissen 2018, S. 56, 136f.
24   Ibelings 1991
25   Van Dijk 1990; ders. In: Leupen et al. 1990, S. 173–191; Engelberg-Dočkal 2016a, S. 70f.
26   Rem Koolhaas zitiert nach Leupen et al. 1990, S. 11–20, hier: Leupen, Bernard et al.: Ten geleide. In: ebd., S. 7f., hier S. 7, Übers. aus dem Niederl. durch die Verfasserin
27   „Dies [der Fortbestand des Modernismus: EE] gilt sicher für die Niederlande, wo der Modernismus sich zu einer ‚lebendigen Tradition' entwickelt hat." Ibelings 1991, S. 5, Übers. aus dem Niederl. durch die Verfasserin; vgl. Weeber 1990, S. 126
28   Hulsman/Kramer 2013, S. 32, Übers. aus dem Niederl. durch die Verfasserin; vgl. Weeber 1990, S. 126; Engel/Terlouw 1991/92, S. 37; Hulsman 1998; Ibelings 2003, S. 239
29   Aldo van Eyck, Annual Discourse to the Royal Institute of British Architects: „What is and isn't Architecture; a propos of Rats, Posts and other Pests", London 1981
30   Ibelings 2012; vgl. Ibelings 2003, S. 236–239; vgl. Engelberg-Dočkal 2016a, S. 72f.
31   Hulsman 2001b; vgl. Hulsman 1998; Engel/Terlouw 1991/92, S. 35; Hulsman/Kramer 2013, S. 5
32   Hulsman 1998, Übers. aus dem Niederl. durch die Verfasserin
33   Ibelings 1988
34   Vgl. Bosch-Meyer 2016, S. 13f.
35   Van Rossem 2009
36   Ibelings 2003, S. 244; Kingma 2012
37   Vgl. Hulsman 1998; Ibelings 2003, S. 239, 241; Hulsman/Kramer 2013
38   Vgl. Engelberg-Dočkal 2017a, S. 280–282; Engelberg-Dočkal 2017b, S. 120–122
39   Hulsman 2001a, Übers. aus dem Niederl. durch die Verfasserin; vgl. Ibelings 2004, S. 9f.; Van Rossem 2009, S. 232; Hulsman/Kramer 2013; Engelberg-Dočkal 2016a, S. 73
40   Vgl. Hulsman/Kramer 2013, S. 5, 85
41   Lootsma 2005
42   Ibelings 2003
43   Ibelings 2004, u. a. S. 77f.
44   Ebd., vgl. u. a. S. 13
45   Ibelings/Van Rossem 2009, Übers. aus dem Niederl. durch die Verfasserin
46   Van Rossem 2009, S. 232, Übers. aus dem Niederl. durch die Verfasserin
47   Hulsman/Kramer 2013, S. 5, 10, 82
48   Ebd., S. 82, Übers. aus dem Niederl. durch die Verfasserin

49 Vgl. Ibelings 2003, S. 243; Boon et al. 2006; Boeijenga/
Mensink 2008, v. a. S. 11–44
50 Vgl. Boeijenga/Mensink 2008, S. 34
51 Van Gameren 2012, S. 15, Übers. aus dem Niederl.
durch die Verfasserin; vgl. Van Rossem 2009, S. 232; für die
Neo-Nieuwe Haagse School: Teunissen 2018, u. a. S. 131,
136
52 Vgl u. a. Ibelings 2004, S. 8, 77f.
53 Vgl. Engelberg-Dočkal 2017b, S. 126
54 Wagner 2021, S. 90–117, vgl. für die variationsreicheren
Fassadenentwürfe S. 101, 108, 116f.
55 Boeijenga/Mensink 2008, S. 260–263; Meier 2013,
S. 59f., 96f.; Wagner 2021, S. 480–485
56 Christoph Kohl im Interview mit der Verfasserin am
23.11.2016; Wagner 2021, S. 482
57 Zur Dickens Night vgl. Meier 2013, S. 106f.
58 Christoph Kohl im Interview mit der Verfasserin am
23.11.2016
59 Boeijenga/Mensink 2008, S. 252–255; Engelberg-Dočkal
2016a, S. 74f.; Engel 2018, S. 122–129
60 Vgl. zur Themenarchitektur im niederländischen
Wohnungsbau: Meier 2013
61 Wagner 2021, S. 618–637
62 Vgl. die häufige Bezeichnung als „Disney-Architektur".
Vgl. die Ausstellung „Die Architektur einer wunderbaren
Welt" (Übers. aus dem Niederl. durch die Verfasserin) mit
Arbeiten von Sjoerd Soeters: Rotterdam Het Nieuwe
Instituut, 2023; mit Dank für den Hinweis an Jolande
Kirschbaum, Amsterdam
63 Vgl. Engelberg-Dočkal 2017a, S. 279
64 Vroondaal Handvatten 2015, S. 4
65 Zur Vorliebe für historisierende Kataloghäuser vgl.
Hulsman/Kramer 2013, S. 146
66 Bosse/Drijver 2022, S. 28f., Zitat S. 29; https://www.
scala-architecten.nl/project/woningen-en-appartementen-
beeklaan-den-haag (letzter Zugriff: 18.3.2023)
67 Vgl. Ibelings 2003, S. 244; Kingma 2012, S. 134
68 Vgl. Burkhart 2019, S. 1
69 Meier 2012
70 Ebd., S. 56f.; Hulsman/Kramer 2013, S. 104
71 Wilfried van Winden zitiert nach Hulsman/Kramer 2013,
S. 101, Übers. aus dem Niederl. durch die Verfasserin
72 Vgl. Engelberg-Dočkal 2017b, S. 110f.
73 Rob Krier zitiert nach Hulsman/Kramer 2013, S. 6, Übers.
aus dem Niederl. durch die Verfasserin
74 Vgl. Ibelings 2004, S. 98
75 https://frisowoudstra.nl/ons-bureau/ (letzter Zugriff:
31.3.2023)
76 Van Rossem 2009, S. 232, Übers. aus dem Niederl.
durch die Verfasserin
77 Pieter Bedaux zitiert nach Van Gameren 2012, S. 61,
Übers. aus dem Niederl. durch die Verfasserin
78 Bosse/Drijver 2022, S. 25
79 Van Geest 1996/97, S. 92, Übers. aus dem Niederl. durch
die Verfasserin
80 Wilfrid van Winden zitiert nach Hulsman/Kramer 2013,
S. 188, Übers. aus dem Niederl. durch die Verfasserin

ZUSAMMENFASSUNG

VIELFALT UND HYBRIDITÄT

„Ich bin der Überzeugung, dass man Architektur gar nicht anders denken kann als eklektizistisch."[1] (Andreas Hild, 2016)

„Über die Frage, ob das flache oder das steile Dach richtig ist, sind wir, glaube ich, hinweg."[2] (Arno Lederer, 2014)

Das zeitgenössische historisierende Bauen ist kein klar definierbarer Architekturstil, der zu einem bestimmten Zeitpunkt entstand und einer linearen stilistischen Entwicklung folgt. Vor dem Hintergrund der Erkenntnisse dieser Arbeit stellt sich vielmehr die Frage, inwieweit das historisierende Bauen mit seinen unterschiedlichen formal-gestalterischen Ansätzen und architektonischen Praktiken überhaupt ein konkret fassbares Phänomen der aktuellen Architektur bildet. So sind auf Basis der betrachteten Aspekte keine klaren Zuordnungen zu herkömmlichen Stilkategorien wie architektonischen Kategorien möglich. Ausgehend von der Analyse muss daher die der Untersuchung zugrundeliegende Vorstellung, wonach das historisierende Bauen auf der einen Seite einer modernistischen Formensprache auf der anderen Seite gegenübersteht, grundsätzlich einer Prüfung unterzogen werden.

Der weit gefasste Forschungsgegenstand des zeitgenössischen historisierenden Bauens wurde hier beispielhaft an der Architektur dreier europäischer Länder – Polen, Deutschland und den Niederlanden – behandelt. Ziel der Arbeit war es, das historisierende Bauen auf Kennzeichen und Spezifika zu untersuchen. Um eventuelle Entwick-

lungen oder Zäsuren – etwa am Beginn der Postmoderne um 1970 oder im Zuge der politischen Wende 1990 – zu erkennen, reichte der Blick jeweils weiter in die Geschichte zurück. Die Länderanalysen setzten bewusst unterschiedliche thematische und zeitliche Schwerpunkte. So lag der Fokus auf dem national konnotierten Wiederaufbau der kriegszerstörten Städte in Polen nach 1945 und dem in den 1980er Jahren entwickelten Konzept der Retroversion, auf Beispielen des Stadtumbaus in beiden deutschen Staaten und der „gesamtdeutschen" Architektur der Nachwendezeit sowie auf der neo- und postmodernen Architektur der Niederlande und deren historisierenden Stadtanlagen seit den 1990er Jahren.

Den Schwerpunkt dieser Untersuchung bildeten die bislang nicht näher betrachteten formal-gestalterischen Ansätze des zeitgenössischen historisierenden Bauens. Der hierfür wichtige gesellschaftspolitische Hintergrund wurde im Rahmen der Länderanalysen jeweils mitgedacht und benannt, eine vertiefte Analyse erfolgte jedoch nicht und bleibt späteren Untersuchungen vorbehalten. Keine Beachtung fanden zudem die sozialen und psychologischen Hintergründe, etwa die Fragen danach, warum viele Menschen historisierende Neubauten bevorzugen, wer diese Menschen sind und welche Wirkung gebaute historisierende Architektur erzeugt. Um diesbezüglich zu aussagekräftigen Ergebnissen zu kommen, sind andere, aufwändige Untersuchungsmethoden notwendig; auch dies wäre an anderer Stelle zu leisten.

Als erstes Ergebnis der drei Länderanalysen zeigt sich eine ausgesprochen große Vielfalt bezüglich der formal-gestalterischen Ansätze. So reicht das Spektrum der zeitgenössischen historisierenden Architektur von abstrahierten, teilweise ironisch-verfremdeten Formen bis hin zu detaillierten, „historisch korrekten" Nachbildungen. Auch die der Untersuchung zugrunde gelegten (und im Kritischen Glossar erläuterten) Begriffe und Deutungsvorschläge, wie der Traditionalismus, die postmoderne Architektursprache oder der „Neo-Modernismus", brachten wenig Klarheit: Oftmals lassen sich die Bauten keiner dieser Kategorien eindeutig zuordnen und erscheinen vielmehr als „unscharfe" Mischformen.[3] Ebenso unbefriedigend ist die versuchte Rückbindung an historische Vorbilder, seien es konkrete Bauwerke oder bestimmte Stilformen früherer Epochen. So greifen die Bauten oft auf mehrere Vorbilder gleichzeitig zurück, teilweise ergänzt durch modernistische Gestaltungen. Als ein Kennzeichen der zeitgenössischen historisierenden Architektur ergibt sich damit ein freier assoziativer, im Kern undogmatischer und erklärt eklektischer Entwurfsansatz.

Die Vielfalt formal-ästhetischer Lösungen und die Schwierigkeit, diese den etablierten Stilkategorien zuzuordnen, findet ein Pendant bezüglich Intentionen und architektonischer Praktiken etwa

dem freien historisierenden Bauen, dem Zitat, der Rekonstruktion oder der Kopie. Oftmals bewegen sich die Bauten zwischen diesen Genres und erscheinen auch diesbezüglich als Hybride. Dies gilt etwa für die vom Genauigkeitsgrad der Bezugnahme abhängige Zuordnung zum freien historisierenden Bauen oder zur Rekonstruktion. Auch eine Wiederbelebung historischer Techniken folgt keiner der Kategorien, etwa im Fall des 2020 mit einem Sgraffito versehenen Münchener Neubaus von Hild und K Architekten München, Berlin, hier auf Basis einer überlieferten Fassadenzeichnung. Teilweise treten auch andere Kategorien ergänzend hinzu. So setzt Andreas Hild bei seinen Neubauten Spolien im Sinne von Zitaten ein: „Wir unterscheiden an der Stelle nicht so scharf, was, glaub [sic] ich, daran liegt, dass die Spolie in ihrem Sinne nur die Überspitzung dessen ist, was wir sowieso den ganzen Tag tun. Nämlich Dinge auswählen und in einen neuen Zusammenhang bringen."[4]

Als Kennzeichen des zeitgenössischen historisierenden Bauens können auf Basis der Analysen damit folgende Aspekte benannt werden: Hinsichtlich der formal-gestalterischen Lösungen ist ein undogmatischer und eklektischer Entwurfsansatz zu konstatieren. Die vielfältigen historisierenden Lösungen sind dabei oftmals vage und assoziativ und bilden, bezogen auf die gewählten Kategorien, Mischformen. Eine „historisch korrekte" Bezugnahme auf historische Vorbilder und Stilformen scheint kein Ziel zu sein. Zwar beklagen einige VertreterInnen des zeitgenössischen historisierenden Bauens den Mangel an vertieften Kenntnissen in der Bau- und Architekturgeschichte,[5] doch läuft dies dem

Z1_Den Haag, Stationsweg/Van Limburg Stirumstraat, Wohn- und Geschäftshaus, Charles Vandenhove, 1988–1994, Foto 2016 Z2_ Posen, Skwer Ferdynanda Focha w Poznaniu/Matejki, Wohn- und Geschäftshaus, 2008, Foto 2014 Z3_Anklam, Markt, Eckgebäude zur Steinstraße, 2014–2018, Ingenieurbüro Matthias Kühn, Foto 2018

Z1 Z2 Z3

Ansatz der frei-assoziativen und vagen Bezugnahmen nicht entgegen. Wie Jakob Siemonsen bekennt, vereinfache es ihm sogar das Entwerfen, da er so weniger gebunden sei.[6]

Auch bezüglich der Wahl und Kombination der Vorbilder ist ein undogmatischer und assoziativer Ansatz festzustellen. Grundsätzlich besteht eine Vorliebe für Bauten, die in den lokalen, regionalen und nationalen Traditionen stehen. Seit den 1970er Jahren wird zudem häufig die Architektur des Historismus als Vorbild herangezogen, insbesondere bei innerstädtischen Wohn- und Geschäftshäusern (Abb. Z1–Z3). Vor allem in jüngerer Zeit ist eine Tendenz zu Bezugnahmen auf Bauten des 20. Jahrhunderts zu verzeichnen, etwa auf den Backsteinexpres-

Z4 Z5

sionismus, die „Architekturmoderne" oder den Traditionalismus.

Der eklektische und undogmatische Entwurfsansatz findet neben Einzelbauten auch bei Ensembles, Siedlungen und historisierenden Neustädten Anwendung. Insgesamt spielen beim historisierenden Bauen die Stadtbilder und damit städtebauliche Aspekte eine zentrale Rolle. Im Fall eines bestehenden baulichen Umfeldes sollen sich die Neubauten zumeist in den Kontext einfügen und optisch daher nicht hervortreten. Außerhalb eines baulichen Umfeldes besteht das gestalterische Ziel in kleinteilig gegliederten, vielfältigen Ensembles aus (vermeintlich) individuellen Einheiten innerhalb eines verbindenden harmonischen Gesamtrahmens. Zu den historisierenden Neubauten treten oftmals einzelne modernistische Akzente, die zur Vielfalt des Ensembles und zur Belebung des Bildes beitragen.

Z6

Der eklektische Entwurfsansatz mit einer Kombination verschiedener formal-gestalterischer wie intentionaler Rückbindungen an unterschiedliche Vorbilder findet sich in allen drei Ländern und in allen betrachteten Zeitphasen. Inwieweit es sich dabei aber um ein spezifisches Merkmal des in dieser Arbeit untersuchten jüngeren historisierenden Bauens der letzten Jahrzehnte handelt, muss offenbleiben. So spricht einiges für die Existenz ähnlicher Lösungen in früheren Phasen des 20. Jahrhunderts. Eine umfassende Analyse bezogen auf die zeitliche Verortung und eventuelle Entwicklungsstränge des historisierenden Bauens in internationaler Perspektive bleibt späteren Untersuchungen vorbehalten.

Ein weiteres Ergebnis der Analysen sind die erkennbaren Unterschiede basierend auf den jeweiligen Bautraditionen und politisch-historischen Hintergründen der drei Länder. So fand das polnische Konzept der Retroversion in den anderen zwei Ländern keine Anwendung, zeigt aber zumindest konzeptionelle Parallelen zu historisierenden Ensembles in Deutschland. Während man in Polen und Deutschland oftmals historische Bauten oder Bauelemente in historisierende Ensembles integriert, kommt dies in den Niederlanden selten vor; dort findet man aktuell auch kaum (mehr oder weniger exakte und wissenschaftlich basierte) Rekonstruktionen verlorener Gebäude, anders als in Polen (Abb. Z4) und Deutschland (Abb. Z5). In jüngerer Zeit scheint der Globalisierungsschub jedoch verstärkt zu Lösungen zu führen, die weitgehend unabhängig von der jeweiligen nationalen Bautradition sind und kaum noch einem bestimmten Land zugeschrieben werden können (Abb. Z6).

Der weit gefasste (und damit wenig präzise) Arbeitsbegriff des zeitgenössischen historisierenden Bauens spiegelt die Vielfalt der darunter verhandelten Phänomene wie auch die Schwierigkeit, die Ansätze und Lösungen anhand der gewählten Kategorien zu fassen. Dabei widerspricht diese Architektur unserem auf eben diesen Kategorien fußenden Bild von „modernen" oder aber historischen Bauten. Deutlich wird dies vor allem bei Bauten, die sich auf den Historismus des 19. Jahrhunderts beziehen. Abweichungen von den Vorbildern entstehen zunächst durch die verwendeten modernen Bautechniken und Materialien mit ihren baukonstruktiven Lösungen und Oberflächenwirkungen. Abgesehen von den oftmals „schwebenden Sockeln" betrifft dies auch die als „dünn" und flächig erscheinenden vorgehängten Fassaden samt Lüftungslöchern. Unterschiede finden sich zudem bezüglich der Proportionen: So fallen die Fenster im Verhältnis zur Wandfläche oftmals größer und zahlreicher aus als bei den historischen Vorbildern, ebenso die Balkone und Dachgauben. Darüber hinaus fehlt meist eine die historistische Architektur kennzeichnende Differenzierung der Geschosse mit Ausbildung eines hohen, massiven Sockels, einer Beletage und niedriger, da untergeordneter Obergeschosse zugunsten ökonomischer vereinheitlichter Etagenbildungen. Gegenüber Bauten des Historismus werden die Schmuckformen oft deutlich reduziert und die Bauformen – teilweise dem Fertigungsprozess und heutigen Baunormen geschuldet – abstrahiert und vergröbert. Abweichungen zeigen schließlich die im historisierenden Bauen integrierten zeitgenössischen Elemente wie große Dachflächenfenster oder verglaste Dachaufbauten. Anders verhält es sich jedoch bei den Neubauten, die sich an Strömungen des 20. Jahrhunderts, etwa die „Architekturmoderne" oder den Traditionalismus der Zwischenkriegszeit, anlehnen. Dort entsprechen die reduzierte Baukörperbildung mit schlichten Putz- oder Backsteinfassaden sowie die seriellen Strukturen eher den heutigen Bauweisen und sind Abweichungen daher weniger sichtbar.

KONTINUITÄT UND ÜBERZEITLICHKEIT

„[...] insofern greifen wir auf etwas zu, was über die Jahrtausende immer benutzt wurde, nur in den letzten hundert Jahren etwas weniger."[8]
(Robert Patzschke, 2016)

„Wir bewegen uns in einer Kontinuität."[7]
(Tobias Nöfer, 2015)

Das zeitgenössische historisierende Bauen zielt mehrheitlich auf eine Einbindung in den baulichen Kontext und die Schaffung stimmiger harmonischer Ensembles. Die Architektur soll dabei wie „selbstverständlich" wirken, es sollen Bauten sein, „[...] über die nicht nachgedacht werden muß"[9]. Zentral ist somit die Vorstellung von Kontinuität bezüglich einer fortzuführenden Bautradition und zu erhaltender stadträumlicher Gefüge. Im Gegensatz zur „Architekturmoderne" setzen die Bauten daher nicht auf Brüche und Kontraste, eine klar erkennbare Entstehungszeit oder eine eindeutig zu identifizierende Handschrift der Entwerfenden. Entsprechend hatten sich die ArchitektInnen beim Bau von Brandevoort zugunsten des Gesamtkonzepts von Krier und Kohl Architekten (Berlin) zurückzunehmen: „[...] wenn man in so einem Städtchen mit baut, das sich letztlich als großes Ensemble versteht, und ich bin Architekt Nummer neun von zwölf und die Häuser sind bunt durcheinandergemixt, dann [...] spielt es keine Rolle, ob der Architekt A der Schöpfer von Haus 1 und 5 und 7 ist [...]"[10] (Christoph Kohl).

So beschreibt auch Robert Patzschke es als positiven Effekt, dass niemand seine Bauten kenne, dass man an ihnen vorbeilaufe und sie nicht als „Fremdkörper" wahrnehme.[11] Zwar wird sich die Entstehungszeit der Neubauten beim genauen Hinsehen jedem und jeder erschließen, dies erscheint aber nicht wichtig. So spiele es etwa für Tobias Nöfer, Robert Patzschke und Jakob Siemonsen keine Rolle, ob ihre Neubauten als solche erkannt werden.[12] Entsprechend betonen Mieke Bosse und Peter Drijver (Scala Architecten, Den Haag): „style is not restricted to a period in time"; der zu wählende Stil ergebe sich vielmehr aus dem baulichen Kontext, also dem jeweiligen Ort.[13] Verbunden mit dem Anspruch auf Kontinuität ist die Vorstellung einer von Moden unabhängigen überzeitlichen Architektur. So betont Robert Patzschke: „Unser Anliegen ist es, eine Architektur zu entwickeln, die nicht morgen schon wieder out of date ist [...]."[14] Tobias Nöfer vertritt in diesem Sinne „ästhetische Nachhaltigkeit" und Sjoerd Soeters (PPHP, Amsterdam) ein sorgfältiges Entwerfen für „eine sehr lange Lebensdauer" der

Bauten.[15] Dieser Wunsch nach Kontinuität und Überzeitlichkeit spiegelt sich in den selbstgewählten Bezeichnungen als „klassisch-traditionell"[16] (Robert Patzschke) beziehungsweise „traditionell"[17] (Mieke Bosse und Peter Drijver). Jordi Keller Pellnitz Architekten (Berlin) streben eine „zeitübergreifende" Architektur an[18] und das Berliner Büro Patzschke und Partner Architekten fühlt sich „zeitlosen Gestaltungsidealen" verpflichtet.[19] Den in dieser Arbeit gewählten Begriff des historisierenden Bauens lehnen die VertreterInnen mehrheitlich ab: „Es soll mir einer ein einziges historisierendes Haus von uns zeigen: eins!"[20] (Andreas Hild). Für Robert Patzschke impliziert die Bezeichnung eine Rückwärtsgewandtheit und er selbst spricht daher statt vom „Rückgriff" von einem „Zugriff" auf ein vorhandenes Vokabular.[21] Der Wunsch nach Kontinuität und Überzeitlichkeit impliziert zugleich die ablehnende Haltung gegenüber dem Konzept der Stilentwicklung auf Basis zeittypischer Ausdrucksformen. Betont wird dagegen das Dauerhafte als Gegenpol zur „ständige[n] Abfolge von Moden und Stilen, oft als Baugeschichte verstanden": „Auch die kunsthistorische Annahme eines evolutionären Verlaufs der Baugeschichte, beginnend mit einer wie auch immer konstruierten und gestalteten Urhütte bis zur Jetztzeit, und der Begründungsversuch der Formen aus einer Entwicklungsgeschichte bleiben Spekulation ohne tatsächlichen Bezug auf aktuelle Entscheidungen"[22] (Paul und Petra Kahlfeldt). Die Vorstellung, außerhalb einer stilistischen Entwicklungsgeschichte zu stehen, ist Ausgangspunkt für das Konzept einer überzeitlichen Formensprache. Bereits seit den 1990er Jahren wird in Publikationen zum New Urbanism und zur New Classical Architecture auf die – ansonsten übliche – Nennung der Entstehungszeit der jeweiligen Bauten verzichtet. Entsprechend verfahren Paul und Petra Kahlfeldt in ihrem Buch Baukunst unserer Zeit (2013), das Arbeiten des eigenen Büros vorstellt: „Der Zeitraum der Bearbeitung der Projekte, der genaue Standort und weitere Informationen über die Bauvorhaben sind für die Wahrnehmung bedeutungslos; auf die Nennung von Jahreszahlen oder anderer Daten wurde daher bewusst verzichtet."[23] Auch Hans Kollhoff betont, dass es allein auf die Qualität ankomme und die Entstehungszeit der Architektur keine Rolle spiele.[24] Das Büro Patzschke benennt in einer Publikation eigener Handzeichnungen jeweils Objekt und Ort, jedoch weder die Entstehungszeit der Bauten noch der Zeichnungen. Auch die Darstellungsweise lässt keine Aussage über das Alter der Bauten und der jeweiligen Blätter zu.[25]

Eine verbreitete Vorstellung der VertreterInnen des zeitgenössischen historisierenden Bauens ist entsprechend Robert A. M. Sterns Modern classicism (1988) das Wiederanknüpfen an eine unterbrochene Tradition. Diese wird auf die griechische und römische Antike zurückgeführt und umfasst explizit die Renaissance und den Klassizismus.[26] Gemeint ist die vitruvianische Architektursprache, die über Tausende Jahre hinweg Bestand gehabt habe und als allgemeines Erbe weiter existiere. Entsprechend formuliert Robert Patzschke: „Wir nehmen ein Vokabular auf, das besteht."[27] Keine Beachtung findet in dieser Vorstellung das ebenfalls Jahrhunderte während Mittelalter, ebenso wenig die Regelhaftigkeit der vitruvianischen Architektur, die sich im jüngeren historisierenden Bauen nicht spiegelt: So verweist Tobias Nöfer zwar auf die Architektur Andrea Palladios und betrachtet Schönheit als „Anwesenheit von Regeln",[28] tatsächlich verhalten sich seine Bauten aber recht frei gegenüber den historischen Vorbildern und deren Normen.

Der Bruch mit dieser Tradition wird allgemein am Anfang des 20. Jahrhunderts verortet.[29] Dem entsprechen die Verweise auf eine Zeitspanne von 100 Jahren: „[Wir] greifen [...] auf etwas zu, was über die Jahrtausende immer benutzt wurde, nur in den letzten hundert Jahren etwas weniger"[30] (Robert Patzschke). Diese Ansicht suggeriert eine relativ kurze Zeitspanne der Unterbrechung und versucht damit wohl auch das zeitgenössische historisierende Bauen als ein Anknüpfen an die Tradition zu legitimieren: „Doch was sind schon hundert Jahre gegen eine Jahrtausende während Architekturgeschichte!"[31] (Hans Kollhoff).

Die Rückbindung an die vitruvianische Architektur kann jedoch, wenn überhaupt, höchstens eine Spielart des zeitgenössischen historisierenden Bauens fassen, nicht das gesamte Phänomen. Deutlich wird dies bereits an der Vorliebe des zeitgenössischen historisierenden Bauens für den Historismus des 19. Jahrhunderts, der als Teil der Moderne mit Aspekten der Ökonomisierung, Standardisierung und Serialität den vitruvianischen Regeln nicht folgt. Vielmehr scheinen hier ästhetische Gründe vorzuliegen, die etwa in der Wertschätzung kleinteiliger Gliederungen und im Schmuckreichtum des Historismus zu suchen sind. Daneben ist aktuell eine Tendenz zur Rezeption jüngerer Strömungen des 20. Jahrhunderts erkennbar. Die Wahl der Vorbilder gründet daher vielfach weniger in einem Anknüpfen an eine vitruvianische Architektur als in lokalen Traditionen oder individuellen Wünschen der BauherrInnen. Auch die Bauaufgabe scheint eine Rolle zu spielen: So folgt etwa oftmals der städtische Wohnblock der Amsterdamer Schule, der soziale Wohnungsbau im Außenbezirk dem Neuen Bauen und das Einfamilienhaus im Grünen der *Nieuwe Haagse School*.

Die freie Verwendung historischer Formen und die Verortung außerhalb einer stilistischen Entwicklungslinie entspricht einem jüngeren Geschichtsverständnis. Hans Ulrich Gumbrecht beschrieb 2010 in *Unsere breite Gegenwart* eine neue Zeitkonfiguration, die das „historische Denken" abgelöst habe. Diese erlaube es nicht mehr, Vergangenheiten hinter sich zu lassen:[32] „Es fällt uns schwer, irgendeinen Stil [...] der vergangenen Jahrzehnte aus der Gegenwart auszuschließen."[33] Die Grenze zwischen Vergangenheit und Gegenwart sei damit porös geworden und das Heute werde nicht mehr als getrennt von der Vergangenheit betrachtet.[34] Dem entspricht, dass VertreterInnen des zeitgenössischen historisierenden Bauens Formen früherer Zeiten nicht als historisch, sondern als Teil ihrer Gegenwart und damit als modern betrachten.

Schlüssig ist vor diesem Hintergrund die mit dem bevorzugten Rückgriff auf Tendenzen des 20. Jahrhunderts zu beobachtende Ausweitung der Vorbilder bis in die Gegenwart. So sind neben Amsterdamer Schule, Neuem Bauen und *Nieuwe Haagse School* inzwischen auch Anklänge an Bauten der 1950er Jahre und noch jüngere Phasen zu finden, die sich dabei zunehmend mit aktuellen (modernistischen) Ansätzen vermischen. Beispielsweise assoziiert das Historische Museum in Frankfurt am Main des Stuttgarter Büros Lederer

Z7

Ragnarsdóttir Oei (Fertigstellung 2017) mit seinen kleinteilig-verspielten Fassadenornamenten und bronzenen Fensterrahmen die Nachkriegsmoderne (Abb. Z7). Mit einer Anknüpfung an die vitruvianische Architektur und einer seit Jahrtausenden bewährten Formensprache haben diese Spielarten des zeitgenössischen historisierenden Bauens nichts zu tun.

Zur Aufweitung des Formenrepertoires bis zur Jetztzeit kommt hinzu, dass das historisierende Bauen immer alltäglicher wird: „Als das Adlon [Hotel Adlon Kempinski in Berlin: EE] gebaut wurde, gab es kaum ein Gebäude, das im Erdgeschoss eine Art Sockelzone andeutete, zum Beispiel mit einer Bossierung. Heute macht jeder moderne Architekt das, ebenso Fensterfaschen oder kleinteilige Fenstergliederungen. Das alles sind inzwischen vollkommen normale Gestal-

tungsdetails [...]"[35] (Robert Patzschke). Entsprechend erscheint es Hans Kollhoff „durchaus keine historistische Geste" zu sein, wenn er heute ein Gurtgesims verwendet.[36] Mit der Aufweitung des Formenrepertoires und der Allgegenwart dieser Architektur verliert sie jedoch zunehmend ihren Bedeutungsgehalt als historisierend. Für Jakob Siemonsen stellt das „Zeitgenössische" schon keine relevante Kategorie mehr dar: „[...] hat nicht fast jeder moderne Bau irgendwo mittlerweile historisierende Anklänge und wo schiebt man da eine Grenze vor?"[37] Damit werden auch die Kategorien einer historisierenden versus einer nicht historisierenden modernistischen Architektur obsolet. Entsprechend folgert Siemonsen „[...] sind wir da nicht längst schon rausgewachsen aus dieser Debatte?", und Robert Patzschke bekräftigt: „Dieser ganze polarisierende Diskurs sollte längst überholt sein."[38]

„NEO-HISTORISMUS"?

„Der Verdacht ist weg, daß hinter jeder Säule ein neokonservatives Gesellschaftsbild steht."[40]
(Oliver Elser, 2017)

„Der reinste Eklektizismus, aber was ist daran schlecht?"[39]
(Tobias Nöfer, 2015)

Der im Titel dieser Arbeit stehende und mit Fragezeichen versehene Begriff des „Neo-Historismus" greift einen seit den 1980er Jahren häufig verwendeten Terminus für das zeitgenössische historisierende Bauen auf.[41] Dem liegt der 1961 von Nikolaus Pevsner gehaltene Vortrag „Die Wiederkehr des Historismus" zugrunde, in dem er vor diesem neuen Phänomen warnte.[42] Bis heute wird in Fachpublikationen und Architekturkritik der Begriff des „Neo-Historismus" mehrheitlich abwertend verwendet. Oftmals liegt dabei bereits im Verweis auf den Historismus des 19. Jahrhunderts ein Vorwurf, haftet diesem durch seine „Rückwärtsgewandheid" und vermeintliche „Unaufrichtigkeit" doch noch immer ein negatives Image an. So wurde mit der Zunahme historisierender Neubauten in der Nachwendezeit beklagt, „[...] dass auch in der Architektur die Unterscheidung zwischen dem Wahren und dem Gefälschten kaum noch zählt. Immer stärker macht sich ein Hang zum Neohistorismus bemerkbar, immer mehr Architekten [...] scheuen sich nicht mehr vor dem adorieren-

den Zugriff auf das 19. Jahrhundert"[43] (Hanno Rauterberg, 2001).

Dem Thema widmete sich zuletzt 2009 und 2016 Katharina Brichetti, die Parallelen zwischen dem Historismus und dem zeitgenössischem „postmodernen Historismus" ausmacht; auch sie erkennt in beiden „Historismusphasen" einander ähnelnde „Täuschungsmanöver".[44] Nach Ansicht der Verfasserin dieser Arbeit trifft das auf die Mehrheit der zeitgenössischen historisierenden Bauten nicht zu. Vielmehr spielt die Entstehungszeit eines Bauwerks entsprechend den Vorstellungen von Kontinuität und Überzeitlichkeit dort eine untergeordnete Rolle. So werden keine Anstrengungen unternommen, die Neubauten historisch aussehen zu lassen, etwa durch eine künstlich geschaffene Patina oder exakte handwerkliche Detailbildungen gemäß den Vorbildern. Ebenso wird auf eine Anpassung der Baukörpergliederung und Proportionen verzichtet und kommen erkennbar moderne Materialien und Bauelemente zum Einsatz. Entsprechend der abnehmenden Bedeutung des realen Alters werden Neubauten nicht grundsätzlich anders bewertet als historische Architektur: Was zählt, ist die Qualität, von den VertreterInnen des zeitgenössischen historisierenden Bauens oftmals definiert als stimmiges Einfügen in den baulichen Kontext und die lokale Bautradition.

Tatsächlich weist das zeitgenössische historisierende Bauen Parallelen zum Historismus auf, etwa im freien assoziativen Zugriff auf unterschiedliche Stile, dies oftmals in Abhängigkeit von der Bauaufgabe und der lokalen, regionalen oder nationalen Bautradition. Kennzeichnend ist zudem der dezidiert eklektische Entwurfsansatz mit freier Kombination der Stilrezeptionen. Sowohl das zeitgenössische historisierende Bauen wie die historistische Architektur basieren auf modernen rationalen Strukturen, denen die historisierenden Fassaden nur vorgelegt sind. Wie im Historismus schätzen VertreterInnen des zeitgenössischen historisierenden Bauens die gestalterische Vielfalt in Form von Schmuckreichtum und kleinteiligen Gliederungen, woraus sich wiederum deren ästhetische Vorliebe für den Historismus als Vorbild ergibt.

Dennoch bestehen entscheidende Unterschiede, welche das zeitgenössische historisierende Bauen als Phänomen der jüngeren Zeit zu erkennen geben.[45] So schaute das 19. Jahrhundert aus einer Distanz auf die Zeugnisse der Vergangenheit, die wissenschaftlich untersucht wurden und als Maßstab für die historisierenden Neubauten dienten. Heute besteht ein anderes Geschichtsverständnis, gekennzeichnet von einer Auflösung der Grenzen zwischen Vergangenheit und Gegenwart. Historische Gebäude sind dabei nicht mehr normgebend, sondern dienen lediglich als Inspi-

rationsquellen. Häufig werden historische Formen zudem mit zeitgenössisch-modernistischen Lösungen verbunden. Einige Büros bieten dieses gesamte Spektrum, etwa Jordi Keller Pellnitz Architekten (Berlin), mit den Rubriken „Mittelalter", „Barock", „Gründerzeit", „Moderne" und „Nachkriegsmoderne".[46] Auch aus städtebaulicher Perspektive ist eine Mischung mit modernistischen Elementen gewollt[47] und werden teilweise Ensembles als „zu homogen" kritisiert.

Die fehlende Abgrenzung gegenüber der Vergangenheit und ihren Kunstformen unterscheidet das zeitgenössische historisierende Bauen auch von der postmodernen Architektursprache. Diese wird mit ihren verfremdet-ironisierenden Formen von VertreterInnen des jüngeren historisierenden Bauens vielfach abgelehnt[48] und höchstens als Zwischenschritt gewürdigt: „Vielleicht ist die Postmoderne […] ein gut gewollter, aber schlecht umgesetzter Weg zur traditionellen Architektur"[49] (Robert Patzschke). Die distanzierende Abstraktion und die ironischen Brechungen gelte es zu überwinden zugunsten einer sich selbstverständlich einfügenden Sprache: „Diese Distanz ist […] nicht mehr erforderlich. Sie war damals [in den 1980er Jahren: EE] erforderlich, weil man sich noch nicht getraut hat."[50]

Unterschiede zwischen dem zeitgenössischen historisierenden Bauen und dem Historismus bestehen auch in Bezug auf das Konzept der Neo-Stile. Dieses impliziert eine Abgeschlossenheit der Stilepochen, auf die nach einer zeitlichen Unterbrechung zurückgegriffen wird. Bei jüngeren Vorbildern des zeitgenössischen historisierenden Bauens ist ein klares Ende und eine Wiederbelebung der Strömungen aber kaum feststellbar, so etwa bei der in den 1970/1980er Jahren entwickelten postmodernen Architektursprache. Der in der Literatur aktuell zu findende Begriff einer „Neo-Postmoderne"[51] scheint für die Gegenwart damit fragwürdig. Dies gilt aber genauso für historisch abgeschlossene Strömungen, da sie den VertreterInnen des zeitgenössischen historisierenden Bauens kaum als solche erscheinen. Mit dem geänderten, die Grenzen zwischen dem Vergangenen und dem Heute auflösenden Geschichtsverständnis verliert sich daher auch das Konzept der Neo-Stile. Dessen schlichte Weiterschreibung bezogen auf jüngere Strömungen der Architekturgeschichte, wie es als einer der ersten Nikolaus Pevsner unternahm, ist damit obsolet. Bereits die beliebig erscheinende Auswahl an Bezugnahmen als Neo-Jugendstil, Neo-Gaudi, Neo-Amsterdamer Schule, Neo-de Stijl, Neo-Expressionismus, Neo-Perret[52] verweist auf die Fruchtlosigkeit dieses Prinzips für die jüngere Zeit.

Mit dem freien assoziativen – nicht historisch gedachten – Zugriff auf das gesamte Formenrepertoire verschwinden schließlich auch die Bedeutungszuweisungen und zeigt sich das zeitgenössische historisierende Bauen als primär ästhetisch begründetes Phänomen. Der lange Zeit pauschal erhobene Vorwurf der „Rückwärtsgewandtheit" und eines reaktionären bis politisch rechten Gedankenguts ist damit nicht haltbar.

Auch wenn das Prinzip der Neo-Stile für das heutige historisierende Bauen nicht mehr greift, haben die Benennungen als nähere Kennzeichnung der formal-gestalterischen Ausbildungen weiterhin ihre Berechtigung. Wie der Neo-Barock auf die Formensprache des Barock verweist, macht

es die *Neo-Nieuwe Haagse School*[53] in Bezug auf die Neue Haager Schule der 1930er Jahre und der „Neo-Historismus" auf den Historismus des 19. Jahrhunderts. Ein passender Name für das zeitgenössische historisierende Bauen insgesamt ist der „Neo-Historismus" jedoch nicht, da sich Ersteres in zentralen Aspekten vom Historismus des 19. Jahrhunderts unterscheidet. Folgenden Untersuchungen bleibt es überlassen, eine treffendere Bezeichnung zu finden.

ANMERKUNGEN
1 Hild 2017, S. 13
2 Brinkmann et al. 2014
3 Vgl. u. a. Engelberg-Dočkal 2017b; Engelberg-Dočkal 2019b, S. 111–113
4 Hild 2017, S. 25f.
5 Vgl. Jakob Siemonsen im Interview mit der Verfasserin am 13.7.2015; Tobias Nöfer im Interview mit der Verfasserin am 17.8.2015; Robert Patzschke im Interview mit der Verfasserin am 24.2.2016; Patzschke 2017, S. 63
6 Jakob Siemonsen im Interview mit der Verfasserin am 13.7.2015; vgl. Engelberg-Dočkal 2017a, S. 278
7 Tobias Nöfer im Interview mit der Verfasserin am 17.8.2015
8 Robert Patzschke im Interview mit der Verfasserin am 24.2.2016; vgl. Patzschke 2017, S. 63f.
9 Kollhoff 2014, S. 76
10 Christoph Kohl im Interview mit der Verfasserin am 23.11.2016
11 Patzschke 2017, S. 66, vgl. S. 62
12 Tobias Nöfer im Interview mit der Verfasserin am 17.8.2015; Patzschke 2017, S. 72; Jakob Siemonsen im Interview mit der Verfasserin am 13.7.2015; vgl. Kahlfeldt 2013, S. 7
13 Bosse/Drijver 2022, S. 28
14 Patzschke 2017, S. 62
15 Tobias Nöfer im Interview mit der Verfasserin am 17.8.2015; https://pphp.nl/visie/ (letzter Zugriff: 30.3.2023), Übers. aus dem Niederl. durch die Verfasserin
16 Patzschke 2017, S. 65, 68f.
17 Bosse/Drijver 2022, S. 25, 29; vgl. u. a. https://www.mulleners.nl/bureau/ (letzter Zugriff: 30.3.2023)
18 https://www.jordi-keller.de/Statement/index.htm (letzter Zugriff: 1.4.2023)
19 Patzschke 2013
20 Hild 2017, S. 24; vgl. hierzu S. 4ff.
21 Patzschke 2017, S. 63, 68f.
22 Kahlfeldt 2013, S. 9
23 Ebd., S. 7, vgl. Einleitung „Definition und Methode"
24 Kollhoff 2014, S. 40
25 Patzschke 2013
26 Stern 1988; vgl. u. a. Kollhoff 2014, S. 11; Jakob Siemonsen im Interview mit der Verfasserin am 13.7.2015; Hild 2017, S. 22f.; Patzschke 2017, S. 69

27 Patzschke 2017, S. 63f.; entsprechend Tobias Nöfer im Interview mit der Verfasserin am 17.8.2015
28 Tobias Nöfer im Interview mit der Verfasserin am 17.8.2015
29 Kollhoff 2014, S. 11, vgl. S. 44
30 Patzschke 2017, S. 63f.
31 Kollhoff 2014, S. 73; vgl. S. 74
32 Gumbrecht 2010, S. 14, 16
33 Ebd., S. 16
34 Ebd., S. 67
35 Patzschke 2017, S. 70
36 Kollhoff 2014, S. 74
37 Jakob Siemonsen im Interview mit der Verfasserin am 13.7.2015
38 Ebd.; Patzschke 2017, S. 70, vgl. Engelberg-Dočkal 2017b, S. 127
39 Tobias Nöfer im Interview mit der Verfasserin am 17.8.2015
40 Elser 2017, S. 67
41 Vgl. Engelberg-Dočkal 2017a, u. a. S. 277
42 Vgl. Pevsner 1961; vgl. Pevsner et al. 1971, S. 246
43 Rauterberg 2001, S. 2
44 Brichetti 2009a, S. 294f., 297; Brichetti 2009b, S. 139; Brichetti 2016, S. 48
45 Engelberg-Dočkal 2017a, S. 278, 280
46 https://www.jordi-keller.de/ (letzter Zugriff: 1.4.2023)
47 Vgl. Jakob Siemonsen im Interview mit der Verfasserin am 13.7.2015; Robert Patzschke im Interview mit der Verfasserin am 24.2.2016
48 Vgl. u. a. Kollhoff 2014, S. 74; Jakob Siemonsen im Interview mit der Verfasserin am 13.7.2015
49 Patzschke 2017, S. 65
50 Ebd.
51 Elser 2017, S. 62; Hnilica/Rambow 2021
52 Pevsner 1961, S. 117
53 Teunissen 2018, u. a. S. 56

KRITISCHES GLOSSAR

G1

Dieses Glossar erläutert eine Auswahl der von der Verfasserin verwendeten Begriffe aus dem Kontext des zeitgenössischen historisierenden Bauens. Primäres Ziel ist es, die für eine Analyse dieses Phänomens erforderliche Klarheit und Präzision der Termini sicherzustellen;[1] nicht beabsichtigt ist eine grundsätzliche Festschreibung der gewählten Definitionen und die Ablehnung abweichender Lesarten. Erläutert werden vor allem Begriffe, deren Bedeutung in den verschiedenen Fachdisziplinen und Forschungskontexten variiert und die daher missverständlich sein können. So handelt es sich bei vielen pauschal als „Rekonstruktion" oder „Kopie" titulierten Bauwerken um Neubauten in frei historisierenden Formen, die als solche zu betrachten und bewerten sind. Kritisch ist das Glossar, indem es die Gebundenheit von Begrifflichkeiten an historische und gesellschaftliche Kontexte und Fächerkulturen in den Blick nimmt und die gewählten Bedeutungszuschreibungen reflektiert.[2] Damit bietet es die Möglichkeit, bestimmte in den einzelnen Disziplinen verankerte Vorstellungen zu hinterfragen und neue Perspektiven auf das zeitgenössische historisierende Bauen zu eröffnen.

Zugleich werden mit der Verwendung bestimmter Begriffe und deren Definitionen Kategorien zur Ordnung der historisierenden Bauten bezüglich intensionaler und formal-gestalterischer Ansätze formuliert. Im Rahmen der Analyse zeigt sich, dass die Bauten häufig nicht exakt oder nicht ausschließlich einem dieser Begriffe zuzuweisen sind. Diese „Unschärfe" beziehungsweise „Hybridität" kann als Merkmal der zeitgenössischen historisierenden Architektur gelten, wirft zugleich aber Fragen nach der methodischen Eignung der verwendeten Kategorien auf.[3] Das Glossar dient damit auch als Instrumentarium zur Prüfung des methodischen Ansatzes dieser Arbeit. Späteren Untersuchungen sei es überlassen, eventuell adäquatere Kategorien zur Analyse des Phänomens zu entwickeln und in grundsätzlicher Weise die Vorstellung einer historisierenden Architektur zu hinterfragen.

ALTSTADT__Eine „Altstadt" entsteht durch die Gründung einer „Neustadt" als eigenständige juristische Verwaltungseinheit: Erst durch diese wird die ursprüngliche Stadt zur Altstadt. Im Gegensatz hierzu meint Altstadt in dieser Arbeit eine bestimmte ästhetische Vorstellung bezogen auf einen historischen Stadtkern in der Funktion eines touristisch-kulturellen Zentrums. Damit ist sie nicht mehr an Elemente der juristischen Stadt, etwa eine Stadtmauer, ein Rathaus und eine Pfarrkirche, gebunden. Grundlegend sind vielmehr das Stadtbild der Vormoderne mit geschlossenen Platzräumen, schmalen verwinkelten Straßen und einer verdichteten Bebauung mit kleinparzellierten individuell gestalteten Häusern in historischen Formen.[4] Altstadt meint in diesem

G1_Frankfurt am Main, „Neue Altstadt" am Eröffnungstag 2018, Foto 2018 G2_Bremen, Bremer Bank am Domshof mit integrierter klassizistischer Fassade, Dietrich und Hermann, 1978–1982, Foto 2011 G3_Stuttgart, Calwer Straße, Wohn- und Geschäftshaus, Kammerer und Belz, 1974–1978, Foto 2015

Sinne also einen im Stadtkern liegenden städtischen Raum mit historischer Atmosphäre, den es in Außenbezirken oder in Städten der Moderne in dieser Form nicht gibt. Das tatsächliche Alter der Bauten ist dabei unerheblich (Abb. G1).

Diese Form der Altstadt erlebte eine erste Konjunktur im späten 19. Jahrhundert mit temporären Altstadt-Nachbildungen im Rahmen von Ausstellungen und den sogenannten Altstadtsanierungen. Durch Abbrüche und die Anlage neuer Straßen sowie moderner Neubauten in historisierenden Formen wurden dabei neue stimmungsvolle Stadträume geschaffen. In den 1920/1930er Jahren erlebten viele historische Stadtkerne solche oftmals massiven Umgestaltungen. Diese Altstädte sind damit „Produkte" der Moderne und bilden „Sonderzonen" in der Stadt aus.[5] Es folgten weitere Konjunkturen dieser Altstadt im Zuge des Wiederaufbaus nach dem Zweiten Weltkrieg und mit Wiederentdeckung der historischen Stadt ab den 1970er Jahren.[6] Parallel dazu entstand das städtebauliche Leitbild der „europäischen Stadt", das auf die Strukturen historischer Stadtzentren wie Parzellierung und Straßenführung fokussiert, aber nicht zwingend historisierende Bauformen fordert.

ANPASSUNGSARCHITEKTUR__Der Fokus dieser Architektur liegt in der Einbindung in einen bestehenden baulichen Kontext. In der Moderne finden sich Beispiele vor allem im Rahmen der Stadtbildpflege und beim Wiederaufbau nach dem Zweiten Weltkrieg. In den 1980er Jahren erlangte die Einbindung von Neubauten in den Bestand eine neue Relevanz. Übernommen wurden etwa Gebäude- und Geschosshöhen, Baukörpergliederun-

G2

gen und Fassadenmaterialien wie Backstein, Putz oder Naturstein (Abb. G2). Dem Geschmack der 1980er Jahre folgend dominierten in dieser Zeit gebrochene dunkle Farben, vor allem Brauntöne. Einzelne historisierende Elemente, wie Erker, Giebel und Arkaden, wurden in abstrahierter Form

G3

141

eingesetzt (Abb. G3) und bildeten dabei oft fließende Übergänge zur postmodernen Architektur.

ARCHITEKTURMODERNE__ Der Begriff übernimmt die von den VertreterInnen selbst geprägte Bezeichnung für eine auf Fortschrittlichkeit und Modernität setzende internationale Architektursprache der 1920/1930er Jahre, die dabei bestimmten formal-gestalterischen Ansätzen folgt. Diese werden unter Namen wie *International Style*, Funktionalismus oder Neues Bauen gefasst. Mit der Verwendung des Begriffs „Moderne", der auf eine ganze Epoche verweist, suggeriert er eine Allgemeingültigkeit dieser Architekturströmung. Zur Distanzierung davon erscheint der Begriff „Architekturmoderne" in dieser Arbeit in Anführungszeichen.

HANDZEICHNUNG__ Unter dem Begriff der Handzeichnung werden in dieser Arbeit architektonische Entwurfsdarstellungen verstanden, die als Freihandzeichnungen in Bleistift oder Tusche und oftmals mit farbiger Unterlegung (wie Buntstiftzeichnung oder Aquarellmalerei) entstanden oder – als digitale oder „hybride Zeichnungen"[7] – den Anschein einer solchen erwecken. Handzeichnungen bilden ein zentrales Medium der zeitgenössischen historisierenden Architektur. Ihr Spektrum reicht von Umrisszeichnungen und Perspektiven (Abb. G4) über atmosphärisch-malerische Skizzen (Abb. G5) bis hin zu detailreichen Darstellungen (Abb. G6). Dabei werden auch historische Techniken wiederbelebt, wie etwa in der Architekturlehre von Andreas Hild an der Technischen Universität München die aquarellierte Tusche- oder Bleistiftzeichnung der „Revolutionsarchitekten"

des späten 18. Jahrhunderts: „Es ist reizvoll, dieses Erbe aufzunehmen, auch um auszuloten, wie moderne rechnergestützte Zeichentechniken im Sinne dieser Tradition weiterzuentwickeln sind."[8] Die Vorliebe für Handzeichnungen im historisierenden Bauen kann in Verbindung mit der Wertschätzung des handwerklich Gemachten sowie sorgfältig und detailreich Gearbeiteten gesehen werden. Entsprechend assoziiert diese Darstellungsweise Vorstellungen von Tradition, Qualität und Beständigkeit. Zur Schaffung ästhetisch ansprechender und atmosphärisch stimmiger Bilder werden die Neubauten harmonisch in ihr Umfeld eingebunden (Abb. G7). Die Zeichnungen selbst erscheinen in Absetzung von Renderings als das Individuelle und Besondere und fungieren damit als „Herausstellungsmerkmal".[9]
Die Wiederbelebung der architektonischen Handzeichnung steht in der Tradition der Postmoderne der 1970/1980er Jahre, die diesem Medium neue Bedeutung als autonomes Kunstwerk zusprach. Von Patzschke & Partner Architekten wird die Handzeichnung seit langem eingesetzt und dient der Präsentation des Werkes (vgl. Abb. G6); 2013 erschien ein Band ausschließlich mit Handzeichnungen des Büros.[10] Robert Patzschke betont die enge Verbindung zwischen dem Handzeichnen und der historisierenden Architektursprache, das Entwerfen sei damit intuitiver und Inspirationen könnten unmittelbarer Aufnahme finden.[11]

HEIMATSCHUTZSTIL UND HEIMATSCHUTZARCHITEKTUR__„Heimatschutzstil" und „Heimatschutzarchitektur" werden in dieser Arbeit als Synonyme verwendet. Sie bezeichnen eine Architekturströmung, die im frühen 20. Jahrhundert parallel zu

G4_Den Haag, Nieuw Lekkerland, Middelweg, Wohnzeilen, ab 2014, Perspektivzeichnung, Scala Architekten **G5**_Harderwijk, Neubauareal, Parkplatz, farbige Zeichnung, Mulleners + Mulleners, Haarlem, 2011 **G6**_Berlin, Klosterstraße, „Klostergärten", Wohnbebauung, farbig lavierte Zeichnung, Patzschke Architekten, Berlin, 2012 **G7**_Groningen, Grote Markt, Ostseite, Wohn- und Geschäftshaus „Oosterling", Zeichnung, Monadnock, Rotterdam, 2016

G4

G5

G6

G7

G8   G9

der 1904 gegründeten kulturpolitischen Organisation *Bund Heimatschutz* im Deutschen Reich entstand.[12] Die Begriffe verweisen entsprechend auf den gesellschaftspolitischen Hintergrund dieser Architektur. Als gemeinsamer Nenner kann eine vermeintliche Erhaltung und Weiterführung von lokalen, regionalen sowie „völkischen" und nationalen, hier deutschen, Bautraditionen gelten. Ein Verweis auf die während des „Dritten Reiches" vielfach vorhandenen Verbindungen zum Nationalsozialismus soll mit der Begriffsverwendung hier nicht erfolgen. Vielmehr wird „Heimatschutzstil" oder „Heimatschutzarchitektur" als eine auf deutsche Bautraditionen rekurrierende Architektursprache verstanden, die in formal-gestalterischer Hinsicht zur traditionalistischen Architektur der Moderne zu zählen ist.[13] Als historisierend kann sie in ihrem Rückgriff auf historische Typologien, Stilformen und Bauelemente gelten. Der „Heimatschutzstil" oder die „Heimatschutzarchi-

tektur" zeigt, insbesondere im Wohnungsbau, eine Kontinuität bis in die 1950er Jahre (Abb. G8). Wie bei traditionalistischer Architektur generell ist die Entstehungszeit der Bauten oft nur schwer erkennbar. Aufgrund ihrer gesellschaftspolitischen Konnotation werden die Begriffe nicht für jüngere traditionalistische Bauten verwendet. Bezüglich Dauer und Quantität handelt es sich um eine der zentralen Strömungen der Moderne.

HISTORISIERENDE ARCHITEKTUR__Historisierende Architektur meint in dieser Arbeit jedes Bauen in und mit historischen Bauformen, Motiven und Bauelementen und umfasst damit ganz unterschiedliche Gestaltungen. Gemeinsam ist diesen, dass ihre Vorbilder aus der Vergangenheit beziehungsweise einer imaginierten Vergangenheit stammen. Anhand des Verhältnisses zum Vorbild können verschiedene Kategorien definiert werden, wie freies historisierendes

G10

Bauen ohne enge Bindung an konkrete Bauten oder Stilbildungen, Zitat oder – als Sonderformen – Kopie und Rekonstruktion. Das historisierende Bauen ist zu unterscheiden von historischer Architektur bezogen auf die Epoche des Historismus.

HISTORISMUS__Der Historismus meint sowohl eine Geistesepoche als auch eine Stilepoche der europäischen Kunst im 19. und frühen 20. Jahrhundert. Die Architektur dieser Zeit galt mit ihren Rückgriffen auf historische Stile lange nicht als eigenständiger zeitgenössischer Ausdruck; erst in den 1970er Jahren wurde sie, insbesondere von Renate Wagner-Rieger, durch Formulierung spezifischer formal-gestalterischer Kennzeichen als Kunstepoche etabliert.[14] Damit ist der Historismus in das Stilepochensystem eingebunden, das für jede Epoche spezifische homogene Ausdrucksformen voraussetzt.[15] Zu den zeitty-pischen Merkmalen historistischer Architektur zählen ein auf wissenschaftlichen Kenntnissen beruhender Rückgriff auf historische Stile sowie ein eklektischer Entwurfsansatz. Entsprechende Fassadengestaltungen sind den typologisch und technisch modernen Neubauten als äußere „Verkleidungen" vorgelegt. Die historische Stilepoche dient seit den 1970er Jahren selbst als Vorbild für jüngere historisierende Tendenzen.

KOPIE__Die Kopie setzt zwingend die Existenz eines Originals voraus. Sie entsteht daher notwendigerweise an einem anderen Ort als das Vorbild, aber ansonsten als dessen möglichst exakte Wiederholung. Gebaute Kopien sind in der Realität selten. Oftmals entstehen sie zum Schutz des originalen Gebäudes oder der Örtlichkeit. Prominent sind etwa die 1983 in 200 Metern Entfernung von der Höhle von Lascaux errichtete Kopie „Lascaux 2" sowie die zum Kulturstadtjahr 1999 in Sichtweite von Goethes Gartenhaus im Weimarer Ilmpark erbaute Gebäudekopie. 2002 wurde „Goethes Gartenhaus II" nach Bad Sulza transloziert (Abb. G9). Im Kontext der Themenarchitektur entstehen vielfach Nachbauten ikonischer Bauwerke, allerdings zumeist in verändertem Maßstab und anderer Materialität, so beispielsweise die chinesische Wohnanlage Hallstatt (2011/12) nach Vorbild des gleichnamigen österreichischen Alpendorfes. Die Einkaufspassage Haagse Bluf (1999–2001) in Den Haag integriert nach Entwurf von Van Lamoen & Wurth (Den Haag) und W. E. Hienkens (Delft) Fassadenkopien lokaler Bauten, darunter der Jugendstilfassade eines Geschäftshauses von 1898[16] (Abb. G10).

MODERNE__Der Begriff Moderne findet in dieser Arbeit in zwei Bedeutungen Anwendung. Zunächst bezeichnet Moderne eine in der zweiten Hälfte des 18. Jahrhunderts auf die Frühe Neuzeit folgende europäische Großepoche.[17] Ob und

gilt in dieser Bedeutung etwa als Gegenpart der Postmoderne.

MODERNISMUS__Das Suffix „ismus" legt die Betonung auf eine die Modernität zum Ausdruck

G11

G12

wann diese endete, etwa mit der Postmoderne in den 1970er Jahren, oder ob sie bis heute anhält, wird in dieser Arbeit nicht thematisiert. Der Architektur der Moderne ist keine spezifische Formensprache zuzuordnen, vielmehr ist sie durch eine Vielfalt unterschiedlicher, parallel existierender Strömungen gekennzeichnet. In einer weiteren Bedeutung fokussiert die Moderne auf Vorstellungen von Fortschritt und Innovation. In Bezug auf die Architektur liegt der Blick dabei auf Aspekten der Rationalisierung, Ökonomisierung, Standardisierung und Typisierung. Die Moderne

bringende Formensprache, die sich dabei auf die „Avantgarden" des frühen 20. Jahrhunderts beruft. Die formalen Kennzeichen, wie schmucklose stereometrische Baukörper, Fensterbänder oder weiße Oberflächen, werden in dieser Arbeit als Äquivalent zu denen des *International Style* gesehen.

NEO-HISTORISMUS__Häufig wird das jüngere historisierende Bauen als ein Wiederaufleben des Historismus gedeutet und in Entsprechung zu den Neo-Stilen des 19. Jahrhunderts als „Neo-Historismus" bezeichnet. Den Ausgangspunkt hierfür lieferte Nikolaus Pevsner 1961 mit seinem Vortrag „Die Wiederkehr des Historismus" im Londoner Royal Institute of British Architects.[18] In Fachpublikationen und vor allem in der Architekturkritik wird der Begriff mehrheitlich abwertend und zumeist ohne differenzierte Analyse eingesetzt. Die Verfasserin sieht eine allgemeine Bezugnahme des zeitgenössischen historisierenden Bauens auf den Historismus kritisch[19] und distanziert sich von der pauschalen Negativbewertung dieser Architektur. In dieser Arbeit erscheint der Begriff in Verweis auf dessen Verwendungsgeschichte in Anführungszeichen. Berechtigung wird ihm als Kennzeichnung eines formal-gestalterischen Rückgriffs auf die historistische Architektur des 19. Jahrhunderts zugesprochen (Abb. G11, G12).

NEO-MODERNE UND NEO-MODERNISMUS__Die Begriffe beschreiben eine Bezugnahme auf die „Architekturmoderne" der Zwischenkriegszeit, die mit der Historisierung und dem neuen Interesse an dieser Architektur in den späten 1960er Jahren auftrat. Hierfür stehen etwa die Bauten der New York Five mit ihrer Orientierung an Le Corbusiers ikonischen Werken der 1920er Jahre.[20] Die Begriffe finden sich, oftmals als Synonyme verwendet, seit den 1980er Jahren für diese Architektursprache[21] und sind in der Fachliteratur etabliert. Der Begriffslogik dieser Arbeit entspricht der Terminus „Neo-Modernismus" für eine formal-gestalterische Anlehnung an die „Architekturmoderne" (Abb. G13). Oftmals erfolgt dies bezogen auf die Bauaufgabe und Gebäudetypologie, insbesondere beim sozialen Wohnungsbau und im gehobenen Eigenheimbau, oder auf bestimmte

G13

lokale Bautraditionen. Mit der Verwendung des Begriffs „Neo-Modernismus" wird keine Aussage über das Verhältnis zum Vorbild gemacht und es bleibt damit offen, ob es sich um den Rückgriff auf eine historische Architektursprache, einen frei-assoziativen Zugriff auf diese Bauformen oder die Fortsetzung einer Tradition handelt.[22]

POSTMODERNE__Postmoderne meint hier die um 1970 einsetzende geistesgeschichtliche Epoche, die sich gegen den Fortschrittsglauben und die große Erzählung der Moderne wendet. Ob die Postmoderne eine eigene Epoche bildet oder Teil der Großepoche der Moderne ist, wird in dieser Arbeit nicht diskutiert und bleibt offen. Dasselbe gilt für die Frage, ob und wann die Postmoderne ein Ende fand. Für die Architektur sieht die Verfasserin mit dem Beginn der Postmoderne eine deutliche Zäsur. Kennzeichen von Städtebau und Architektur der Postmoderne sind Vielfalt und Heterogenität, Geschichtsbezogenheit und Kontextualisierung, etwa in Form historisierender Gestaltungen und von Zitaten.[23]

POSTMODERNE ARCHITEKTURSPRACHE__ Gemeint ist nicht *eine* architektonische Formensprache der Postmoderne – eine solche singuläre Sprache kann es im Sinne der pluralistisch definierten Geistesepoche nicht geben. Der Begriff der postmodernen Architektursprache bezeichnet dagegen eine spezifische, mit der Epoche der Postmoderne in den 1970er Jahren aufgekommene Gestaltungsweise. Kennzeichnend sind historisierende Elemente in verfremdeten, zuweilen ironisch gebrochenen Formen, bunte Farben und eine Vorliebe für architektonische Zitate. In der Forschung wird mehrheitlich ein Ende der postmodernen Architektursprache um 1990 gesehen. Dem schließt sich die Verfasserin, vor allem mit Blick auf die internationale Entwicklung, nicht an (Abb. G14).

G14

REKONSTRUKTION__ Rekonstruktion meint in dieser Arbeit die möglichst genaue Wiederherstellung eines verlorenen Gebäudes oder Ensembles in dessen letzter Fassung, und zwar am selben Ort, gestützt auf eine wissenschaftliche Dokumentation sowie Schrift- und Bildquellen und, soweit möglich, unter Verwendung originaler Baufragmente.[24] Dem Begriff implizit ist oft ein zeitlicher Abstand zwischen Zerstörung und Neubau, der damit gegebenenfalls in einem neuen städtebaulichen Kontext erfolgt. Abweichend hierzu wurde in der DDR unter Rekonstruktion eine umfassende Erneuerung eines Gebäudebestandes verstanden,[25] oft als „komplexe Rekonstruktion" bezeichnet. Rekonstruktionen im hier gewählten Wortsinn sind vorwiegend ein Phänomen der Moderne und kommen nach heutigem Forschungsstand nur im Einzelfall in früheren Zeiten vor,[26] etwa bei dem nach Brand von 1689 in den alten Formen neu errichteten Geburtshaus von Martin Luther in Eisleben.[27] Der Begriff wird hier explizit nicht für jedes Bauen in Anlehnung an ein historisches Vorbild verwendet.[28]

SPOLIE__ Spolien bezeichnen Bauteile, die in einem neuen Kontext wiederverwendet wurden.[29] Mehrheitlich sollen diese erkennbar sein und dem Neubau eine weitere Bedeutungsebene zuweisen (vgl. Abb. P2), oftmals ist aber nicht klar zu unterscheiden, ob es sich um neue oder wiederverwendete Bauteile handelt (vgl. Abb. D26, G15). Spolien kommen seit der Antike in allen Zeiten vor und erleben in jüngerer Zeit eine Konjunktur. Auch wiederverwendete Baumaterialien, wie alte Eichenbalken oder geschredderte Betonelementen[30], können zu Spolien gezählt werden.

G15

TRADITIONALISMUS__ Mit Traditionalismus in der Architektur ist hier eine Formensprache in Anlehnung an schlichte, ländliche oder kleinstädtische Bauten der Zeit um 1800 gemeint. Zu den Kennzeichen zählen Putzfassaden, hohe Sattel- oder Walmdächer, Fensterläden und Gauben. Traditionalistische Architektur ist ein Teil der Moderne und setzt sich bewusst vom Historismus ab. Anders als traditionelle Architektur greift die traditionalistische auf eine abgebrochene Tradition zurück, die damit wiederbelebt werden soll, oder sie konstruiert eine solche neu.[31] Der „Heimatschutzstil" oder die „Heimatschutzarchitektur" ist Teil des Traditionalismus. Die Bezeichnung „Neo-Traditionalismus" für das gesamte zeitgenössische historisierende Bauen[32], wie sie im angelsächsischen Raum und in den Niederlanden üblich ist, lehnt die Verfasserin ab, da dort keine bestimmte

Tradition im genannten Sinne wiederbelebt oder geschaffen werden soll.

WIEDERAUFBAU__ Gemeint ist ein nach Zerstörung zeitnah wieder aufgebautes Bauwerk oder Ensemble bis hin zu wieder errichteten zerstörten Städten.[33] Im Gegensatz zur Rekonstruktion liegt die Betonung auf der unmittelbaren Wiedererrichtung, eine Aussage zu Konzeption, Materialität, Konstruktion und Gestaltung ist damit nicht verbunden. Ein Wiederaufbau kann also in historischen Formen wie auch in modernistisch-zeitgenössischer Sprache der Wiederaufbauzeit erfolgen. Der „verzögerte Wiederaufbau" meint eine nach größerem zeitlichem Abstand, aber nicht dem Vorbild getreu folgende Wiedererrichtung.

ZITAT__ Zitate sind in der Architektur Verweise auf konkrete Bauwerke oder auch spezifische Bautraditionen. Im Gegensatz zu sprachlichen Zitaten, die durch Anführungsstriche gekennzeichnet sind, ist das architektonische Zitat freier, weniger klar definiert und wird schwieriger erkannt. Architektonische Zitate kommen daher vor allem als identische oder ähnliche Wiederholungen von Motiven, Formlösungen oder Bautypen vor. Insgesamt handelt es sich um ein unspezifisches und schwer fassbares Phänomen, zumal sich Art und Bedeutung von Zitaten in der Architekturgeschichte ändern können.[34] Zitate treten zu allen Zeiten auf, eine besondere Vorliebe dafür zeigt unter anderem die postmoderne Architektursprache. Die zitierten Bauwerke oder Traditionen können der gesamten Architekturgeschichte entstammen, wobei (zur Gewährleistung der Erkennbarkeit) vorwiegend kanonische Werke herangezogen werden.

149

ANMERKUNGEN

1 Vgl. den Abschnitt „Definition und Methode" der Einleitung

2 Vgl. dagegen das „Glossar" als Worterklärung bei Engel 2018. Dieses umfasst zudem allgemeine, über den Themenbereich der Architektur hinausgehende Termini (wie Charakter, Dialog, Ideologie, Repräsentation, Sehnsucht, Symbol, Verlust, Wert etc.).

3 Vgl. Engelberg-Dočkal 2017b; vgl. den Abschnitt „Vielfalt und Hybridität" der Zusammenfassung

4 Vgl. Kaspar 2015

5 Vinken 2010

6 Vgl. Vinken 2016; Engelberg-Dočkal 2019c

7 Philipp 2020, S. 245f., „Analoge, digitale und hybride Zeichnungen", dort ohne Berücksichtigung zeitgenössisch historisierender Arbeiten; vgl. Kühnlein 2018

8 Andreas Hild, in: Hild et al. 2017, S. 55

9 Andreas Wolf Schulze, in: Hild et al. 2017, S. 58

10 Patzschke 2013, vgl. Vorwort, S. 7

11 Patzschke 2017, S. 55f.

12 Vgl. zuletzt Schmitz 2022, dort mit Schwerpunkt auf der Programmatik und dem Heimatschutzdiskurs

13 Kirchner 2010, S. 204; vgl. Engelberg-Dočkal 2021b

14 Vgl. Wagner-Rieger 1970

15 Vgl. u. a. Engelberg-Dočkal 2017a; Garberson 2021

16 http://www.architectuurgids.nl/project/list_projects_of_architect/arc_id/2030/prj_id/1781 (letzter Zugriff: 26.3.2023)

17 Vgl. Engelberg-Dočkal 2021a; Engelberg-Dočkal 2021b

18 Pevsner 1961; vgl. Pevsner et al. 1971, S. 246

19 Vgl. Engelberg-Dočkal 2017a

20 Vgl. Engelberg-Dočkal 2019a, S. 63f.

21 Vgl. Jencks 1990, S. 14; der englische Titel lautet: The New Moderns: From Late to Neo-Modernism

22 Vgl. Engelberg-Dočkal 2019a; Engelberg-Dočkal 2019b; Engelberg-Dočkal 2021a

23 Vgl. Engelberg-Dočkal 2016b

24 Vgl. Burmeister 1997

25 Ebd., S. 17

26 Eine andere Definition von Rekonstruktion bei Götz 1984; Nerdinger 2010; vgl. Magirius 2010, S. 149f.

27 Fischer 1997, S. 8

28 So Nerdinger 2010; Maaß 2015; Oswalt 2022, S. 276; vgl. Engelberg-Dočkal 2010a

29 Zuletzt umfassend: Meier 2020

30 Etwa die Brüstungen des Berliner Bikini-Hauses: vgl. Meier 2020, S. 183

31 Vgl. Kirchner 2010, S. 203f.

32 Vgl. u. a. Sewing 1998; Schmitz 2022, S. 11

33 Vgl. Fischer 1997, S. 7

34 Vgl. Baumberger 2014; Bosman 2014

ANHANG

LITERATURVERZEICHNIS

Adamson/Pavitt 2011

Adamson, Glenn/Pavitt, Jane (Hg.): *Postmodernism. Style and subversion 1970–1990*. London 2011

Alexander 2018a

Alexander, Matthias: *Die neue Altstadt, Bd. 1: Die Entstehung; Bd. 2: Das Quartier*. Frankfurt/Main 2018

Alexander 2018b

Alexander, Matthias: „Eine Art Bürgerbegehren. Willensbildung in Stadtgesellschaft und Kommunalpolitik vom städtebaulichen Ideenwettbewerb bis zum Baubeginn". In: Alexander 2018a, Bd. 1, S. 69–96

Altrock et al. 2010

Altrock, Uwe/Bertram, Grischa/Horni, Henriette (bearb.): *Positionen zum Wiederaufbau verlorener Bauten und Räume*, hrsg. vom Bundesministerium für Verkehr, Bau und Stadtentwicklung, Forschungen Heft 143. Bonn 2010

Angermann 2021

Angermann, Kirsten: „Aus zwei mach eins? Architektur(en) in Ost- und Westdeutschland nach 1990". In: Berkemann 2021, S. 20–31

Angermann/Engelberg-Dočkal 2016

Angermann, Kirsten/Engelberg-Dočkal, Eva von: „...wie die Geschichte weiterging". In: *Szenarien der Moderne*, HRMagazin. Festgabe für Hans-Rudolf Meier, hrsg. von Kirsten Angermann et al. Weimar 2016, S. 44–51; http://e-pub.uni-weimar.de/opus4/frontdoor/index/index/docId/2698

Angermann/Hilse 2013

Angermann, Kirsten/Hilse, Tabea (Hg.): *Altstadtplatten: „komplexe Rekonstruktion" in den Innenstädten von Erfurt und Halle*. Weimar 2013

Aslet 1986

Aslet, Clive: *Quinlan Terry. The revival of architecture*. Harmondsworth, New York 1986

Bartetzky 2002

Bartetzky, Arnold: „Zwischen Denkmalpflege und Stadtverhübschung. Der Wiederaufbau historischer Stadtzentren in Nordpolen seit 1980". In: Lichtnau 2002, S. 434–446

Bartetzky 2006

Bartetzky, Arnold: „Gebaute Geschichtsfiktionen. Architektonische Rekonstruktionsprojekte der letzten Jahrzehnte in Mittel- und Osteuropa". In: Klein/Sigel 2006, S. 63–86

Bartetzky 2009

Bartetzky, Arnold: „Die korrigierte Geschichte. Nationalstil und Nationalerbe in der polnischen Architektur und Denkmalpflege". In: Bingen et al. 2009, S. 123–146

Bartetzky 2010

Bartetzky, Arnold: „Die Rolle der Rekonstruktion nach dem Wechsel der Systeme in Osteuropa". In: Nerdinger 2010, S. 138–147

Bartetzky 2012a

Bartetzky, Arnold: *Nation – Staat – Stadt. Architektur, Denkmalpflege und visuelle Geschichtskultur vom 19. bis zum 21. Jahrhundert.* Köln, Weimar, Wien 2012

Bartetzky 2012b

Bartetzky, Arnold: „,Seid von Zeit zu Zeit auch tolerant!' Historische Positionen der Denkmalpflege zur politisch motivierten Rekonstruktion zerstörter Baudenkmäler". In: Bartetzky 2012a, S. 33–52

Bartetzky 2012c

Bartetzky, Arnold: „Stadtplanung und Denkmalpflege im geteilten Europa. Der Wiederaufbau zerstörter Städte in den beiden deutschen Staaten und in Polen nach dem Zweiten Weltkrieg". In: Bartetzky 2012a, S. 85–108

Bartetzky 2013

Bartetzky, Arnold: „Der Teufel im Detail. Der Wiederaufbau von Alt-Elbing, kritisch gesehen". In: *Frankfurter Allgemeine Zeitung*, 22.10.2013, Nr. 245, S. 33

Bartetzky 2017

Bartetzky, Arnold (Hg.): *Geschichte bauen: architektonische Rekonstruktion und Nationenbildung vom 19. Jahrhundert bis heute.* Köln, Weimar, Wien 2017

Baumberger 2014

Baumberger, Christoph: „Gibt es architektonische Zitate?". In: *Zeitschrift für Semiotik* 36, 1–2 (Themenheft Architektur, Zeichen, Bedeutung: Neue Arbeiten zur Architektursemiotik), 2014, S. 95–124

Beeren 1982

Beeren, Wim (Red.): *Het nieuwe bouwen: Rotterdam 1920-1960.* Delft 1982

Behrendt 1927

Behrendt, Walter Curt: *Der Sieg des neuen Baustils.* Stuttgart 1927

Bergvelt 1975

Bergvelt, Elinoor: *Nederlandse architectuur 1910–1930. Amsterdamse School.* Amsterdam 1975

Berkemann 2021

Berkemann, Karin (Hg.): *Das Ende der Moderne? Unterwegs zu einer Architektur der 1990er Jahre.* Berlin 2021

Bernhardt/Welzbacher 2007

Bernhardt, Katja/Welzbacher, Christian: „Historismen? Modernismen! Editorial". In: *Kritische Berichte*, 2/2007, S. 2–10

Biermann 2000

Biermann, Veronica: „Strategien städtischer Identitätsstiftung. Der ‚luogo di memoria' und Jacopo Sanovinos Loggetta in Venedig. Das ‚Gedächtnis der der Stadt' und Aldo Rossis Quartier Schützenstrasse in Berlin. Eine Gegenüberstellung". In: *Georges-Bloch-Jahrbuch des Kunsthistorischen Instituts der Universität Zürich*, 7/2000, S. 214–231

Bingen et al. 2009

Bingen, Dieter/Loew, Peter Oliver/Popp, Dietmar (Hg.): *Visuelle Erinnerungskulturen und Geschichtskonstruktionen in Deutschland und Polen seit 1939*, Beiträge der 13. Tagung des Arbeitskreises deutscher und polnischer Kunsthistoriker und Denkmalpfleger in Darmstadt 2006. Warschau 2009

Bingener/Stojan 2013

Bingener, Andreas/Stojan, Michael (Hg.): *„Und würdig wohnt im Neuen das Gewesene...". Wiederaufbau in Siegen – Liebe auf den zweiten Blick*, Beiträge zur Geschichte der Stadt Siegen und des Siegerlandes, Bd. 23, hrsg. i. A. des Siegerländer Heimat- und Geschichtsvereins e. V. und der Stadt Siegen. Siegen 2013

Boeijenga/Mensink 2008

Boeijenga, Jelte/Mensink, Jeroen: *Vinex Atlas*. Rotterdam 2008

Boekraad 1983

Boekraad, Cees: *De Nieuwe Beelding in de architectuur: De Stijl. Neo-Plasticism in architecture*. Delft 1983

Bösch 1979

Bösch, Frank: *Zeitenwende 1979. Als die Welt von heute begann*. München 2019

Bokern 2010

Bokern, Anneke: „Nach dem Boom. Junge Architekten in den Niederlanden". In: *WESTARCH/ VOL. 1 – A New Generation in Architecture*, hrsg. von Brigitte Franzen et. al. Berlin 2010, S. 16–18

Bold et al. 2018

Bold, John et al. (Hg.): *Authentic Reconstruction: Authenticity, Architecture and the Built Heritage*. London 2018

Boon et al. 2006

Boon, Claudia et al.: *Woningproductie ten tijde van Vinex. Een verkenning*. Ruimtelijk Planbureau. Den Haag, Rotterdam 2006, https://www.pbl.nl/sites/default/files/downloads/Woningproductie_ten_tijde_van_Vinex.pdf (letzter Zugriff: 22.2.2023)

Bosch-Meyer 2016

Bosch-Meyer, Jennifer: *Nicht für die Ewigkeit. Der Architekt Johannes Fake Berghoef (1903-1994) zwischen Kontinuität und Erneuerung*, Dissertation Groningen 2016, https://pure.rug.nl/ws/portalfiles/portal/32892955/Complete_thesis.pdf

Bosma 1983

Bosma, Koos (Hg.): *Het nieuwe bouwen: Amsterdam 1920–1960*. Delft 1983

Bosman 2014

Bosman, Lex: „Architektur und Zitat. Die Geschichtlichkeit von Bauten aus der Vergangenheit". In: Brandl et al. 2014, S. 11–32

Bosse/Drijver 2022

Bosse, Mieke/Drijver, Peter: „,A Touchy affair. The multi-prickly nature of traditionalism in architecture'. A Lecture by Mieke Bosse and Peter Drijver from Scala Architects/Den Haag". In: *Geschichtlichkeit in der Architektur der Moderne*, Schriftenreihe *Frieder & Henner*, Bd. 1, hrsg. von Eva v. Engelberg-Dočkal und Petra Lohmann. Siegen 2022, S. 24–29

Brandl et al. 2014

Brandl, Heiko et al. (Hg.): *Architektur als Zitat. Formen, Motive und Strategien der Vergegenwärtigung*. Regensburg 2014

Bremer/Reedijk 1971

Bremer, Jaap/Reedijk, Hein (Hg.): *Bouwen '20-'40: De Nederlandse bijdrage aan het nieuwe bouwen*. Eindhoven 1971

Breßler et al. 2022

Breßler, Jana et al. (Hg.): *Stadtwende. Bürgerengagement und Altstadterneuerung in der DDR und Ostdeutschland*. Berlin 2022

Brichetti 2009a

Brichetti, Katharina: *Die Paradoxie des postmodernen Historismus. Stadtumbau und Denkmalpflege vom 19.–21. Jahrhundert. Berlin & Beirut*. Berlin 2009

Brichetti 2009b

Brichetti, Katharina: „Das heilende Versprechen des Postmodernen Historismus. Historismus und Postmoderner Historismus im Vergleich." In: *INSITU. Zeitschrift für Architekturgeschichte,* Bd. 1, 2/2009, S. 135–142

Brichetti 2016

Brichetti, Katharina: „Romantisierende Stadtbilder. Historismus und postmoderner Historismus im Vergleich". In: *Informationen zur modernen Stadtgeschichte*, hrsg. vom Deutschen Institut für Urbanistik Berlin, 2/2016, S. 36–50

Brinkmann et al. 2014

Brinkmann, Ulrich et al.: „Müssen Häuser sich benehmen?" In: *Gangbarer Konservatismus?* Themenheft *Bauwelt*, 37/2014, S. 18–23

Brix/Steinhauser 1978

Brix, Michael/Steinhauser, Monika: *Geschichte allein ist zeitgemäß. Historismus in Deutschland*. Lahn-Gießen 1978

Buijs et al. 2018

Buijs, Joke et al. (Hg.): *Herleven. Leuven na 1918*. Löwen 2018

Burkhart 2019

Burkhart, Natalie: *Die Rezeption des Neuen Bauens und der Amsterdamer Schule am Beispiel jüngerer Wohnungsbauten in den Niederlanden* (Bachelorarbeit, Bauhaus-Universität Weimar 2018). Weimar 2019, https://e-pub.uni-weimar.de/opus4/frontdoor/index/index/docId/3950

Burmeister 1997

Burmeister, Enno: „Gedanken zum Begriff Rekonstruktion". In: Kirschbaum 1997, S. 16f.

Buttlar et al. 2011

Buttlar, Adrian von et al. (Hg. und kommentiert): *Denkmalpflege statt Attrappenkult: Gegen die Rekonstruktion von Baudenkmälern – eine Anthologie*. Gütersloh, Berlin, Basel 2011

Casciato 1987

Casciato, Maristella (Hg.): *La scuola di Amsterdam*. Bologna 1987

Coomans 2014

Coomans, Thomas: „Die Kunstlandschaft der Gotik in China. Eine Enzyklopädie von importierten, hybridisierten und postmodernen Zitaten". In: Brandl et al. 2014, S. 133–161

Czech et al. 2016

Czech, Hans-Jörg et al. (Hg.): *Cäsar Pinnau zum Werk eines umstrittenen Architekten*. Stiftung Historische Museen Hamburg, Altonaer Museum. Hamburg 2016

De Maizière 1990

Fernsehansprache von DDR-Ministerpräsident Dr. Lothar de Maizière am 2. Oktober 1990, https://www.youtube.com/watch?v=IS4hbBjqqOc, https://www.kas.de/de/statische-inhalte-detail/-/content/fernsehansprache-von-ddr-ministerpraesident-dr.-lothar-de-maiziere-am-2.-oktober-1990-auszug- (letzter Zugriff: 18.12.2022)

De Witt 1983

De Witt, Wim: *The Amsterdam School: Dutch expressionist architecture, 1915–1930*. New York 1983

Dendooven/Dewilde 2020

Dendooven, Dominik/Dewilde, Jan: *De Wederopbouw in Ieper*. London 2020

Dettloff 2004

Dettloff, Pawel: „Wiedererweckung des nationalen Kulturerbes – Rekonstruktion von Baudenkmälern in Polen in den Jahren 1900-1939". In: Langer 2004, S. 65–75

Dirks 1947

Dirks, Walter: „Mut zum Abschied. Zur Wiederherstellung des Frankfurter Goethehauses". In: *Frank-*

furter Hefte. Zeitschrift für Kultur und Politik, 2/1947, S. 819–828

Dolff-Bonekämper 2011

Dolff-Bonekämper, Gabi: „Denkmalverlust als soziale Konstruktion". In: Buttlar et al. 2011, S. 134–165

Dolgner 1993

Dolgner, Dieter: *Historismus. Deutsche Baukunst 1815-1900*. Leipzig 1993

Dorn 2017

Dorn, Ralf: *Der Architekt und Stadtplaner Rudolf Hillebrecht. Kontinuität und Brüche in der deutschen Planungsgeschichte im 20. Jahrhundert.* Berlin 2017

Dowling 2004

Dowling, Elizabeth Meredith: *New Classicism. The Rebirth of Traditional Architecture*. New York 2004

Driftmann 2009

Driftmann, Markus: „Mythos Dresden: Symbolische Politik und deutsche Einheit". In: *Aus Politik und Zeitgeschichte*, https://www.bpb.de/shop/zeitschriften/apuz/31986/mythos-dresden-symbolische-politik-und-deutsche-einheit/ (letzter Zugriff: 23.1.2023)

Duany/Plater-Zyberk 1991

Duany, Andres/Plater-Zyberk, Elizabeth: *Towns and town-making principles*. New York 1991

Dunk 2006

von der Dunk, Thomas H.: „Klassizismus als Patriotismus". In: *Aachener Kunstblätter,* Bd. 63. Köln 2006, S. 210–222

Economakis 1993

Economakis, Richard (Hg.): *Building classical. A vision of Europe and America*. London 1993

Ebert/Nuethen 2013

Ebert, Mechthild/Neuthen, Lars: „Markt-Nord-seite". In: Engelberg-Dočkal/Vogel 2013, S. 241–249

Elser 2017

Elser, Oliver: „Ein neues Narrativ. 3 Thesen zur Aktualität der Postmoderne". In: *Arch+* 229, 2017, S. 62–69

Engel 2018

Engel, Barbara (Hg.): *Historisch versus modern: Identität durch Imitat?* Berlin 2018

Engel/Terlouw 1991/92

Engel, Henk/Terlouw, Erik: „Double Dutch". In: *Architectuur in Nederland. Jaarboek*, hrsg. vom Nederlands Architectuurinstituut, 23/1991/1992, S. 35–45

Engelberg 2004

Engelberg, Meinrad von: „Gotisch = Katholisch? Zur Interpretation der Stilwahl im Zeitalter der Konfessionalisierung und zur Frage des ‚Medien-charakters' von Architektur". In: *Mitteilungen Institut für Europäische Kulturgeschichte Augsburg*, Heft 13, April 2004, S. 26–50

Engelberg 2006

Engelberg, Meinrad von: „Reichsstil, Kaiserstil, ‚Teutscher Gusto'? Zur ‚Politischen Bedeutung des Deutschen Barock'". In: *Heiliges Römisches Reich Deutscher Nation 962 bis 1806. Altes Reich und neue Staaten 1495 bis 1806*, Bd. 2. Dresden 2006, S. 289–300

Engelberg 2022

Engelberg, Meinrad von: „Lautes Lob des Inauthentischen". Rezension zu: Christian Rabl, *Architekturen des Inauthentischen: Eine Apologie*. In: *Kunstchronik*, 75/2022, Heft 1, S. 10–15

Engelberg-Dočkal 2007

Engelberg-Dočkal, Eva von: „Rekonstruktion als Architektur der Gegenwart? Historisierendes Bauen im Kontext der Denkmalpflege". Vortrag anlässlich des Symposiums „Nachdenken über Denkmalpflege" 2006. In: *kunsttexte.de*, 3/2007, https://edoc.hu-berlin.de/bitstream/handle/18452/7726/engelberg-dockal.pdf?sequence=1&isAllowed=y, (letzter Zugriff: 30.12.2020)

Engelberg-Dočkal 2010a

Engelberg-Dočkal, Eva von: Rezension zu Nerdinger 2010. In: *sehepunkte. Rezensionsjournal für die Geschichtswissenschaften* 11/2011, Nr. 2, 15.02.2011, www.sehepunkte.de/2011/02/18975.html (letzter Zugriff: 17.04.2023)

Engelberg-Dočkal 2010b

Engelberg-Dočkal, Eva von: „Einkaufszentrum mit Markthäuserfassaden, Mainz". In: Nerdinger 2010, S. 458–460

Engelberg-Dočkal 2011

Engelberg-Dočkal, Eva von: „‚Historisierende Architektur' als zeitgenössischer Stil". In: Franz/Meier 2011, S. 30–37

Engelberg-Dočkal 2016a

Engelberg-Dočkal, Eva von: „SuperDutch und Neotraditionalismus, Heritage-Konstruktionen in den Niederlanden". In: *Alles Heritage? HRMagazin*. Festgabe für Hans-Rudolf Meier, hrsg. von Kirsten Angermann et al. Weimar 2016, S. 68–79; http://e-pub.uni-weimar.de/opus4/frontdoor/index/index/docId/2696

Engelberg-Dočkal 2016b

Engelberg-Dočkal, Eva von: „Rekonstruktionen als Teil eines ‚postmodernen Wiederaufbaukonzepts'? Der Frankfurter Römerberg als Sonderfall". In: *Im Kontext. HRMagazin*. Festgabe für Hans-Rudolf Meier., hrsg. von Kirsten Angermann et al. Weimar 2016, S. 4–17, https://e-pub.uni-weimar.de/opus4/frontdoor/deliver/index/docId/2697/file/heft_kontext_03_engelberg_pdfa.pdf

Engelberg-Dočkal 2017a

Engelberg-Dočkal, Eva von: „Historismus und ‚Neo-Historismus'? – Ein Versuch zur Charakterisierung der zeitgenössischen historisierenden Architektur". In: *INSITU. Zeitschrift für Architekturgeschichte*, 2/2017, S. 271–282

Engelberg-Dočkal 2017b

Engelberg-Dočkal, Eva von: „Zeitgenössische historisierende Architektur – Die Hybridität mimetischer Praktiken". In: Engelberg-Dočkal et al. 2017a, S. 118–129

Engelberg-Dočkal 2018

Engelberg-Dočkal, Eva von: „Stilpluralismus". In: Jacob/Süßmann 2018, Sp. 904–914

Engelberg-Dočkal 2019a

Engelberg-Dočkal, Eva von: „Ewige Avantgarde oder Retro-Kultur? Das Neue als Rückgriff auf die Geschichte". In: *Positionen des Neuen: Zukunft im Design*. Gesellschaft für Designgeschichte Schriften 2, hrsg. von Sigfried Gronert und Thilo Schwer. Stuttgart 2019, S. 58–71

Engelberg-Dočkal 2019b

Engelberg-Dočkal, Eva von: „Jüngere Wiederaufbauprojekte in Polen: Eine vergleichende Formanalyse/Aktualne projekty odbudowy w Polsce: analiza porównawcza form". In: *Re-Konstruktionen. Stadt, Raum, Museum*. Beiträge der 23. Tagung des Arbeitskreises deutscher und polnischer Kunsthistoriker und Denkmalpfleger in Posen 2015. *Das gemeinsame Kulturerbe*, Bd. 11, hrsg. von Piotr Korduba und Dietmar Popp. Warschau 2019, S. 93–118

Engelberg-Dočkal 2019c

Engelberg-Dočkal, Eva von: „Neue Stadtzentren

als Spiegel multipler Identitäten". In: *Renationalisierung oder Sharing Heritage. Wo steht die Denkmalpflege im Europäischen Kulturerbejahr 2018?* Veröffentlichungen des Arbeitskreises Theorie und Lehre der Denkmalpflege, Bd. 28, hrsg. von Stephanie Herold et al. Holzminden 2019, S. 122–131

Engelberg-Dočkal 2019d

Engelberg-Dočkal, Eva von: „Klassikerstadt!" In: *Stadtbilder Weimar. Städtische Ensembles und ihre Inszenierungen nach der politischen Wende*, hrsg. von Eva von Engelberg-Dočkal und Oliver Trepte, arthistoricum.net. Heidelberg 2019, S. 163–179

Engelberg-Dočkal 2021a

Engelberg-Dočkal, Eva von: „Bauhaus-Moderne: 100 Jahre Avantgarde?" In: *100+ Neue Perspektiven auf die Bauhaus-Rezeption*, hrsg. vom Bauhaus-Institut für Geschichte und Theorie der Architektur und Planung. Berlin 2021, S. 144–147

Engelberg-Dočkal 2021b

Engelberg-Dočkal, Eva von: „Historisierende Moderne: Heimatschutzarchitektur in Schleswig-Holstein" In: *Moderne am Meer I. Künstlerische Positionen im ersten Drittel des 20. Jahrhunderts in Schleswig-Holstein*, hrsg. von Kirsten Baumann et al. Petersberg 2021, S. 131–143

Engelberg-Dočkal et al. 2017a

Engelberg-Dočkal, Eva von et al. (Hg.): *Mimetische Praktiken in der neueren Architektur. Prozesse und Formen der Ähnlichkeitserzeugung.* arthistoricum.net. Heidelberg 2017, S. 118–129, http://books.ub.uni-heidelberg.de/arthistoricum/catalog/book/221

Engelberg-Dočkal et al. 2017b

Engelberg-Dočkal, Eva von et al. (Hg.): *Mimesis Bauen – Architektengespräche, Interviews mit zeitgenössischen Architekten.* Schriftenreihe *Medien und Mimesis*, Bd. 3. Paderborn 2017

Engelberg-Dočkal/Meier 2018

Engelberg-Dočkal, Eva von/Meier, Hans-Rudolf: „Traditional rebuilding in Germany after the Second World War". In: Bold et al. 2018, S. 29–46

Engelberg-Dočkal/Vogel 2013

Engelberg-Dočkal, Eva von/Vogel, Kerstin (Hg.): *Sonderfall Weimar? DDR-Architektur in der Weimarer Innenstadt.* Weimar 2013

Enss 2016

Enss, Carmen Maria: *Münchens geplante Altstadt: Städtebau und Denkmalpflege ab 1944 für den Wiederaufbau.* München 2016

Enss/Vinken 2016

Enss, Carmen Maria/Vinken, Gerhard: *Produkt Altstadt: Historische Stadtzentren in Städtebau und Denkmalpflege.* Bielefeld 2016

Enzensberger 1989

Enzensberger, Hans Magnus: *Ach Europa! Wahrnehmungen aus sieben Ländern. Mit einem Epilog aus dem Jahre 2006* (7. Aufl.). Frankfurt 1989

Farell/Furman 2017

Farrell, Terry/Furman, Adam Nathaniel: *Revisiting Postmodernism.* Newcastle upon Tyne 2017

Fest 1982

Fest, Joachim C.: *Cäsar Pinnau, Architekt*, hrsg. von Ruth Irmgard Pinnau, Hamburg 1982

Figal 2021

Figal, Günter: *Ästhetik der Architektur.* Freiburg i. Br. 2021

Fillitz 1996

Fillitz, Hermann (Hg.): *Der Traum vom Glück. Die Kunst des Historismus in Europa.* Wien, München 1996

Fischer 1997

Fischer, Manfred: „Rekonstruktionen – Ein geschichtlicher Rückblick". In: Kirschbaum 1997, S. 7–15

Frankfurtbaut 2018

Stadt Frankfurt am Main (Hg.): *Frankfurtbaut.* Sonderausgabe zur Einweihung des DomRömer-Quartiers, https://www.frankfurt-baut.de/downloads/Frankfurtbaut-Sonderausgabe2018.pdf (letzter Zugriff: 29.12.2022)

Franz/Meier 2011

Franz, Birgit/Meier, Hans-Rudolf (Hg.): *Stadtplanung nach 1945. Zerstörung und Wiederaufbau. Denkmalpflegerische Probleme aus heutiger Sicht.* Veröffentlichung des Arbeitskreises Theorie und Lehre der Denkmalpflege, Bd. 20. Holzminden 2011

Friedrich 2007

Friedrich, Jacek: „Moderne oder Historismus? Baukultur in Gdańsk/Danzig seit 1989". In: Lichtnau 2007, S. 267–280

Friedrich 2010

Friedrich, Jacek: *Neue Stadt im alten Gewand: der Wiederaufbau Danzigs 1945–60.* Köln 2010

Fröbe 2018

Fröbe, Turit: *Alles nur Fassade? Das Bestimmungsbuch für moderne Architektur.* Köln 2018

Froschauer 2020

Froschauer, Eva Maria: „Weiterentwerfen. Strategien zur Verwendung historischer Referenzen in der zeitgenössischen Architektur". In: Froschauer et al. 2020, S. 39–53

Froschauer et al. 2020

Froschauer, Eva Maria et al. (Hg.): *Vom Wert des Weiterbauens: konstruktive Lösungen und kulturgeschichtliche Zusammenhänge.* Basel 2020

Führ 2016

Führ, Eduard Heinrich: *Identitätspolitik „Architect Professor Cesar Pinnau" als Entwurf und Entwerfer.* Bielefeld 2016

Fürst 2002

Fürst, Ulrich: *Die lebendige und sichtbahre Histori: programmatische Themen in der Sakralarchitektur des Barock.* Regensburg 2002

Garberson 2021

Garberson, Eric: „Epochenstil oder Zeitloses Universelles. Die Moderne in der Architekturhistoriographie". In: *100+ Neue Perspektiven auf die Bauhaus-Rezeption,* hrsg. vom Bauhaus-Institut für Geschichte und Theorie der Architektur und Planung. Berlin 2021, S. 160–172

Gebhardt 2004

Gebhardt, Volker: *Das Deutsche in der deutschen Kunst.* Köln 2004

Götz 1984

Götz, Wolfgang: „Rekonstruktion und Kopie vor 1800. Ein ästhetisches, politisches, moralisches Problem oder eine Selbstverständlichkeit?" In: *Denkmalpflege im Rheinland,* 37/38, 1982–1984, S. 58–73

Goldberger 2013

Goldberger, Paul: *Timeless architecture. A decade of the Richard H. Driehaus Prize at the University of Notre Dame.* Winterbourne 2013

Grabianowski/Hein 2011

„Exkurs in die Tradition – eine Phase der Neuorientierung im Wohnungsbau". Klaus Dieter Weiss im Gespräch mit Wojtek Grabianowski und Joachim Hein. In: Weiss 2011, S. 59–63

Graf 1996

Graf, Klaus: „Retrospektive Tendenzen in der

bildenden Kunst vom 14. bis zum 16. Jahrhundert. Kritische Überlegungen aus der Perspektive des Historikers". In: *Mundus in imagine. Bildersprache und Lebenswelten im Mittelalter.* Festgabe für Klaus Schreiner, hrsg. von Andrea Löther et al. München 1996, S. 389–420

Groebner 2018

Groebner, Valentin: *Retroland. Geschichtstourismus und die Sehnsucht nach dem Authentischen.* Frankfurt am Main 2018

Gumbrecht 2010

Gumbrecht, Hans Ulrich: *Unsere breite Gegenwart* (aus dem Engl. von Frank Born). Berlin 2010

Guratzsch 2014

Guratzsch, Dankwart: „Warum sieht Polen eigentlich wie Disneyland aus?" In: *Die Welt*, 27.11.2014, https://www.welt.de/kultur/kunst-und-architektur/article134757606/Warum-sieht-Polen-eigentlich-wie-Disneyland-aus.html (letzter Zugriff: 27.1.2023)

Hackmann 2000

Hackmann, Jörg: „Stettin: Zur Wirkung der deutsch-polnischen Grenze auf die Stadtentwicklung nach 1945". In: *Grenzen und Grenzräume in der deutschen und polnischen Geschichte. Scheidelinie oder Begegnungsraum?*, hrsg. von Georg Stöber und Robert Maier. Hannover 2000, S. 217–234

Hackman 2000/2015

Hackmann, Jörg: *Danzig und Stettin – zwischen Rekonstruktion, Moderne und Postmoderne. Der Wiederaufbau zweier historischer Stadtzentren in Nordpolen im Vergleich*, Vortrag 2000 (bearbeitet 2015), https://www.academia.edu/12526845/Danzig_und_Stettin_zwischen_Rekonstruktion_Moderne_und_Postmoderne._Der_Wiederaufbau_zweier_historischer_Stadtzentren_in_Nordpolen_im_Vergleich (letzter Zugriff: 17.04.2023)

Hackmann 2007

Hackmann, Jörg: „Historische Topographien: Wiedergewonnene Geschichte zwischen Lübeck und St. Petersburg". In: *Im Gedächtnis von Zeit und Raum.* Festschrift für Dietmar Albrecht, hrsg. von Christian Pletzing und Martin Thoemmes. München 2007, S. 169–187

Häntzschel 2022

Häntzschel, Jörg: „Teurer Turm". In: *Süddeutsche Zeitung*, 8.2.2022, https://www.sueddeutsche.de/kultur/garnisonkirche-potsdam-wiederaufbau-bundesrechnungshof-turm-1.5524531 (letzter Zugriff 22.12.2022)

Hartbaum 2017

Hartbaum, Verena: *Retrospektiv Bauen in Berlin seit 1975.* Nürnberg 2017

Hassler/Nerdinger 2010

Hassler, Uta/Nerdinger, Winfried (Hg.): *Das Prinzip Rekonstruktion.* Zürich 2010

Hegemann 1925

Hegemann, Werner: „Dänischer Klassizismus, ‚Der Geist der Gotik', ‚Die Antike als Schutzwehr gegen die Tradition' und der Sieg des ‚Plagiats'". In: *Wasmuths Monatshefte für Baukunst* 9/1925, Heft 5, S. 173–185

Hennings/Müller 1998

Hennings, Gerd/Müller, Sebastian (Hg.): *Kunstwelten. Künstliche Erlebniswelten und Planung. Dortmunder Beiträge zur Raumplanung* 85. Dortmund 1998

Herber 2014

Herber, Grażyma Ewa: *Wiederaufbau der Warschauer Altstadt nach dem Zweiten Weltkrieg im Spannungsfeld zwischen denkmalpflege-rischen Prinzipien, politischer Indienstnahme und gesellschaftlichen Erwartungen.* Schriften aus der Fakultät Geistes- und Kulturwissen-schaften der Otto-Friedrich-Universität Bamberg 17. Bamberg 2014

Hertzig 2002

Hertzig, Stefan: „Rekonstruktion als Methode der Denkmalpflege". Vortrag anlässlich des Symposiums „Nachdenken über Denkmalpflege" 2001. In: *kunsttexte*, 2/2002, https://edoc.hu-berlin.de/bitstream/handle/18452/7629/hertzig.PDF (letzter Zugriff: 17.1.2022)

Hesse 2000

Hesse, Michael: „Moderne und Klassik. Kunstzitat und Kunstbewußtsein bei Philip Johnson". In: *Zeitschrift für Kunstgeschichte*, 63/2000, S. 372–386

Hild 2017

„Es geht immer um eine Ähnlichkeit": Andreas Hild im Gespräch mit Hans-Rudolf Meier am 6.2.2016. In: Engelberg-Dočkal et al. 2017b, S. 13–29

Hild et al. 2017

Hild, Andreas et al.: „Warum Aquarell?" In: *Bauwelt*, 24/2017, S. 54–59, https://www.bauwelt.de/themen/betrifft/Warum-Aquarell-Architekturzeichnungen-Lehrstuhl-Muenchen-3060374.html (letzter Zugriff, 5.3.2023)

Hilpert 1984

Hilpert, Thilo (Hg.): *Le Corbusiers „Charta von Athen": Texte und Dokumente*, Bauwelt-Fundamente 56. Braunschweig 1984

Hipp 1979

Hipp, Herman: *Studien zur „Nachgotik" des 16. und 17. Jahrhunderts in Deutschland, Böhmen, Österreich und der Schweiz.* Drei Bände. Tübingen 1979

Hitchcock/Johnson 1932

Hitchcock, Henry-Russell/Johnson, Philip: *The international style: architecture since 1922.* New York 1932

Hnilica/Rambow 2021

Hnilica, Sonja/Rambow, Riklef: „Editorial. Die Postmoderne im Rückspiegel: Now you see me, now you don't". In: *Wolkenkuckucksheim*, 25/2021, Heft 41, S. 5–15

Höhns 2015

Höhns, Ulrich: *Zwischen Avantgarde und Salon: Cäsar Pinnau 1906-1988. Architekt aus Hamburg für die Mächtigen der Welt.* München 2015

Hofmann 1999

Hofmann, Werner: *Wie deutsch ist die deutsche Kunst? Eine Streitschrift.* Leipzig 1999

Hoppe et al. 2008

Hoppe, Stephan et al. (Hg.): *Stil als Bedeutung in der nordalpinen Renaissance. Wiederentdeckung einer methodischen Nachbarschaft.* Regensburg 2008

Hulsman 1998

Hulsman, Bernard: „De triomf van de anti-modernisten; de postmoderne architectuur verovert Nederland". In: *NRC Handelsblad*, 23.10.1998, http://www.nrc.nl/nieuws/1998/10/23/de-triomf-van-de-anti-modernisten-de-postmoderne-architectuur-7419772-a746939 (letzter Zugriff: 24.07.2016)

[gekürzte dt. Fassung: „Der Triumph der Antimodernisten". In: Ibelings 2000, S. 277–279]

Hulsman 2001a

Hulsman, Bernard: „Veel moderner kan het niet meer", Rezension zu Ibelings 2000 und Lootsma 2000. In: *NRC Handelsblad*, 5.1.2001, http://www.nrc.nl/nieuws/2001/01/05/veel-moderner-kanhet-niet-meer-7524880-a763675 (letzter Zugriff: 26.01.2016)

Hulsman 2001b

Hulsman, Bernard: „Was ist dran an den Holländern? Die niederländische Avantgarde-Architektur wird in Fachkreisen gefeiert. Gebaut wird etwas ganz anderes". In: *Die Welt*, 2.3.2001, https://www.welt.de/print-welt/article437018/Was-ist-dran-an-den-Hollaendern.html (letzter Zugriff: 16.1.2023)

Hulsman/Kramer 2013

Hulsman, Bernard/Kramer, Luuk: *Double Dutch. Nederlandse architectuur na 1985.* Rotterdam 2013

Ibelings 1988

Ibelings, Hans (1988): „Het andere modernisme. Traditionalistische architectuur in Nederland 1900–1960". In: *Archis*, 6/1988, S. 36–51

Ibelings 1991

Ibelings, Hans: *Modernisme zonder dogma: een jongere generatie architecten in Nederland.* Rotterdam 1991

Ibelings 2000

Ibelings, Hans (Hg.): *Die gebaute Landschaft. Zeitgenössische Architektur, Landschaftsarchitektur und Städtebau in den Niederlanden.* München 2000

Ibelings 2003

Ibelings, Hans: „Anti-modernist megastructures. The architecture and urbanism of Krier and Kohl in the Dutch context". In: *Town spaces. Contemporary interpretations in traditional urbanism. Krier Kohl Architects,* hrsg. von Rob Krier. Basel, Berlin, Boston 2003, S. 236–247

Ibelings 2004

Ibelings, Hans: *Unmodern Architecture. Contemporary Traditionalism in the Netherlands.* Rotterdam 2004

Ibelings 2012

Van Driel, Katja: „Blütejahre der niederländischen Architektur definitiv vorbei", Interview mit Hans Ibelings, Januar 2012, Westfälische Wilhelms-Universität Münster. NiederlandeNet, https://www.uni-muenster.de/NiederlandeNet/nl-wissen/kultur/architektur/ibelings.html (letzter Zugriff: 9.4.2023)

Ibelings/Van Rossem 2009

Ibelings, Hans/Van Rossem, Vincent: *De nieuwe traditie. Continuïteit en vernieuwing in de Nederlandse architectuur. The new tradition. Continuity and renewal in the Dutch Architecture.* Amsterdam 2009

Jacob/Süßmann 2018

Jacob, Joachim/Süßmann, Johannes (Hg.): *Das 18. Jahrhundert. Lexikon zur Antikerezeption in Aufklärung und Klassizismus. Der Neue Pauly.* Supplemente 13. Darmstadt 2018

Jencks 1990

Jencks, Charles: *Die neuen Modernen. Von der Spät- zur Neo-Moderne.* Stuttgart 1990

Kagelmann et al. 2004

Kagelmann, Hans-Jürgen et al. (Hg.): *Erlebniswelten. Zum Erlebnisboom in der Postmoderne.* München 2004

Kahlfeldt 2006

Kahlfeldt, Paul und Petra: *Moderne Architektur: Anmerkungen zur Baukunst unserer Zeit*, mit einer Darstellung der Bauten und einem Werkverzeichnis. Berlin 2006

Kahlfeldt 2013

Kahlfeldt, Paul und Petra: *Baukunst unserer Zeit. Eine Darstellung in sieben Kapiteln.* Berlin 2013

Kalinowski 1978

Kalinowski, Konstanty: „Der Wiederaufbau der historischen Stadtzentren in Polen in den Jahren 1945–1960". In: *Österreichische Zeitschrift für Kunst und Denkmalpflege*, XXXII. Jg. 1978, S. 81–93

Kalinowski 1993

Kalinowski, Konstanty: „Der Wiederaufbau der historischen Stadtzentren in Polen. Theoretische Voraussetzungen und Realisation am Beispiel Danzigs". In: *Denkmal – Werte – Gesellschaft. Zur Pluralität des Denkmalbegriffs*, hrsg. von Wilfried Lipp. Frankfurt/Main 1993, S. 322–347

Kaspar 2015

Kaspar, Fred: „Altstadt oder Alte Stadt. Fiktion und Realität". In: *Denkmalpflege und Stadtentwicklung*. Steinfurt 2015, S. 27–41

Kingma 2012

Kingma, Joost: *De magie van het jaren '30 huis*. Nijmegen 2012

Kirchner 2010

Kirchner, Jörg: *Architektur nationaler Tradition in der frühen DDR (1950–55). Zwischen ideologischen Vorgaben und künstlerischer Eigenständigkeit*, https://ediss.sub.uni-hamburg.de/bitstream/ediss/3757/1/eDissertation.pdf (letzter Zugriff: 2.1.2023)

Kirschbaum 1997

Kirschbaum, Juliane (Red.): *Rekonstruktion in der Denkmalpflege. Überlegungen, Definitionen, Erfahrungsberichte*, hrsg. vom Deutschen Nationalkomitee für Denkmalschutz. Wolfenbüttel 1997

Klause 2004

Klause, Gabriela: „Versuch einer neuen Sicht auf das Problem des Wiederaufbaus des Altstädtischen Marktes in Posen". In: Langer 2004, S. 277–290

Kleefisch-Jobst 2005

Kleefisch-Jobst, Ursula: *Rob Krier. Ein romantischer Rationalist/a romantic rationalist; Architekt und Stadtplaner/architect and urban planner*. Wien 2005

Klein 2014

Klein, Bruno: „Globale Gotik – Paris und Chartres zwischen Pampas und Prairie". In: Brandl et al. 2014, S. 163–186

Klein/Sigel 2006

Klein, Bruno/Sigel, Paul (Hg.): *Konstruktionen urbaner Identität. Zitat und Rekonstruktion in Architektur und Städtebau der Gegenwart*. Berlin 2006

Klemme 2022

Klemme, Matthes: „Anklams neues Gesicht: Eine Stadt erfindet sich neu". In: NDR1, Radio MV, 5.5.2022, https://www.ndr.de/nachrichten/mecklenburg-vorpommern/Anklams-neues-Gesicht-Eine-Stadt-erfindet-sich-neu,dskanklam100.html (letzter Zugriff: 30.12.2022)

Klotz 1996

Klotz, Heinrich: *Die zweite Moderne. Eine Diagnose der Kunst der Gegenwart*. München 1996

Kohlrausch 2014

Kohlrausch, Martin: „Die Zentralität der Apokalypse nach 1945. Städtebauliche Kontinuitätslinien und die internationale Rezeption des Wiederaufbaus von Warschau". In: Wagner-Kyora 2014, S. 179–201

Kollhoff 2014

Kollhoff, Hans: *Architektur. Schein und Wirklichkeit*. Springe 2014

Kollhoff 2022

Kollhoff, Hans: *Architekten. Ein Metier baut ab*. Springe 2022

Kramer 2022

Kramer, Henri: „‚Alle Fehler aus der Anfangsphase wiederholt': Bundesrechnungshof bekräftigt Kritik an Förderung der Potsdamer Garnisonkirche". In: *Der Tagesspiegel*, 8.11.2022, https://www.tagesspiegel.de/potsdam/landeshauptstadt/alle-fehler-aus-der-anfangsphase-wiederholt-bundes-rechnungshof-bekraftigt-kritik-an-forderung-der-potsdamer-garnisonkirche-8843887.html (letzter Zugriff: 22.12.2022)

Krauskopf et al. 2009

Krauskopf, Kai et al. (Hg.): *Neue Tradition 1. Konzepte einer antimodernen Moderne in Deutschland von 1920 bis 1960,* Bd. 1. Dresden 2009

Krauskopf/Lippert 2012a

Krauskopf, Kai/Lippert, Hans-Georg (Hg.): *Neue Tradition 2. Vorbilder, Mechanismen und Ideen,* Bd. 2. Dresden 2012

Krauskopf/Lippert 2012b

Krauskopf, Kai/Lippert, Hans-Georg (Hg.): *Neue Tradition 3. Europäische Architektur im Zeichen von Traditionalismus und Regionalismus,* Bd. 3. Dresden 2012

Krier 1985

Krier, Léon (Hg.): *Albert Speer. Architecture. 1932-1942.* Préface Albert Speer. Brüssel 1985

Krier 2003

Krier, Rob: *Town spaces. Contemporary interpretations in traditional urbanism. Krier Kohl Architects.* Basel, Berlin, Boston 2003

Krier 2013

Krier, Léon: „Traditional architecture. Not a historical but a technological heritage". In: Sagharchi/Steil 2013, S. 10–15

Kühnlein 2018

Kühnlein, Andreas: „Digitale Renderings? 8 Architekten, die lieber zu Stift und Papier greifen". In: *AD Architectural Digest*, deutsche Ausgabe vom 20.6.2018, https://www.ad-magazin.de/article/architekturzeichnung-analog (letzter Zugriff: 5.3.2023)

Küster 2014

Küster, Nicole: *Schönheit und Wert von Immobilien. Analyse des in Wohnquartieren bestehenden Zusammenhangs.* Chemnitz 2014

Kuipers 2018

Kuipers, Marieke: „Dutch Reconstructed Monuments in Review". In: Bold et al. 2018, S. 109–130

Kulić 2019

Kulić, Vladimir (Hg.): *Second world postmodernisms: architecture and society under late socialism.* London, New York, Oxford, New Delhi, Sydney 2019

Lampugnani/Schneider 1992

Lampugnani, Vittorio Magnago/Schneider, Romana (Hg.): *Moderne Architektur in Deutschland 1900 bis 1950. Bd. 1: Reform und Tradition.* Stuttgart 1992

Landwehr 2012

Landwehr, Eva-Maria: *Kunst des Historismus.* Köln, Weimar, Wien 2012

Langer 2004

Langer, Andrea (Hg.): *Der Umgang mit dem kulturellen Erbe in Deutschland und Polen im 20. Jahrhundert.* Beiträge der 9. Tagung des Arbeitskreises deutscher und polnischer Kunsthistoriker und Denkmalpfleger in Leipzig 2002. Warschau 2004

Larsson 1985

Larsson, Lars Olof: „Le classicisme dans l'architecture du XXè siècle". In: Krier 1985, S. 29–42

Lausch 2021

Lausch, Frederike: *Gilles Deleuze und die Anyone Corporation: Übersetzungsprozesse zwischen Philosophie und Architektur.* Bielefeld 2021

Leenen 2010

Leenen, Christel: *Jos. Bedaux. Architect (1910-1989), Bibliografieën en oeuvrelijsten van Nederlandse architecten en stedebouwkundigen.* Rotterdam 2010

Lepik/Bäumer 2018

Lepik, Andreas/Bäumler, Katrin (Hg.): *Königsschlösser und Fabriken. Ludwig II. und die Architektur.* Basel 2018

Leupen et al. 1990

Leupen, Bernard et al. (Hg.): *Hoe modern is de Nederlandse architectuur?* Rotterdam 1990

Lichtnau 2002

Lichtnau, Bernfried (Hg.): *Architektur und Städtebau im südlichen Ostseeraum von 1936 bis 1980.* Berlin 2002

Lichtnau 2007

Lichtnau, Bernfried (Hg.): *Architektur und Städtebau im südlichen Ostseeraum von 1970 bis zur Gegenwart. Entwicklungslinien – Brüche – Kontinuitäten.* Berlin 2007

Linette 1983

Linette, Eugeniusz: „Denkmalpflege und Altstadterhaltung in Polen am Beispiel Posen, Schutz und Wiederaufbau der Denkmäler in Posen, im Laufe der letzten Jahrzehnte nach 1945." Vortrag am 21.11.1983. Institut für Städtebau Berlin-West 1983

Lipp/Petzet 1994

Lipp, Wilfried/Petzet, Michael: *Vom modernen zum postmodernen Denkmalkultus?* Arbeits-hefte des bayerischen Landesamtes für Denkmalpflege, Bd. 69. München 1994

Locher 2011

Hubertus Locher: „Stil". In: *Metzler Lexikon Kunstwissenschaft: Ideen – Methoden – Begriffe*, hrsg. von Ulrich Pfisterer. Stuttgart 2011, S. 414–419

Lootsma 2000

Lootsma, Bart: *SuperDutch. De tweede Moderniteit van de Nederlandse Architectuur.* Nijmegen 2000

Lootsma 2005

Lootsma, Bart: „Warum sind eigentlich neotraditionalistische Wohnhäuser so anders, so attraktiv?" In: Kleefisch-Jobst 2005, S. 61–69

Lubocka-Hoffmann 1994

Lubocka-Hoffmann, Maria: „Die Altstadt Elbings – eine denkmalpflegerische Herausforderung". In: *Mare Balticum*, 1994, S. 87–96

Lubocka-Hoffmann 1998

Lubocka-Hoffmann, Maria: *Die Altstadt von Elbing.* Bydgoszcz 1998

Lubocka-Hoffmann 2002

Lubocka-Hoffmann, Maria: „Die neue Altstadt von Elbing". In: *Kunstgeschichte und Denkmalpflege.* IV. Tagung des Arbeitskreises deutscher und polnischer Denkmalpfleger in Toruń 1997, hrsg. von Michał Woźniak. Toruń 2002, S. 225–240

Lubocka-Hoffmann 2005

Lubocka-Hoffmann, Maria: *Historische Städte von West- und Nordpolen. Zerstörungen und Wiederaufbauprogramme.* Bydgoszcz 2005

Maaß 2015

Maaß, Philipp: *Die moderne Rekonstruktion. Eine Emanzipation der Bürgerschaft in Architektur und Städtebau.* Regensburg 2015

Magirius 2010

Magirius, Heinrich: „Rekonstruktion in der Denkmalpflege". In: Nerdinger 2010, S. 148–154

Makała 1994

Makała, Rafał: „Die Altstadt in Stettin nach 1945: Wiederaufbau oder Neubebauung?". In: *Mare Balticum*, 1994, S. 63–71

Malo 1996

Malo, Paul: Rezension, „The Classical Vernacular. Architectural Principles in an Age of Nihilism by Roger Scruton". In: *International Journal of the Classical Tradition* 2, Nr. 3, Winter 1996, S. 443–452

Mameli 2021

Mameli, Laura: „New Urbanism. Die Siedlungen Kirchsteigfeld und Karow Nord". In: Berkemann 2021, S. 100–109

Marek 2009

Marek, Katja: *Rekonstruktion und Kulturgesellschaft. Stadtbildreparatur in Dresden, Frankfurt am Main und Berlin als Ausdruck der zeitgenössischen Suche nach Identität.* Kassel 2009

Mayer 2017

Mayer, Hartmut: *Mimesis und moderne Architektur. Eine architekturtheoretische Neubewertung.* Bielefeld 2017

Mayr 1988

Mayr, Vincent: „Franz Ignaz Michael von Neumann und die Domkuppeln von Mainz und Speyer". In: *Jahrbuch des Vereins für Christliche Kunst in München*, 17/1988, S. 69–86

Mebes 1908

Mebes, Paul: *Um 1800. Architektur und Handwerk im letzten Jahrhundert ihrer traditionellen Entwicklung.* München 1908

Meckseper 1983

Meckseper, Cord: *Das Leibnizhaus in Hannover: Die Geschichte eines Denkmals.* Hannover 1983

Meier 2006a

Meier, Hans-Rudolf: „Weiterdenken. Nach den Thesen der ‚Dresdner Erklärung'". In: Scheurmann/Meier 2006, S. 248–251

Meier 2006b

Meier, Hans-Rudolf. „Stadtentwicklung zwischen Denkmalpflege und Geschichtsfiktion". In: Klein/Sigel 2006, S. 161–174

Meier 2009

Meier, Hans-Rudolf: „Paradigma oder Büchse der Pandora? Die Frauenkirche – oder wie Dresden zum Zentrum der gegenwärtigen Rekonstruktionswelle wurde". In: *Zur Zukunft der alten Stadt.* In memoriam August Gebeßler, hrsg. von Harald Bodenschatz und Hans Schulheiß. In: *Die Alte Stadt*, 36/2009, Heft 1, S. 59–76

Meier 2011

Meier, Hans-Rudolf: „Multitude' versus ‚Identität'. Architektur in Zeiten des globalen Städtewettbewerbes". In: *Architecture in the age of Empire. Die Architektur der neuen Weltordnung*, 11. Internationales Bauhaus-Kolloquium, hrsg. von der Professur Theorie und Geschichte der modernen Architektur. Weimar 2011, S. 54–66

Meier 2012

Meier, Sabine: „Multikultureller Wohnungsbau in den Niederlanden. Neue Haymat". In: *Bauwelt* 193, 12/2012, S. 50–59

Meier 2013

Meier, Sabine: *Living in Imaginary Places. On*

the creation and Consumption of themed Residential Architecture. Amsterdam 2013

Meier 2020

Meier, Hans-Rudolf: *Spolien. Phänomene der Wiederverwendung in der Architektur.* Berlin 2020

Meyer 2011

Meyer, Jennifer: „‚Vast besloten tot bewaren'. Der Architekt J.F. Berghoef und der Wiederaufbau von Middelburg". In: Franz/Meier 2011, S. 43–49

Meyer 2012

Meyer, Hans: *Konzeption, Realisierung, Bau- und Architekturgeschichte, Stadtentwicklung in Lübeck, Gründungsviertel*, 17.3.2012, https://bekanntmachungen.luebeck.de/dokumente/d/742/inline (letzter Zugriff: 23.1.2023)

Mick 2018

Mick, Günter: „Traditionalisten gegen Modernisten. Gestaltungsmächte des Wiederaufbaus". In: Alexander 2018a, S. 47–66

Mignot 1983

Mignot, Claude: *Architektur des 19. Jahrhunderts.* Köln 1983

Minta 2015

Minta, Anna: *Staatsbauten und Sakralarchitektur in Washington/DC: Stilkonzepte patriotischer Baukunst.* Berlin 2015

Mühlbauer 2018

Mühlbauer, Franziska: *Die Neue Altstadt in Frankfurt am Main. Konzept und beispielhafte Bauuntersuchung.* Unpublizierte Bachelorarbeit, Bauhaus-Universität Weimar, 2018

NAi 1993

Redaktion Archis: *Nederlands Architectuurinstituut. Jaarverslag* 1993, https://catalogue.boekman.nl/pub/JS/N08-1993.pdf (letzter Zugriff: 13.03.2023)

Neidhardt 2011

Neidhardt, Hans Joachim: „Zehn Jahre Gesellschaft Historischer Neumarkt Dresden". 1. Folge: Wie alles begann (1998/2000). In: *Neue Stadtbaukultur,* Jahrbuch 2011, Schriftenreihe *Stadtbild Deutschland e.V.* Norderstedt 2011, S. 9–16

Nerdinger 2010

Nerdinger, Winfried (Hg.): *Geschichte der Rekonstruktion. Konstruktion der Geschichte.* München 2010

Nöfer 2016

Nöfer, Tobias: *Handbuch Planungshilfe. Architektonische Details.* Berlin 2016

Oechslin 2008a

Oechslin, Werner: *Palladianismus. Andrea Palladio – Kontinuität von Werk und Wirkung.* Zürich 2008

Oechslin 2008b

Oechslin, Werner: „‚Palladianism' or ‚Englishness'. England von 1600 bis 1800". In: Oechslin 2008a, S. 219–281

OMA 1995

Office for Metropolitan Architecture. Rem Koolhaas and Bruce Mau: *Small, medium, large, extra large,* hsrg. von Jennifer Sigler. Rotterdam 1995

Omilanowska 2004

Omilanowska, Małgorzata: „‚Wie der märchenhafte Phönix aus der Asche werden sie auferstehen'. Haltungen zum Wiederaufbau und zur Restaurierung von Baudenkmälern in Polen in den Jahren 1915-1935". In: Langer 2004, S. 79–92

Omilanowska 2017

Omilanowska, Małgorzata: „Auf der Suche nach der polnischen Stadt. Der Wiederaufbau von Kalisz nach dem Ersten Weltkrieg". In: Bartetzky 2017, S. 179–207

Oswalt 2022

Oswalt, Philipp: „Bauen am nationalen Haus. Architekturrekonstruktionen als Identitätspolitik 1980-2020". In: *Wider die Geschichtsvergessenheit. Inszenierte Geschichte – historische Differenz – kritisches Bewusstsein*, hrsg. von Gisela Febel et al. Bielefeld 2022, S. 257–277

Papadakis/Watson 1990

Papadakis, Andreas/Watson, Harriet (Hg.): *New Classicism*. London 1990

Patzschke 2013

Patzschke Architekten (Hg.): *Patzschke Architekten. Handzeichnungen*. Privatdruck Potsdam 2013

Patzschke 2017

„‚Alle Architekten sind Eklektizisten‘: Robert Patzschke im Gespräch mit Eva von Engelberg-Dočkal". In: Engelberg-Dočkal et al. 2017b, S. 51–74

Pehnt 2005

Pehnt, Wolfgang: *Deutsche Architektur seit 1900*. München 2005

Pehnt 2021

Pehnt, Wolfgang: *Städtebau des Erinnerns. Mythen und Zitate westlicher Städte*. Berlin 2021

Petzet 2008

Petzet, Michael: „Rekonstruktion als denkmalpflegerische Aufgabe". In: *Jahrbuch 2007*, hrsg. vom Bundesamt für Bauwesen und Raum. Berlin 2008

Pevsner 1961

Pevsner, Nikolaus: „Die Wiederkehr des Historismus", Vortrag im Royal Institute of British Architects am 10.1.1961, Auszug in deutscher Übersetzung. In: *Deutsche Bauzeitung*, Heft 10, 1961, S. 757f. In: Grote, Ludwig (Hg.): *Historismus und Bildende Kunst*. Vorträge und Diskussion im Oktober 1963 in München und Schloss Anif, *Studien zur Kunst des neuzehnten Jahrhunderts*, Bd. 1. München 1965, S. 116f.

Pevsner et al. 1971

Pevsner, Nikolaus/Fleming, John/Honour, Hough (Hg.): *Lexikon der Weltarchitektur*. München 19/1

Philipp 2020

Philipp, Klaus Jan: *Architektur – gezeichnet. Vom Mittelalter bis heute*. Basel 2020

Pinder 1934

Pinder, Wilhelm: „Zur Rettung der deutschen Altstadt". In: *Reden aus der Zeit, Schriften zur deutschen Lebenssicht*. Leipzig 1934, S. 70–93

Popiołek 2012

Popiołek, Małgorzata: „Das Konzept des Wiederaufbaus Warschauer Denkmäler in den ersten Jahren nach dem Zweiten Weltkrieg". In: *Biuletyn Polskiej Misji Historycznej / Bulletin der polnischen historischen Mission*, Nr. 7, 2012, S. 195–224

Popiołek 2016a

Popiołek, Małgorzata: „Komplexe Beziehungen. Der Umgang mit historischen Stadtzentren in Deutschland und Polen 1900-1950". In: Enss/Vinken 2016, S. 93–103

Popiołek 2016b

Popiołek, Małgorzata: „German Kalisz. Plans for Reconstruction 1914-1918". In: *Reconstruction and Modernisation of Historic Towns in Europe in the First Half of the Twentieth Century. Nations, Politics, Society*, hrsg. von Iwona Baránska und Makary Górzyńsky. Kalisch 2016, S. 281–299

Popiołek-Roßkamp 2021

Popiołek-Roßkamp, Małgorzata: *Warschau, ein Wiederaufbau, der vor dem Krieg begann.* Paderborn 2021

Prestinenza Puglisi 2021

Prestinenza Puglisi, Luigi: *The History of architecture. From the Avant-garde towards the Presence. A comprehensive chronicle of 20th and 21th century buildings.* Berlin 2021

Rabl 2020

Rabl, Christian: *Kontingenz, Künstlichkeit und Travestie. Zur Neubeschreibung von Themenarchitekturen.* Bielefeld 2020

Rauterberg 2001

Rauterberg, Hanno: „ECHT UNECHT. Über die Bedeutung der Denkmalpflege in Zeiten der Künstlichkeit". In: Kunsttexte, 1/2001, https://edoc.hu-berlin.de/bitstream/handle/18452/7607/rauterberg.pdf (letzter Zugriff: 11.2.2022)

Rauterberg 2018

Rauterberg, Hanno: „Das Versprechen der Verfügbarkeit. Rekonstruktionsvorhaben in Deutschland als Ausdruck eines Epochengefühls". In: Alexander 2018a, S. 196–206

Rebel 1983

Rebel, Ben: *Het nieuwe bouwen. Het functionalisme in Nederland 1918–1945.* Utrecht 1983

Rieseberg/Sommer 1985

Rieseberg, Hans Joachim/Sommer, Eberhard (Hg.): *Wiederaufbau und Restaurierung historischer Stadtbilder in Polen.* Berlin 1985

Rosenberg 2009

Rosenberg, Raphael: *Architekturen des 'Dritten Reiches'. Völkische Heimatideologie versus internationale Monumentalität.* Schriften von Raphael Rosenberg, Bd. 19, Heidelberg 2009, http://archiv.ub.uni-heidelberg.de/artdok/volltexte/2011/1501

Ruhl 2003

Ruhl, Carsten: *Palladio bears away the palm. Zur Ästhetisierung palladianischer Architektur in England.* Hildesheim 2003

Sagharchi/Steil 2010

Sagharchi, Alireza/Steil, Lucien: *New Palladians. Modernity and Sustainabilty for 21st century architecture.* London 2010

Sagharchi/Steil 2013

Sagharchi, Alireza/Steil, Alireza: *Traditional Architecture. Timeless building for Twenty-First Century.* New York, Paris, London, Mailand 2013

Salm 2012

Salm, Jan: *Ostpreussische Städte im Ersten Weltkrieg: Wiederaufbau und Neuerfindung.* München 2012

Santifaller 2018

Santifaller, Enrico: „Frankfurter Altstadt: einer allein an allem schuld? Die Frankfurter Altstadt hat viele Mütter und Väter". In: *Deutsche Bauzeitung*, 1.6.2018, https://www.db-bauzeitung.de/aktuell/diskurs/die-frankfurter-altstadt-hat-viele-muetter-und-vaeter/ (letzter Zugriff: 19.12.2022)

Schäche/Pessier 2014

Schäche, Wolfgang/Pessier, David: *Architektur und Handwerk. Bauten der Unternehmerfamilie Schmitz: 1864–2014.* Berlin 2014

Scheurmann/Meier 2006

Scheurmann, Ingrid/Meier, Hans-Rudolf (Hg.): *Echt alt schön wahr. Zeitschichten der Denkmalpflege.* München 2006

Schmidt 1999

Schmidt, Michael: *Reverentia und Magnificentia. Historizität in der Architektur Süddeutschlands, Österreichs und Böhmens vom 14. bis zum 17. Jahrhundert.* Regensburg 1999

Schmitz 2011

Schmitz, Norbert M.: „Der Historismus der Medien oder die Antiquiertheit der Avantgarde. Essayistische Bemerkungen zur Ästhetik des modernen Individuums". In: *Moderne und Historizität. Schriften aus dem Kolleg Friedrich Nietzsche,* hrsg. von Stefan Wilke. Weimar 2011, S. 87–105

Schmitz 2022

Schmitz, Rainer: *Heimat. Volkstum. Architektur: Sondierungen zum volkstumsorientierten Bauen der Heimatschutz-Bewegung im Kontext der Moderne und des Nationalsozialismus.* Bielefeld 2022

Schnell 2019

Schnell, Angelika: *Aldo Rossis Konstruktion des Wirklichen. Eine Architekturtheorie mit Widersprüchen. Bauweltfundamente* 163. Gütersloh, Berlin, Basel 2019

Schoper 2017

Schoper, Henrike: „‚Ich aber bin entstellt vor Ähnlichkeit' – Aldo Rossi und die città analoga. Eine Theoriesuche". Dresden 2017

Schultz 2020

Schultz, Anne-Catrin: „Is fake the new real? Searching for an architectural reality". In: *Real and fake in architecture. Close to the original, far from authenticity,* hrsg. von ders. Stuttgart, London 2020, S. 16–61

Scruton 1979

Scruton: Roger: *The Aesthetics of Architecture.* London 1979

Sewing 1998

Sewing, Werner: „Zwischen Hochkultur und Populärkultur: Neotraditionalismus in den USA und Großbritannien". In: *Die alte Stadt,* 4/1998, S. 359–371

Skuratowicz 1991

Skuratowicz, Jan: *Architectura Poznania 1890-1918.* Posen 1991

Sonne 2014

Sonne, Wolfgang: *Urbanität und Dichte im Städtebau des 20. Jahrhunderts.* Berlin 2014

Spangenberg/Wiedenmann 2011

Spangenberg, Marcus/Wiedenmann, Sacha (Hg.): *1886. Bayern und die Schlösser König Ludwigs II. aus der Sicht von Hugues Krafft.* Regensburg 2011

Spinrath/Maus 2019

Spinrath, Andreas/Maus, Andreas: *Bürgerliche Fassade, rechte Gesinnung: Die neue Strategie der Rechtsextremen, MONITOR,* 21.2.2019, https://www1.wdr.de/daserste/monitor/sendungen/anklam-100.html (letzter Zugriff: 30.12.2022)

Springer 2015

Springer, Filip: „Nichtexistente Formen". In: *Kopfgeburten. Architekturreportagen aus der Volksrepublik Polen.* Grundlagen, Bd. 37. Berlin 2015, S. 188–207

Steil 2018

Steil, Lucien: *In the mood of architecture.* Berlin 2018

Stern 1988

Stern, Robert A. M.: *Moderner Klassizismus. Entwicklung und Verbreitung der klassischen Tradition von der Renaissance bis zur Gegenwart.* Stuttgart 1990 [Originaltitel: *Modern classicism.* London 1988]

Stewart 2018

Stewart, John: *Nordic Classicism. Scandinavian Architecture 1910–1930*. London 2018

Sturm/Schmal 2018

Sturm, Philipp/Cachola Schmal, Peter (Hg.): *Die immer neue Altstadt. Bauen zwischen Dom und Römer seit 1900, Forever New: Frankfurt's Old Town. Building between Dom and Römer since 1900*. Berlin 2018

Süßmann 2018

Süßmann, Johannes: „Geschichtsmodelle". In: Jacob/Süßmann 2018, Sp. 254–267

Sutthoff 1990

Sutthoff, Ludger J.: *Gotik im Barock. Zur Frage der Kontinuität des Stiles ausserhalb seiner Epoche. Möglichkeiten der Motivation bei der Stilwahl.* Münster 1990

Tagliaventi 1996

Tagliaventi, Gabriele (Hg.): *A Vision of Europe, Triennale Internazionale di Architettura e Urbanistica. 2. Rinascimento urbano*. Bologna 1996

Tagliaventi 1999

Tagliaventi, Gabriele: „Die Wiedergeburt der Stadt". In: *Die Wiedergeburt der Stadt. Urban Renaissance*, hrsg. von Senatsverwaltung für Bauen, Wohnen und Verkehr. Berlin 1999, S. 5–12

Teunissen 2018

Teunissen, Marcel: *100 jaar Nieuwe Haagse School. De toekomst van het verleden*. Rotterdam 2018

Thakur-Smolarek 2017

Thakur-Smolarek, Keya: „Im Zeichen der Renationalisierung. Administrativer und urbaner Wandel beim Wiederaufbau Polens im und nach dem Ersten Weltkrieg". In: Bartetzky 2017, S. 156–178

Thießen et al. 2017

Thießen, Friedrich et al.: *Fluch und Segen des Bauhausstils*. Fakultät für Wirtschaftswissenschaften Technische Universität Chemnitz. Chemnitz 2017

Tietz 2008

Tietz, Jürgen: „Geliebte Fälschung". In: *Neue Züricher Zeitung*, 15.1.2008, https://www.nzz.ch/geliebte_faelschung-ld.457386 (letzter Zugriff: 15.4.2023)

Tomaszewski 2002

Tomaszewski, Andrzej: „Zwischen Denkmalpflege und Ideologie – Konzepte in Polen 1945–1989". In: *Hansestadt Residenz Industriestandort*. Beiträge der 7. Tagung des Arbeitskreises deutscher und polnischer Kunsthistoriker in Oldenburg, 2000, hrsg. von Birte Störtkuhl. München 2002, S. 299–311

Tomaszewski 2005

Tomaszewski, Andrzej: „Legende und Wirklichkeit. Der Wiederaufbau Warschaus". In: *Die Schleifung. Zerstörung und Wiederaufbau historischer Bauten in Deutschland und Polen*, hrsg. von Dieter Bingen und Hans-Martin Hinz. Wiesbaden 2005, S. 165–173

Torbus 2001

Torbus, Tomasz: „Auf der Suche nach der polnischen Vergangenheit – politische Ikonographie beim Wiederaufbau der Städte und Baudenkmäler in den sog. Wiedergewonnenen Gebieten Polens nach 1945". In: *Beiträge zur Kunstgeschichte Ostmitteleuropas*, hrsg. von Hanna Nogossek und Dietmar Popp. Marburg 2001, S. 379–399

Trüby 2018

Trüby, Stephan: „Wir haben das Haus am rechten Fleck. Die gefeierte neue Frankfurter Altstadt geht auf die Initiative eines Rechtsradikalen zurück.

Das ist kein Zufall". In: *Frankfurter Allgemeine Sonntagszeitung*, 08.4.2018

Trüby 2021

Trüby, Stephan: *Rechte Räume. Politische Essays und Gespräche*. Gütersloh, Berlin, Basel 2021

Ullrich 2015

Ullrich, Anna Valentine: *Gebaute Zitate. Formen und Funktionen des Zitierens in Musik, Bild und Architektur*. Bielefeld 2015

Urban 2007

Urban, Florian: *Berlin/DDR – neohistorische Geschichte aus Fertigteilen*. Berlin 2007

Urban 2014

Urban, Florian: „Postmoderne als Konsens: Neohistorischer Wiederaufbau im Ost-Berliner Nikolaiviertel 1977-1989". In: Wagner-Kyora 2014, S. 444–463

Urban 2020

Urban, Florian: „Postmodern Reconciliation: Reinventing the Old Town of Elbąg". In: *Architectural Histories* 8, Heft 1, S. 1–25

Urban 2021

Urban, Florian: *Postmodern architecture in Socialist Poland. transformation, symbolic form and national identity*. London, New York 2021

Van Dijk 1990

Van Dijk, Hans: „Het onderwijzersmodernisme; van inspiratiebron tot ballast: de moderne traditie in Nederland". In: *Archis*, 6/1990, S. 8–12

Van Gameren 2012

Van Gameren, Dick: *Wonen in een nieuw verleden, Living in a new past, Delft architectural study on housing*. Rotterdam 2012

Van Geest 1996/97

Van Geest, Joosje: „Architectuur als communicatiemiddel", In: *Bzzlletin*, Jg. 26 (1996– 1997), S. 86–96, https://www.dbnl.org/tekst/_bzz001199601_01/_bzz001199601_01_0066.php (letzter Zugriff: 15.5.2023)

Van Heuvel 2010

Van Heuvel, Dirk: „Nabeelden van een avant-garde". In: *Delft Architectural studies of Housing*. De woningplattegrond. Standaard & ideal. The Residential Floor Plan Standard & Ideal, Rotterdam 2010, S. 20–37

Van Rossem 2009

Van Rossem, Vincent: „Van alle tijden. Timeless". In: Ibelings/Van Rossem 2009, S. 185–233

Vinken 2006

Vinken, Gerhard: „Gegenbild – Traditionsinsel – Sonderzone. Altstadt im modernen Städtebau". In: Scheurmann/Meier 2006, S. 190–201

Vinken 2010

Vinken, Gerhard: *Zone Heimat. Altstadt im modernen Städtebau*. Berlin, München 2010

Vinken 2016

Vinken, Gerhard: „Im Namen der Altstadt. Stadtplanung zwischen Modernisierung und Identitätspolitik: Einführung in eine wechselhafte Geschichte". In: Enss/Vinken 2016, S. 9–26

Voigt 1992

Voigt, Wolfgang: *Vom Ur-Haus zum Typ. Paul Schmitthenners „deutsches Haus" und seine Vorbilder*. In: Lampugnani/Schneider 1992, S. 244–265

Voigt 2000

Wolfgang Voigt (Hg.): *Heinz Bienefeld 1926-1995*. Frankfurt/Main, Köln 2000

Vriend 1970

Vriend, J. J.: *Amsterdamse School*. Meulenhoff 1970

Vroondaal Handvatten 2015

Vroondaal Ontwikkeling: „Handvatten voor Uw architect", 2015, http://www.vroondaal.nl/wp-

content/uploads/2013/10/Vroondaal_handvatten_
maart2015.pdf (letzter Zugriff: 10.3.2023)

Wagner 2021

Wagner, Dorothea (Hg.): *Rob Krier. The work: architecture, urban design, drawings and sculptures*. Basel 2021

Wagner-Kyora 2014

Wagner-Kyora, Georg (Hg.): *Wiederaufbau europäischer Städte / Rebuilding European Cities. Rekonstruktionen, die Moderne und die lokale Identitätspolitik seit 1945 / Reconstructions, Modernity and the Local Poitics of Identity Construction since 1945*. Beiträge zur Stadtgeschichte und Urbanisierungsforschung, Bd. 15. Stuttgart 2014

Wagner-Rieger 1970

Wagner-Rieger, Renate: *Wiens Architektur im 19. Jahrhundert.* Wien 1970

Weeber 1990

Weeber, Carel: „Het Neo-modernisme, een postmoderne Nederlandse stijl". In: Leupen et al. 1990, S. 125f.

Wegner 1994

Wegner, Reinhard: *Nach Albions Stränden. Die Bedeutung Englands für die Architektur des Klassizismus und der Romantik in Preußen*. München 1994

Weiss 2011

Weiss, Klaus-Dieter: *Workmanship: Arbeitsphilosophie und Entwurfspraxis 2000–2010*. RKW Architektur+Städtebau. Basel 2011

Weissert 2009

Weissert, Caecilie: „Einleitung". In: *Stil in der Kunstgeschichte. Neue Wege der Forschung*. Darmstadt 2009, S. 7–16

Westhoek 2020

Lodewyck, Stephen (Konzept und Koordination): *Terug naar de Westhoek. Wederopbouw na de Eerste Werldoorlog.* Brugge 2020

Wiederaufbau BRD 2015

LWL-Denkmalpflege, Landschafts- und Baukultur in Westfalen (Hg.): *Eine neue Stadt entsteht. Planungskonzepte des Wiederaufbaus in der Bundesrepublik Deutschland nach 1945 nach ausgewählten Beispielen*, Arbeitsheft der LWL-Denkmalpflege, Landschafts- und Baukultur in Westfalen 15. Schriftleitung Jost Schäfer. Steinfurt 2015

Will et al. 2018

Will, Thomas et al.: „Zur Rekonstruktion von Bauwerken und Gartenanlagen. Risiken, Nebenwirkungen und andere Gründe, nein zu sagen. 10 Feststellungen". In: *Die Kunstchronik* 61, 2018, S. 313–316

Wolfschlag/Hoffmann 2021

Wolfschlag, Claus-Martin/Hoffmann, Daniel: *„Und altes Leben blüht aus den Ruinen". Rekonstruktion in Architektur und Kunst seit 1990*. Graz 2021

Zabłocka-Kos 2015

Zabłocka-Kos, Agnieszka: Rezension zu Salm 2012. In: *Zeitschrift für Ostmitteleuropa-Forschung* 64, Heft 4, S. 600–603

Żuchowski 2004

Żuchowski, Tadeusz J.: „Der Wiederaufbau der Städte in Polen nach 1945. Denkmalpflege, Wiederherstellung oder Neubau". In: *Die Kunsthistoriographien in Ostmitteleuropa und der nationale Diskurs*, hrsg. von Robert Born et al. Berlin 2004, S. 448–470

ABBILDUNGSNACHWEIS

Umschlagfotos: Eva v. Engelberg-Dočkal
S. 40–55 Abb. P1–P34: Eva v. Engelberg-Dočkal
S. 60–64 Abb. D1–D10: Eva v. Engelberg-Dočkal
S. 65 Abb. D11 Stadt Frankfurt am Main (Hg.): Dom-Rö-
       merberg-Bereich: Wettbewerb 1980, Schriftenreihe des
       Hochbauamtes zu Bauaufgaben der Stadt Frankfurt am
       Main, Braunschweig 1980, S. 47, Abbildung unten
S. 65–80 Abb. D12–D30: Eva v. Engelberg-Dočkal
S. 81 Abb. D31 Marc Kocher Architekten, Berlin/Zürich
S. 82–95 Abb. D32–47: Eva v. Engelberg-Dočkal
S. 97 Abb. N1–N2: Eva v. Engelberg-Dočkal
S. 98 Abb. N3: Casciato 1987, Abb. 4, S. 142
S. 99 Abb. N4: Natalie Burkhart, Wien
S. 100–119 Abb. N5–N42: Eva v. Engelberg-Dočkal
S. 126–133 Abb. Z1–Z7: Eva v. Engelberg-Dočkal
S. 140–141 Abb. G1–G3: Eva v. Engelberg-Dočkal
S. 143 Abb. G4 Scala Architecten, Den Haag
S. 143 Abb. G5 Mulleners + Mulleners Architectuur
       Stedenbouw Landschap, Haarlem
S. 143 Abb. G6 Patzschke Architekten, Berlin
S. 143 Abb. G7 Monadnock, Rotterdam
S. 144–149 Abb. G8–G15: Eva v. Engelberg-Dočkal